Hans-Jürgen Fraas

Religiöse Erziehung und Sozialisation
im Kindesalter

HANS-JÜRGEN FRAAS

Religiöse Erziehung und Sozialisation im Kindesalter

Zweite Auflage

VANDENHOECK & RUPRECHT
IN GÖTTINGEN

ISBN 3-525-61162-5

Umschlag: Karlgeorg Hoefer, Offenbach – 2. Auflage 1975.

Satz und Druck: Gulde-Druck, Tübingen. – Bindearbeit: Hubert & Co., Göttingen

Vorwort

Während die religionspädagogische Literatur vor allem auf dem Sektor des Religionsunterrichts wächst und wächst, ist die religiöse Kleinkinderziehung bisher wenig reflektiert. Gerade hier aber dürfte zu einem guten Teil die Wirkungslosigkeit aller späteren kirchlichen Bildungsarbeit begründet sein. „Die religiöse Sozialisation der Kindheit erweist sich als so starr und unveränderlich, daß sie entweder bis ins reife Alter perpetuiert oder in der Phase der erwachenden Kritikfähigkeit abgeschüttelt wird oder aber, daß es zu einer verhängnisvollen negativen Fixierung auf die eigene Vergangenheit kommt."[1] Die Unterentwicklung der religionspädagogischen Sozialisationsforschung steht mit dem Fehlen eines Gesamtcurriculums der religiösen Erziehung in Zusammenhang, einer Koordinierung der einzelnen religionspädagogischen Arbeitsfelder zu einer Gesamtkonzeption.

Nun ist es kein Zufall, daß eine solche Gesamttheorie auf dem Boden evangelischer Religionspädagogik noch kaum versucht wurde; im Gefolge der dialektischen Theologie war die Religiosität abgewertet worden und die religionspsychologische Fragestellung in Mißkredit geraten. Heute ist eine Anzahl kleinerer praktischer und populärwissenschaftlicher Schriften zur religiösen Erziehung vor allem für Eltern auf dem Markt, die von ihrer Zielsetzung her die Zusammenhänge zwischen Tiefenpsychologie, Sozialisationsforschung und Religionspädagogik mehr voraussetzen als darstellen. Im Folgenden soll der Versuch gemacht werden, die vorliegenden Ergebnisse der verschiedenen für religiöse Erziehung relevanten Forschungszweige religionspädagogisch aufzuarbeiten und nicht nur additiv, sondern integrativ mit der theologischen Problematik religiöser Erziehung zu verbinden; aus der frühkindlichen Situation heraus soll die Entstehung der Religiosität

---

[1] Scharfenberg 1970, 454.

und damit die Notwendigkeit einer differenzierten religiösen Erziehung abgeleitet werden.
Ein unumgänglicher Mangel dieses vorliegenden Versuchs besteht darin, daß die Anwendung psychologischer Ergebnisse auf das religionspädagogische Feld vorerst ohne die notwendige empirische Kontrolle erfolgen muß. Empirische Befunde in der Breite abzuwarten hieße aber, auf lange Sicht auf eine Gesamtkonzeption zu verzichten, währenddessen die Praxis unablässig weiterläuft. Dieser Entwurf kann sich daher nur als Modell verstehen, das auf Verifikation in Detailfragen angewiesen bzw. ständiger Korrektur offen ist. Das gilt für die praktischen Anweisungen ebenso wie für die Grundsatzfragen. Insofern soll das Buch vor allem diejenigen ansprechen, die praktisch mit (religiöser) Erziehung befaßt sind und sich zugleich um Reflexion ihrer Praxis bemühen. Die Erklärung einiger Begriffe, deren Bedeutung nicht aus dem Zusammenhang (vgl. Sachregister) hervorgeht, mag die Benutzung erleichtern.
Für die Erstellung des Registers und die Korrekturen danke ich Herrn wiss. Ass. Frieder Harz.

München, Frühjahr 1973 H.-J. Fraas

Begriffserklärungen*

affektiv affekthaft, das Gefühlsleben betreffend
Antizipation Vorwegnahme, Vorgriff
Archetyp Urbild, bei Jung Strukturmoment des kollektiven Unbewußten
basale Erziehung grundsätzliche Frühförderung des Kindes
Dekalog die zehn Gebote
Enkulturation Übernahme der sozialen und kulturellen Wert- und Vorstellungswelt durch das Kind
Es die psychische Schicht des Unbewußten, der Triebregungen
Eschatologie Lehre von den letzten Dingen, von der erwarteten Enderfüllung der Verheißung Gottes
Exodus Auszug
Frustrationstoleranz Fähigkeit, Triebverzicht zu ertragen
gratia praeveniens die zuvorkommende Gnade
heteronom fremdgesetzlich, dem eigenen Wesen entgegenstehend
Identifikation sich versetzen in jemanden bzw. den anderen in das eigene Ich hineinnehmen
Imagination Einbildungskraft, bildschöpferisches anschauliches Denken
Innovation Erneuerung
Internalisierung Übernahme von (Gruppen-)Normen in das eigene Ich
Kerygma Botschaft vom Heil des Menschen
kognitiv erkenntnishaft, den Verstand betreffend
kompensatorische Erziehung eine für Benachteiligte bzw. für vernachlässigte Bereiche Ausgleich schaffende Erziehung
Konditionierung Schaffung bedingter Reflexe
Kreativität das Schöpferische
Libido Selbst- und Arterhaltungstrieb, weitergehend Triebenergie überhaupt
Narzißmus Selbstverliebtheit, Hinwendung zum eigenen Körper
Regression Rückgriff auf bereits überwundene Verhaltensmuster
Soteriologie Lehre vom Heil, von der Zuwendung Gottes zum Menschen
Soziabilisation Erwerb der Grundfähigkeiten, die der Sozialisationsprozeß voraussetzt
Sozialisation Prozeß, in dem der Mensch sozial- und kulturfähig wird
Strukturierung mit einer Struktur versehen, die innere Gliederung deutlich werden lassen
Sublimierung Fähigkeit, versagte Trieberfüllung auszugleichen, Überführung primitiverer Triebregungen in höher bewertete
Supranaturalismus Glaube an eine übernatürliche Offenbarung bzw. Annahme einer zweistufigen Wirklichkeit

---

* *Abkürzungen:* KGD = Kindergottesdienst · KU = Konfirmandenunterricht · RU = Religionsunterricht

theonom dem Gesetz Gottes gemäß, mit dem Willen Gottes übereinstimmend

Transzendieren überschreiten, d. h. über die Geschlossenheit vorgegebener Gesetzmäßigkeiten, Zwänge, Zusammenhänge hinausgreifen

Überich innere Repräsentanz der von den Autoritätspersonen übernommenen Normen

Inhalt

1. Zielvorstellungen der religiösen Erziehung

Wer sich heute mit religiöser Erziehung befaßt, fühlt sich in zweifacher Weise verunsichert. Bonhoeffers zum Schlagwort gewordene Rede vom „religionslosen Christentum“ und die Kritik der dialektischen Theologie an den religiösen Phänomenen im Namen des Evangeliums haben eine Infragestellung der traditionellen Glaubensweisen und Glaubensformen ausgelöst, die in den gleichzeitigen umfassenden gesellschaftlichen Wandel und die damit verbundene Krise des Norm- und Wertbewußtseins eingemündet ist. Es wird heute gefragt, was denn, über eine bestimmte Art sozialen Engagements hinaus, das Wesen des Glaubens ausmachen könne. Kann man von einer religiösen Erziehung sprechen, von einer Erziehung zum Glauben, im Glauben oder aus dem Glauben? Und wie auch immer — ist eine solche Erziehung zeitgemäß, oder entspringt sie einem romantisierenden Hang zu den ehrwürdigen Traditionen? Und muß dann nicht gerade der verantwortungsbewußte Erzieher, dem die Zukunft der ihm anvertrauten Kinder wichtiger ist und wichtiger sein muß als sein privates Lebensideal, das Kind zu höchstmöglicher Anpassung an technisch-zweckrationales Handeln führen, weil dieser zukünftige Erwachsene in seiner Umwelt sich nur mit einem konsequent realistischen Selbstverständnis wird behaupten können? Oder soll man den Stimmen Glauben schenken, die von Anzeichen einer neuen Religiosität gerade unter der Jugend sprechen, und wie könnte die Erziehung dem Rechnung tragen?

Neben die theologische Thematik tritt die erziehungswissenschaftliche. Die Wissensexplosion, die Erkenntnis der soziokulturellen Bedingtheit von Erziehungsvorgängen, wie sie sich beispielsweise in den Sprachbarrieren ausdrückt, die Dynamik der Gesellschaft und der Zwang zur Flexibilität des Einzelnen, die Unmöglichkeit, mit traditionellen Problemlösungsmodellen gegenwärtigen Fragen gerecht werden zu können, die Selbstgefährdung der Menschheit und die daraus gefolgerte Notwendigkeit sachlicher Klärung der Vorstellungsbereiche (Th. Wilhelm) einerseits, der Integration der affektiven und der psychodynamischen Komponente alles Lernens und Verhaltens (A. Mitscherlich) andererseits haben zur Forderung grundsätzlicher Neuorientierung der Erziehung in Theorie und Praxis geführt. Typisch in dieser Hinsicht ist die Abwandlung des Bildungsbegriffs von einer Bezeichnung für Wissensstand und sittliche Reife hin zur prozeßhaft verstandenen, verantworteten Weltbeziehung. Dieser Prozeßcharakter ist es, der die Notwendigkeit sowohl der Kleinkinderziehung als auch der Erwachsenenbildung erkennen läßt. Offen bleibt zunächst die Frage, inwieweit technokratische und demokratische Interessen[1], Reproduktion und Innovation der gesellschaftlichen Verhältnisse, Anpassung und Emanzipation miteinander vereinbar sind.

1.1 Statik oder Dynamik

Die vielfältigen Tendenzen erziehungswissenschaftlicher Neuorientierung lassen sich weithin in einem Modellschema erfassen: in der Umpolung von der Bindung an die Vergangenheit zum Primat der Zukunft. Das abendländische Erziehungsdenken war bestimmt vom Gewicht der Tradition, des „Klassischen". Neben der Einführung in die Grundtechniken und Grundfähigkeiten des Menschen in den verschiedenen Kulturbereichen bestand die Aufgabe der Erziehung vornehmlich in der Tradierung der überkommenen Kulturwerte. Th. Wilhelm nennt die alte, der Reformpädagogik vorangehende Schule eine „Stoffschule". „Sie versprach sich die geistige und sittliche Förderung des Schülers vor allem von den Stoffen, die vorgeführt, interpretiert und dem Gedächtnis eingeprägt wurden."[2] Innerhalb eines statischen Weltbildes und einer entsprechenden ständischen Gesellschaft lag das Schwergewicht der Bildung naturgemäß auf dem Gedächtnis. Die Methode des Memorierens entsprach der Auffassung vom statischen Vorgegebensein der Stoffe: „Was du ererbt von deinen Vätern, erwirb es, um es zu besitzen!"

[1] Nipkow 1972.

[2] Wilhelm 1960,2.

Aber auch bei den neuen Ansätzen dieses Jahrhunderts blieb — im breiten Einflußfeld der geisteswissenschaftlichen Pädagogik — die „Berührung mit der gegebenen objektiven Kultur" (Spranger) das Primäre.[3] Wiewohl gerade in der geisteswissenschaftlichen Didaktik die Geschichtlichkeit des Gegenstandes und damit die Dimensionen der Gegenwart und Zukunft des Schülers entdeckt wurden[4], und wiewohl der Wandel des Weltbildes und der Gesellschaft längst in Gang geraten waren, konnte E. Weniger noch 1963 schreiben: „Noch heute trifft man auf Lehrer, die allen Ernstes behaupten, daß auf feste, unverrückbare Lehren einerseits, auf gedächtnismäßige Aneignung andrerseits alles ankomme. Besonders bezeichnend ist die noch immer nicht ausgestorbene Meinung, daß man recht frühzeitig und bevor die Möglichkeiten des Verstandes gegeben sind, Bibelsprüche, Gesangbuchverse, Katechismusstücke in möglichst weitem Umfange auswendig lernen müsse, um sie für späteren Gebrauch gleichsam aufzubewahren."[5]

Es ist durchaus berechtigt, daß Weniger den Religionsunterricht (RU) in bezug auf Stoff- und Traditionsorientiertheit an exponierter Stelle sieht: Die nach 1945 herrschende Konzeption der Evangelischen Unterweisung, auf dem Boden der dialektischen Theologie und in der historischen Situation des Kirchenkampfes ausgebildet, konzentriert sich auf das Wort Gottes, das es als letzte Autorität zu verkündigen bzw. anzunehmen gilt. Evangelische Unterweisung ist von ihrem Inhalt, der Biblischen Geschichte her bestimmt. Als sachgemäße Methode kann nur die Verkündigung gelten, die Glauben wecken soll; die Beteiligung des Schülers besteht im gläubigen Hören. Das Zielbild ist der junge Christ, der mit und unter dem Wort Gottes zu leben versteht und aktiv am Gemeindeleben teilzunehmen bereit und fähig ist.

Noch deutlicher steht der hermeneutische Unterricht der sechziger Jahre im Zusammenhang der geisteswissenschaftlichen Tradition. Eben die hermeneutische Fragestellung war es vornehmlich, die die Geisteswissenschaften von W. Dilthey bis H. G. Gadamer mit der Theologie verband und eine wechsel-

[3] Ebd. 129.
[4] Weniger 1963,8 f.; Klafki 1964; 1969.
[5] AaO II, 16.

seitige Befruchtung auslöste. Der existentialen Bibelinterpretation geht es um Auslegung von Überlieferung in der Absicht, das Selbstverständnis des Schülers durch das in der Bibel enthaltene Selbstverständnis des Gläubigen in Frage zu stellen. Wieder ist der vorgegebene Stoff von vornherein autorisiert und das vorgegebene existentiale Schema als Zielrahmen konzipiert.

Nun liegt eine Gesamttheorie der religiösen Erziehung, ein Gesamtbild religiöser Erziehungsmaßnahmen bzw. Erziehungseinrichtungen aus diesem Zeitraum nicht vor. Zwar ist die Idee eines „Gesamtkatechumenats" spätestens seit G. v. Zezschwitz existent[6] und in jüngerer Zeit verbreitet vertreten worden[7]. Aber ihre Explikation blieb praktisch auf die Katechetik bzw. die Religionspädagogik als Lehre der christlichen Unterweisung oder des RU beschränkt. Folglich kann die Zielvorstellung einer religiösen Erziehung überhaupt für die jüngere Vergangenheit nur aus den beiden Konzeptionen des RU erschlossen werden, die in den letzten Jahrzehnten vorherrschten. Dabei zeigt sich eine eindeutige Tendenz zur Sozialisation, zur Eingliederung in die Gruppe bei Übernahme der traditionellen Gruppennormen[8]. Wenn sich selbst der RU nach 1945 als „Kirche in der Schule" (M. Rang) verstand, dann muß diese Tendenz zur „Verkirchlichung" des Heranwachsenden für die innergemeindlichen Erziehungsveranstaltungen um so mehr gelten. Auch die Familie, von Natur aus Sozialisationsinstanz erster Ordnung, wird in diesem Rahmen von vornherein als kirchlich intakte Familie gesehen. Religiöse Erziehung beschränkt sich also in allen Instanzen auf Einübung in den Glauben, dessen konkretes Substrat in der Kenntnis der Heilsgeschichte und in den Lebensformen der Gemeinde besteht bzw. auf Missionierung der Kinder als Voraussetzung einer solchen Einübung. Substantielle Begriffe wie Heilswahrheiten, Heilstatsachen, Heilsgüter verweisen auf die letzten Auswirkungen eines supranaturalen Glaubensverständnisses, das von seinem Selbstverständnis her, zumindest

[6] Fraas 1971, 206.
[7] För, 1967, 45 ff.: Henkys 1971, 286 ff.
[8] Schultze 1970; Nipkow 1969, 762; Schmitt 1971, 95 ff.

in der Konsequenz, Erziehung nur in der Konfrontation mit den entsprechenden Inhalten und ihrer Aneignung praktizieren kann[9].

Es dürfte deutlich sein, daß zwischen diesen Vorstellungen einer religiösen Erziehung und dem an der Geistesgeschichte orientierten Erziehungsdenken überhaupt ein Verhältnis wechselseitiger Abhängigkeit besteht. Zugleich aber ist zu beachten, daß eine Glaubensunterweisung, die auch nur im weitesten Sinn aus einem supranaturalen Glaubensbegriff abzuleiten ist, zu einer (beliebig anwendbaren) zusätzlichen Erziehungsmaßnahme wird; der so Unterwiesene verfügt über einen zusätzlichen Wissensbereich, von dem man allerdings erwartet, daß er kraft seiner unmittelbaren Wirkungsmächtigkeit bzw. seiner Bedeutsamkeit auf das Leben des Einzelnen sich auswirken wird. Das Vorherrschen der Inhalte geht mit dem Gedanken einer religiösen Sonderwirklichkeit Hand in Hand[10].

Eine eindeutige Akzentverlagerung innerhalb des erziehungswissenschaftlichen Denkens von der Traditionsgebundenheit hin zur Zukunftsorientierung ist mit dem Ansatz der Curriculum-Forschung gegeben. S. B. Robinsohn geht davon aus, daß in der Erziehung „Ausstattung zur Bewältigung von Lebenssituationen" geschehe[11]. Das Neue besteht noch nicht eigentlich in dieser Aufgabenbestimmung, sondern darin, daß infolge des zunehmenden Tempos technischer und gesellschaftlicher Entwicklungen die zukünftigen Lebenssituationen nicht von vornherein als bekannt gelten können; daß also die Tradition nicht von vornherein Norm sein kann, sondern daß es der Entwicklung von Strategien bedarf, um mögliche Situationen und die ihrer Bewältigung dienenden Funktionen zu eruieren. Wohl behalten auch traditionelle Inhalte ihre Gültigkeit, aber nicht, weil die Autorität ihres Anspruchs oder ihrer Geschichte sie bereits rechtfertigen könnte, sondern weil und

---

[9] Hier sollen die Konsequenzen der verschiedenen Ansätze im Kontrast aufgezeigt werden; daß die Praxis demgegenüber eine breite Variabilität aufzuweisen hat, ist selbstverständlich.

[10] Zum Stichwort „Sonderwirklichkeit" vgl. Bahr 1968; vgl. in diesem Zusammenhang auch die Sendereihe des ZDF vom Oktober/November 1972 unter dem Titel „Tribunal 1982".

[11] 1967, 45.

sofern sie eine Funktion für die „Ausstattung zur Bewältigung von Lebenssituationen" erfüllen.
Curriculum-Theorie ist die Theorie der Lernziele, Lerninhalte, Lernorganisation und Lernkontrolle; der Primat ist von den Inhalten auf die Lernziele, d.h. auf die die Inhalte funktional bedingenden Fähigkeiten und Haltungen übergegangen[12]. Allerdings liegt gerade im Vorteil der Robinsohnschen Konzeption, nämlich der Freiheit von vorgegebenen Stoffen und Inhalten, auch das Problem: Es ist die Frage, auf welchem Weg Lebenssituationen analysiert, Qualifikationen identifiziert, Lernziele gewonnen werden können. Einmal besteht die Gefahr, vorgegebene inhaltliche Momente nun doch unbefragt in das Unternehmen einfließen zu lassen (im RU etwa das Modell der Heilsgeschichte, des Kirchenjahrs oder ähnliches). Auf der anderen Seite steht der Verdacht, daß die Lernzielskalen und Taxonomien sich zufälligen Assoziationen verdanken und daß vorhandene inhaltliche Sachansprüche ignoriert werden. Die Diskussion darüber zwischen Didaktik und Fachwissenschaft Theologie befindet sich noch in der Anfangsphase[13].
Auch hier läßt sich die Problematik des RU auf die religiöse Erziehung überhaupt ausweiten. Im Vordergrund des Interesses stehen Fähigkeiten, Haltungen, Verhaltensweisen. Wir wissen heute: Die Bedingungen der menschlichen Existenz verändern sich laufend und immer rascher und zwar im geistig-kulturellen und gesellschaftlichen Bereich ebenso wie im technisch-industriellen und physikalisch-naturwissenschaftlichen. Der Laie ebenso wie der Fachmann muß damit rechnen, mehrmals im Leben umzudenken. Diese Situation ist nur durch das life long learning zu bewältigen. Die Erziehung darf den Schüler nicht auf die jeweils gerade in Geltung stehenden Inhalte fixieren. Sie muß ihn befähigen, bleibende Haltungen zu internalisieren, die ihn mit den Inhalten sachgemäß umgehen lassen. Sie muß ihn befähigen, Lehrmittel anzuwenden, sich weiterzubilden, und sie muß die affektiven

[12] Demgemäß ist der starre Begabungsbegriff durch den dynamischen der Lernfähigkeit ersetzt.

[13] Zum Problem einer nicht vereinseitigenden Lernzielbestimmung vgl. Stachel in: KatBl 1971, ferner: Linnemann, Konukiewitz, Fraas in ZRP 1971, 9/10 u. 1972, 2/3.

und soziodynamischen Voraussetzungen für die flexible Anwendungsfähigkeit inhaltlichen Wissens schaffen. Damit verfügt der „religiös Gebildete“ nicht über ein zusätzliches Wissen um eine Sonderwirklichkeit, sondern um eine spezifische Umgangsmöglichkeit mit dieser einen Wirklichkeit, in der er lebt. Daß es dazu neben der Fähigkeit zu deuten, zu reflektieren, zu agieren usw. auch inhaltlicher Kenntnisse theologischer und historischer Art bedarf, die über einen therapeutischen RU hinaus[14] informierende Lehrgänge im RU rechtfertigen, steht auf einem anderen Blatt.
Der Sachverhalt kann an einem Beispiel deutlich werden: Eine Umfrage des Emnid-Instituts von 1968 unter dem Titel „Was glauben die Deutschen?“ ergab, daß über 50 % „glaubten“, die Bibel sei Gottes Wort, der Mensch stamme von Adam und Eva ab, Jesus von Nazareth sei von der Jungfrau Maria geboren usw., während sich in der Haltung der Menschen in konkreten Lebensfragen keine christlich-traditionellen Einflüsse bemerkbar machten[15]. Nun kann man das Verfahren und überhaupt die Relevanz solcher Erhebungen in Zweifel ziehen, aber darum geht es hier nicht. Worum es geht, und was auch unter Absehen von genauen Zahlenangaben als richtig erfaßter Trend gelten darf, ist die Bedeutungslosigkeit solcher inhaltlicher Kenntnisse, die zwar im Gedächtnis präsent, aber nicht im Personzentrum verarbeitet sind. Gerade die Inhalte aber unterliegen dem geschichtlichen Wandel der Weltbilder, und der Laie leidet darunter, daß er feststellen muß, bestimmte Auffassungen gegenwärtiger Theologie mit den von ihm im Konfirmandenunterricht etwa gelernten Inhalten nicht mehr voll zur Deckung bringen zu können — er leidet darunter, oder er resigniert und verliert das Interesse. Die Inhalte werden aber erst bedeutsam durch die Funktion, die sie im Leben des Einzelnen haben. Das bloße Vermögen, die kleinen Propheten oder die biblischen Bücher in der rich-

---

[14] Der „therapeutische RU“ (D. Stoodt) erliegt in der Konsequenz der Gefahr des Funktionalismus, vgl. Zur Diskussion. Entwurf eines therapeutischen RU, erstellt vom rel.-päd. Studienkurs 1971/1 in Stuttgart, Stuttgart 1971. Stoodt spricht demgegenüber allerdings immer von Interaktion u n d Information.

[15] Harenberg 1969.

tigen Reihenfolge aufzählen zu können, hat von daher keinerlei religiösen Bildungswert. Damit sind die Inhalte keineswegs überflüssig oder beliebig austauschbar. Aber sie sind nicht als fraglos vorgegeben hinzunehmen, sondern sie haben sich durch ihre Funktion zu rechtfertigen, die sie in der religiösen Gesamterziehung im Aufbau der intendierten Haltungen erfüllen. Denn sie sind auch nur dadurch in den Rang von Erziehungsinhalten gelangt, daß sie früher eine entsprechende Funktion gehabt haben. Biblische Bilder, religiöse Vorstellungen, dogmatische Begriffe, Bekenntnisaussagen werden dadurch religionspädagogisch relevant, daß und soweit sie einmal einen übertragbaren Sitz im Leben gehabt haben — sie werden relevant durch die konkrete Situation, durch den geschichtlichen Zusammenhang, durch den historischen Prozeß, in dem sie entstanden sind.

Nun besteht aber nicht nur ein Interdependenzverhältnis zwischen allgemeinen Erziehungsintentionen und Religionspädagogik, sondern auch zwischen Religionspädagogik und theologischen Bewegungen. Während eine ausschließlich an den Inhalten orientierte religiöse Erziehung auf ein statisches System metaphysischer Wahrheiten bezogen ist (sei das im Sinn hellenistisch-substantiellen Denkens oder im Sinn eines Offenbarungspositivismus[16], basiert die dynamisch-situative Orientierung auf einer Geschichtstheologie, für die das AT mit seinem nomadisch-geschichtlichen Gottesbild die Horizonte öffnet. Die religiöse Erziehung darf sich nicht einer bestimmten theologischen Schule verschreiben, wohl aber muß sie sich auf einen solchen theologischen Gewährsmann beziehen, der der Interdependenz von Gesellschaftsbild, Selbstverständnis, erziehungswissenschaftlichem und theologischem Denkgefälle entspricht. Daß die theologische Arbeit selbst in einem soziokulturellen Bezugsfeld geschieht, wird erst heute allgemein bewußt. Der dynamische Charakter verbindet die an der alttestamentlich-urchristlichen Eschatologie orientierte Theologie sowohl mit dem heutigen Welt- und Gesellschaftsbild („Gesellschaft im Wandel") als auch mit der expansiven Selbst-

[16] Die exponierten Katechismen noch um 1860 fragten: Was ist Gott? und antworteten: Gott ist ein Geist. . . ! Zum Offenbarungspositivismus in der Theologie K. Barths vgl. Zahrnt 1970, 141 ff.

verwirklichungstendenz des Kindes (und nicht nur des Kindes, sofern der Individuationsprozeß keineswegs nach der Pubertät das Endplateau erreicht, sondern fortdauert). Man mag darin die Möglichkeit sehen, daß eine an der (historisch-kritisch interpretierten) Bibel orientierte religiöse Erziehung grundsätzlich in der Lage ist, die pädagogisch notwendige Forderung der Situationsgemäßheit und der Hilfe zur Selbstverwirklichung in der heutigen Welt und Gesellschaft zu erfüllen.

1.2 *Das Problem der „Zielvorstellung"*

Eines ist von vornherein selbstverständlich: Das Ziel religiöser Erziehung kann nicht Glaube, Wiedergeburt oder Gotteskindschaft heißen; diese Begriffe gehören in den Bereich des pädagogisch Unverfügbaren. Dem Erzieher kann es nicht darum gehen, seinen Glauben als das individuelle Gottesverhältnis weiterzugeben, das weder machbar noch übertragbar ist. Er kann wohl mit seinem Glauben als Beispiel, mit seinem Zeugnis bei der Entstehung personalen Glaubens eine Funktion haben, aber das liegt jenseits der religiösen Erziehung, die wie alle Erziehung zwar auch Unverfügbarkeitselemente enthält, aber doch im Bereich anthropologischer, empirisch aufweisbarer Daseinsauslegung sich vollzieht. Erziehung vermag den Menschen nur äußerlich vor das Evangelium zu bringen[17]; ein Überwältigtwerden durch das Evangelium kann sie nicht sicherstellen.

Damit ist zweierlei gesagt: Keine religiöse Erziehung kann für eine bestimmte innere Glaubenszugehörigkeit des so Erzogenen garantieren — kein Versäumnis religiöser Erziehung macht eine spätere innere Glaubenszugehörigkeit von vornherein unmöglich.

Das konkret formulierbare Ziel der religiösen Erziehung muß also im empirisch Aufweisbaren liegen, es besteht nicht im Glauben, sondern in Lebensformen, die von der Selbstauslegung des Glaubens geprägt sind und ihr entsprechen. Diese Lebensformen sind aber keineswegs eindeutig zu fixieren,

---

[17] Hammelsbeck 1950, 138; Asheim 1961, 287 ff.

denn der Glaube legt sich jeweils zeit- und individualspezifisch aus. In der Vielfalt heutiger Glaubensverständnisse und Frömmigkeitspraktiken ist eine einheitlich-konkrete Definition unmöglich; möglich bleiben nur Grundstrukturen oder Rahmenbegriffe.

Ein solcher Rahmenbegriff ist die Rede vom „mündigen Christen". Nun ist aber auch „Mündigkeit" definitionsbedürftig. Auf jeden Fall bedeutet Mündigkeit einen Zustand, der vom Einzelnen immer erst erworben und jeweils neu aktualisiert werden muß und nicht etwa ihm als neuzeitlichen Menschen von vornherein schon zufällt. Die Rede von einer mündigen Menschheit oder mündigen Christenheit vermag leicht zu täuschen.

Eine zweite, grundsätzlich theologische Relativierung erhält der Mündigkeitsbegriff oder der verwandte der Emanzipation durch den biblischen Symbolkreis des Falls, der gefallenen Menschheit. Wenn Paulus von der Freiheit der Kinder Gottes spricht, dann ist dieses Reden auch heute noch keineswegs auf die Befreiung der Menschheit zu beziehen, die sich im Geschichtsprozeß vollzieht oder errungen wird; die Freiheit der Kinder Gottes ist allein durch das Handeln Gottes gegeben. „Mündigkeit", „Emanzipation" als historische Begriffe sind davon deutlich zu unterscheiden als erworbene Fähigkeit des Menschen zur Selbstbestimmung gegenüber institutionalisierten Zwängen. Als eine solche Fähigkeit bezieht sich „Mündigkeit" allerdings auch auf den religiösen Bereich, und zwar in dem Sinn, daß Autoritäten heute nicht mehr statischen Ordo-Charakter tragen, sondern funktionalen Charakter, indem sie der personalen Verwirklichung des Einzelnen, seiner Individuation zu dienen haben.

„Mündigkeit" bedeutet damit eine gewisse Selbstverleugnung des Erziehers. Es ist verständlich, daß in emotional hochbesetzten Bereichen wie dem religiösen der Überzeugte wünschte, daß alle Menschen ihm gleichkämen, zumal die ihm Anvertrauten, die Kinder, die Schüler. Die Selbstverleugnung des Erziehers besteht darin, daß er seine persönliche Erfahrung nicht verabsolutieren darf, daß er die ihm eigentümliche Form von Religiosität nicht zur verbindlichen Norm erheben und nicht gesetzlich anwenden darf, daß er vielmehr die Freiheit abweichender Typverwirklichung nicht nur im Bereich des Verhaltens, sondern auch im Bereich der Vorstellung und des Begriffs, also der Dogmatik, einräumen muß. Nicht nur, daß die Vielfalt der Frömmigkeitscharaktere oder der Ausprägung religiösen Lebensstils und theologischer Varianten einen Reichtum darstellt, schwerer noch wiegt die Übereinstimmung theologischer, psychologischer und soziologischer Argumentation darin, daß die Selbstbestimmung des Einzelnen nicht durch vorgegebene Normen oder Instanzen letztgültig festgelegt und eingeengt werden darf[18].

Es ist vom Erzieher zu erwarten, daß er seine Glaubenshaltung, seine Überzeugung, seinen Frömmigkeitsstil reflektiert, daß er in der Lage ist, allgemeine Grundstrukturen normativen Charakters und subjektive Ausprägung zu unterscheiden und seine eigenen Motivationen zu erkennen[19]. Ihre Grenze findet die Toleranz dann, wenn entstehende Formen der Isolation verfallen, grundsätzlich desintegrativ wirken und gegen Andersdenkende und Anderslebende selbst intolerant werden.

Ein „mündiger Christ" ist also der, der die ihm gemäße Form des Christseins sucht. Durch das Beispiel des Erwachsenen soll der Heranwachsende in der Fähigkeit gefördert werden, sich von den ihm vorgegebenen Formen distanzieren zu können (nicht zu müssen!) und seinen eigenen Weg zu gehen. Die Selbstreflexion des Erziehers verbindet sich mit Toleranz, die im Gegensatz zur Indifferenz gerade dort wurzelt, wo ein Standpunkt vorhanden ist, und die dem andern Raum gibt, den ihm gemäßen Standpunkt zu beziehen. Vielleicht wird der Jugendliche gerade dann in die Fußstapfen des Vaters oder der Mutter treten, nun aber nicht aus Nötigung und Abhängigkeit, sondern in der Überzeugung von der Richtigkeit des beschrittenen Weges.

Damit ist wohl der Begriff der Mündigkeit umschrieben, nicht aber der des Christseins. Nun ist das Denken in Erziehungs-

---

[18] Daß das Kind zunächst auf Nachahmung angewiesen ist, wird später zu erörtern sein; hier geht es darum, daß der Erzieher nicht über das notwendige Maß hinaus das Kind auf sich und seine Wertwelt fixieren darf.

[19] Vgl. dazu Tschirsch 1969, 257 ff.

zielen, die sog. Zielpädagogik heute zu Recht einer breiten Kritik unterworfen. Es gibt weder das Idealbild des Menschen, noch das des Christen, auf das hin erzogen werden könnte. Dennoch hat E. Weniger seinerzeit darauf hingewiesen, daß die „Möglichkeit des Menschen immer nur in einem Bilde zu entwerfen" sei[20]. Solche Bilder tragen den Charakter von Modellen und haben mit dem Erziehungsziel im herkömmlichen Sinn nichts zu tun. Die Modelle umfassen Leitbilder und Leitgedanken der erziehenden Generation und können daher individuell von vornherein nicht verwirklicht werden; aber ohne „solche Bilder, solche Bildungsideale" kann man nicht erziehen. Th. Wilhelm unterwirft die „Gesinnungsziele" einer radikalen Kritik, indem er feststellt, daß der Mensch mehr durch seine Bindungen als durch seine Freiheit charakterisiert ist[21]. Der idealistische Höhenflug auch der religiösen Erziehung[22] ist damit zu Ende. „Auch die Erziehung ist dem Gesetz der Folgen unterworfen. Methoden und Ziele der Erziehung sind deshalb nicht an der Wünschbarkeit der hohen Ideale zu messen, sondern an ihren prüfbaren Folgen."[23] Die Entidealisierung und Entideologisierung der Zielvorstellungen gibt den Raum frei für den Realismus der theologischen Anthropologie zwischen Sündersein und neuer Existenz, dem „simul peccator et iustus" Luthers, das in der Lage ist, die Einseitigkeit sowohl eines pädagogischen Optimismus als auch eines entsprechenden Pessimismus zu vermeiden. Die „neue Existenz", die „neue Kreatur" vermag nicht zum konkreten christlichen Erziehungsziel zu werden; sie hat aber als unverfügbar-eschatologische Größe die Funktion, eine idealisierende Fixierung der situationsbedingten Zielbilder zu durchbrechen. In diesem Sinn ist Erziehung nicht „Gestalten nach einem Bild", sondern „Bildung in Erwartung"[24].

Die Religionspädagogik darf nun ihrerseits nicht dem Fehler einer ideologisierten Zielvorstellung verfallen, den die Pädagogik eben überwunden hat. Dennoch muß im Sinn von Weni-

---

[20] 1951, 12 f.; Blankertz 1970, 36.
[21] 1967, 9.
[22] Ebd. 295 ff.; Nipkow 1969, 762 ff.
[23] Haseloff 1960, 52.
[24] Röbbelen 1962, 68.

gers Modellen ein Leitbild gefunden werden können. Dieses Leitbild muß im Konkreten, im Realisierbaren liegen; denn das Handeln Gottes am Menschen beschränkt sich nicht auf ideale Zusammenhänge, sondern wirkt sich in den konkreten Lebensbezügen aus.

Nach W. Flitner sind Erziehungsziele erst dann wirksam, wenn sie eine gesellschaftliche Lebensform ergeben, wenn sie in konkrete Lebensformen einüben[25]. Das Leitbild muß den Menschen der Massengesellschaft soziologisch verwurzeln können (Flitner). Dieser Hinweis korrespondiert mit der theologischen Erkenntnis, daß der Glaube Gemeinschaft setzt in der Polarität von Redendem und Hörendem, von Zeugnis und Nachfolge — mit der Absage also an die aus dem neunzehnten Jahrhundert stammende privatistische Vorstellung von der religiösen Persönlichkeit[26]. Damit legt sich aber das supranaturalistische Mißverständnis erneut nahe — dann nämlich, wenn das Christwerden in der Gemeinde gewissermaßen als Sonderleistung zum Menschwerden in der Gemeinschaft hinzutritt. Damit würde Christsein als Zusatz zum Menschsein verstanden. Wiewohl die Gemeinde als Mitträgerin der religiösen Erziehung ihren Fortbestand und damit die religiöse Sozialisation im engeren Sinn im Auge haben muß, würde die Zielformulierung „Zugehörigkeit zur Kerngemeinde" die Aufgaben und Möglichkeiten der religiösen Erziehung ungebührlich einengen.

Demgegenüber haben K. Rahners Formulierung eines „anonymen Christentums" oder T. Rendtorffs einer „latenten Christlichkeit" viel für sich, obzwar ihre Interpretation leicht in moralistische Tendenzen abgleitet. Religiöse Erziehung kann aber nicht von vornherein im Bereich des Anonymen bleiben wollen, sondern soll die religiöse Dimension in allen Bezugsfeldern bewußt machen. Sie führt dann wie alle andere Erziehung zum Menschwerden in der Gemeinschaft, aber eben in der Dimension religiöser Interpretation von Menschsein und von Gemeinschaft. Und sie vollzieht sich auf dem Hintergrund der spezifisch religiösen Gemeinschaft, der Gemeinde,

---

25 1951, 643.

26 Lohff 1966, 266 ff. spricht von Bruderschaft.

durch deren Vermittlung und Repräsentanz diese Möglichkeit religiöser Interpretation offengehalten wird[27].

Man kann es dann so sagen: Das „Christsein" des „mündigen Christen" besteht, soweit es im Bereich erzieherischer Möglichkeiten liegt, in Haltungen und Lebensformen, die — mehr oder weniger bewußt — im Ausstrahlungsbereich christlicher Verkündigung gewonnen sind. Dabei bleibt völlig offen, in welchem Maß solches Christsein sich darauf beschränkt, psychische oder soziokulturelle Form von Lebensgestaltung zu sein, oder inwieweit es das ist, was die Dogmatik die „neue Kreatur" nennt. Man wird deshalb nicht in grundsätzlich abwertendem Sinn von Randgemeinde, Sonntagschristentum, traditionsgebundenen und stimmungsheischenden Festgottesdienstbesuchern oder Kasualienchristen sprechen dürfen, die lediglich die Dienstleistungen der Kirche in Anspruch nehmen. Dieses Reden maßt sich eine Urteilsfähigkeit an, die der vorausgesetzten Unverfügbarkeit des Glaubens widerspricht. Die Selbstauslegung des Glaubens setzt sich zwar in der Gemeinde eine soziologische Form, ihr Radius und ihre Grenze aber können wegen der viel weiter reichenden und faktisch bislang weithin unbewußten Wirkung des Auslegungsprozesses empirisch nicht aufgewiesen werden.

Mit der Aufgabe der Bewußtmachung ist die Frage nach der Gestalt solchen Christseins bereits andeutungsweise beantwortet. Während die traditionsgeprägten Formen kirchlicher Frömmigkeit schrumpfen, kann man sagen, daß Glaube heute zunehmend im Modus der Reflexion Gestalt gewinnt[28]. Auf dem Boden der mittelalterlichen Agrarkultur lebte der Mensch unmittelbar zur Natur und damit unmittelbar zur religiösen Symbolik. Seine Haltung war die des Bittens, Empfangens und Dankens unter dem Zeichen der Ehrfurcht. Der Glaube konkretisierte sich in entsprechenden Verhaltensweisen bzw. rituellen Begehungen. Beispielhaft steht dafür der herkömmliche Erntedank-Gottesdienst.

---

[27] Matthes 1969, 28: Die allgemeine Religiosität ist, „will man nicht auf den Wahrheitsgewinn einer umfassenden Gesellschafts- und Geschichtsbetrachtung verzichten, ohne das gesellschaftliche Widerlager einer institutionell manifesten Kirchlichkeit nicht zu identifizieren".

[28] Vgl. dazu Schelsky 1957; zum modernen Frömmigkeitsstil vgl. Cornehl 1972.

Das ist grundsätzlich anders geworden: Die Welt des heutigen Menschen ist nicht mehr die Welt der Natur, sondern die Welt der Technik, eine „machbare" Welt, die er selbst schafft[29]. Der Mensch „steht überall nur noch sich selbst gegenüber" (Heisenberg). Seiner eigenen Schöpfung begegnet er aber — auch dort, wo sie sich verselbständigt und Quasi-Natur-Charakter gewinnt — nicht mit Hingabe und Ehrfurcht, sondern mit Ironie, jener distanzierenden Haltung, die zuerst in der Romantik so eindrucksvoll entwickelt wurde (man denke an das Doppelgängermotiv, die Dichtung in der Dichtung, das Träumen des Träumens)[30]. Damit haben heute auch die Frömmigkeitsformen ihre ursprüngliche Unmittelbarkeit weithin eingebüßt, sie wirken gebrochen, verfremdet, sie kleiden sich in ein bizarres, exotisches Gewand (vgl. die Krischna-Mönche in den Straßen mitteleuropäischer Großstädte, das Auftreten der Heilsarmee bei Großveranstaltungen technisch-wirtschaftlichen Charakters, die Jesus-People; das Gleiche gilt aber auch für kirchliche Lebensformen, wenn man nur die Selbstverständlichkeit des Gewohnten abzieht). Im Verlust der Unmittelbarkeit (der gerade an der modernen Erntedank-Predigt ins Auge springt) gewinnt der Glaube im Modus der Reflexion Gestalt: Nicht schon das unmittelbare Erleben, erst die distanzierende Reflexion vermag für viele den umgreifenden Sinnhorizont zu vermitteln. Unter dem Verlust von Sitte und Tradition, Gewöhnung und internalisierten Verhaltensweisen ist „Aufklärung des Bewußtseins in unserer Zeit eines der wichtigsten Gebote des Glaubens"[31]. Damit ist kein flacher Rationalismus gemeint. Selbstreflexion (die immer auch Umwelt-Reflexion ist, sofern das Selbst nur in ständiger Wechselwirkung mit Welt und Gesellschaft entsteht und besteht) schließt das Emotionale und Psychodynamische nicht aus, sondern integriert es (hier ist ebenso an Freuds Satz zu denken „wo Es war, soll Ich werden", wie an die Bewußtmachung des Zusammenhanges von Erkenntnis und Interesse durch die kritische Theorie). Reflexion, früher Funktion der einem statischen Weltbild angemessenen rituell gebundenen

[29] Freyer 1955 unterschied zwischen primären und sekundären Systemen.

[30] Fraas 1961, 121 ff.

[31] Picht 1965, 226.

Haltung, wird nun zum dynamischen Modus der Haltung selbst, zur spezifischen Haltung des Menschen heute. Eine als emanzipatorisch sich verstehende Erziehung muß auf Bewußtmachung aus sein. Der Beitrag der religiösen Erziehung besteht darin, den Glauben im Modus der Reflexion ins Spiel zu bringen, d. h. eine Haltung anzubahnen, in der der Mensch durch die Distanz der Reflexion hindurch eine existentielle Unmittelbarkeit zu Gott neu zu gewinnen vermag.

1.3 *Einwände gegen frühkindliche religiöse „Beeinflussung"*

Der Haupteinwand gegen frühkindliche religiöse Beeinflussung wird heute mit den Argumenten der antiautoritären Erziehung geführt. Man bestreitet darin dem Erwachsenen das Recht, seine eigene Beziehung zu Religion, christlicher Praxis, Kirche und Frömmigkeit auf das Kind, auf das Kleinkind zu übertragen: Es hieße das Kind manipulieren, wenn man ihm ein bestimmtes Normsystem oder Lebensideal „anerziehen" wollte; es hieße das Kind einer repressiven Normen- und Wertordnung aussetzen, wenn man die traditionellen und in ihrer gegenwärtigen Geltung dem Establishment als Stütze dienenden christlichen Ideale des Dienens, des Gehorsams zum Erziehungsprinzip machen wollte.
Hier geht es nicht so sehr darum, inwieweit mit derartigen Sätzen das Wesen des christlichen Glaubens erfaßt ist oder inwieweit Kirche und Theologie selbst Korrektive eines historisch-gesellschaftlich einseitig ausgerichteten Verständnisses von Christentum nicht nur dulden, sondern fördern und eigenständig entwickeln — inwieweit also emanzipatorische Elemente in der Geschichte wie in der Grundstruktur des Christentums ebenso sich aufweisen lassen wie die vielkritisierten repressiven. Hier geht es nur um die Grundfrage, ob und inwieweit man der freien Entfaltung der Persönlichkeit überhaupt vorgreifen darf. Das ist eine im Zusammenhang der Polemik gegen religiöse Kleinkinderziehung ernst zu nehmende Frage. Sie geht auf Rousseau zurück, dessen Erziehungsroman „Emil" die neuzeitlichen Ideen von Freiheit und Gleichheit des

Menschen im umfassenden Maß auf das Erziehungswesen anwendet.
Die Grundvoraussetzung der Rousseauschen Lehre lautet, daß der Mensch gut sei: „Alles ist gut, wie es aus den Händen des Schöpfers der Dinge hervorgeht; alles entartet unter den Händen des Menschen."[32] Das heißt, daß sich der Mensch fern von allen Umweltbeziehungen, im freien pädagogischen Schonraum ungehindert von selbst zu seiner vollen Bestimmung entwickelt. Zu abstraktem Denken, zum Erfassen von Ideen ist das Kind nicht fähig. Wenn man daher das Kind mit religiösem Gedankengut konfrontiert, führt das unweigerlich zu anthropomorphen Gottesvorstellungen, und das heißt für Rousseau pauschal zum Aberglauben. Rousseaus aufklärerischer Gottesbegriff läßt ihn alles, was nicht der vernunftgemäßen Gottesidee entspricht, eo ipso negativ beurteilen. „Ich sehe voraus, wieviele Leser erstaunt sind, daß ich das ganze erste Alter meines Zöglings habe verstreichen lassen, ohne mit ihm über Religion zu sprechen. Mit fünfzehn Jahren wußte er noch nicht, daß er eine Seele hat, und vielleicht ist es mit achtzehn Jahren noch zu früh, es zu lehren. Denn wenn er es früher lernt als notwendig ist, läuft er Gefahr, es niemals zu wissen" (289). Zunächst richtet sich Rousseaus Polemik gegen das bloße „Maulbrauchen" (Pestalozzi), gegen den Memoriermechanismus des damals herkömmlichen Katechismusunterrichts, dessen magisch verstandene Worttheologie mit der Kenntnis des Wortlautes auch schon den geistigen oder geistlichen Gehalt vermittelt sah. Damit ist der orthodoxe Gebrauch unverstandener Begriffe durch das Kind ein für allemal als Phrase entlarvt. Hinter dieser durchaus auch heute aktuellen Kritik steht aber der Gedanke, daß jede frühe religiöse Bildung eine Verbildung sein müsse: „Der große Nachteil falscher Vorstellungen von der Gottheit, die man Kindern einprägt, ist der, daß sie das ganze Leben hindurch haften bleiben, und daß solche Menschen sich auch als Erwachsene keinen andern Begriff von Gott machen, als den ihrer Kindheit" (291). Das Kind soll vielmehr in die Lage versetzt werden, sich später selbst entscheiden zu können. „Wir aber, die wir der Autorität nichts einräumen, die wir unsern

[32] Rousseau 1958, 11.

Emil nichts lehren wollen, was er nicht in jedem Lande von selbst lernen kann, in welcher Religion wollen wir ihn erziehen? Welcher Sekte wollen wir den Menschen der Natur zuführen? Die Antwort scheint mir sehr einfach zu sein. Wir führen ihn weder der einen noch der andern zu, aber wir setzen ihn in den Stand, diejenige zu wählen, der der beste Gebrauch seiner Vernunft ihn zuführen muß" (292).

Das Ideal der freien Wählbarkeit der Religion bzw. der Wahlfähigkeit des jungen Menschen im weltanschaulichen Bereich ist ein die Neuzeit allgemein bestimmendes Anliegen. Wenn im vorigen Abschnitt gesagt wurde, das Kind müsse die Möglichkeit haben, einen anderen Glaubensstil, eine andere Frömmigkeitsform zu ergreifen und zu realisieren als der Erzieher, so besteht unbeschadet des viel weiteren Ausmaßes der Rousseauschen Forderung im Kern eine gewisse Übereinstimmung. Der kritische Punkt liegt bei der Frage, wie es zu solcher Freiheit kommt. Rousseau antwortet: durch Zurückhaltung, durch sachliche Neutralität in der (frühen) Kindheit. Allerdings ist diese Zurückhaltung dann doch auf die philosophische Voraussetzung bezogen, daß „in der Tiefe der Seele ein angeborenes Prinzip der Gerechtigkeit und Tugend" liegt (328), ein „inneres Licht" (302), das eine entsprechende Entfaltung garantiert. Es ist deutlich: So ganz frei, so ganz neutral ist der Ansatz Rousseaus nicht, er basiert vielmehr auf einer massiven philosophisch-theologischen Vorentscheidung, auf der Vernunftreligion der französischen Aufklärung.

Der Verzicht auf Prägung beruht auf der Annahme, das Kind sei schon von seiner Vernunft-Natur her geprägt. Die Methodenfrage läßt sich niemals neutral, fern von jeder inhaltlichen Gebundenheit klären; die vernunftgemäße Methode setzt einen inhaltlich gefüllten Vernunftbegriff voraus.

Wiewohl A. S. Neill nach eigener Angabe Rousseau niemals gelesen hat, ist die sachliche Nähe zu ihm unverkennbar. Neill, Begründer der Schule von Summerhill, schreibt auf die Frage, warum er als Atheist den Atheismus nicht lehre: es sei gleichermaßen schlecht, den Atheismus oder das Christentum zu *lehren*. „Wir beeinflussen die Kinder in keiner Weise; wir versuchen nicht, sie zu irgendeinem Glauben zu bekehren. Wenn es so etwas wie Sünde gibt, dann besteht sie in der

Neigung der Erwachsenen, den Jungen vorzuschreiben, wie sie leben sollen, eine unsinnige Neigung, wenn man bedenkt, daß die Erwachsenen selbst nicht wissen, wie sie leben sollen."[33] Wiederum gilt es nicht, sich mit Neills Urteil über die Religion auseinanderzusetzen, sondern lediglich, zu fragen, welche Konsequenzen diese bewußt neutrale Erziehung impliziert und ob sie eine spätere freie Entscheidung ermöglicht.

Wie Rousseau glaubt auch Neill, daß das Kind von Natur aus gut ist, und daß das Gute im Menschen bei repressionsfreier Entfaltung zu einem befriedigenden Ergebnis führen muß: zum glücklichen Menschen. Ein glücklicher Straßenkehrer ist besser dran als ein seelisch gestörter Professor[34]. Im Gegensatz zu Rousseau verzichtet Neill auf die philosophische Vorgabe des Vernunftbegriffs, damit aber zugleich auf eine abgeschlossene Theorie. Neill ist Praktiker, Pragmatiker. Viele seiner Praktiken sind mit Recht Allgemeingut geworden, vieles verdient es zu werden. Aber da er nicht durchgehend reflektiert[35], kann er von seinen Schülern erwarten, daß sie sich „draußen", in der Gesellschaft angepaßt verhalten, daß sie z.B. auf das Fluchen verzichten, das ihnen innerhalb des Geländes der Schule erlaubt ist. Vor allem verfällt er — und die Kritik an Summerhill stimmt darin im wesentlichen überein — der Utopie, die Kinder bedürften keiner Norm. So muß er dann in Fragen des Besitzrechts und der Zerstörungswut der Schüler zurückstecken[36], er muß eingestehen, daß die Selbstbestimmungsfähigkeit des Kindes auf Grenzen stößt[37], er muß sich sagen lassen, daß ohne Angst vor Liebesverlust Sozialisation nicht möglich ist, wie er denn überhaupt zum Nachteil seines Programms die Psychoanalyse und Sozialpsychologie nur sehr sporadisch verarbeitet[38]. Er muß schließlich konstatieren, daß aus seiner Schule keine überragenden Persönlichkeiten hervorgegangen sind, weil den Schülern Lernmoti-

---

[33] Neill 1971, 83.

[34] Vgl. die Kritik in: summerhill 1971, 131.

[35] Die berechtigte Differenz zwischen praktischer Intuition und Theorie wird nur dort problematisch, wo solche Praxis nachträglich zum Prinzip der Theorie erhoben wird; vgl. summerhill 104.

[36] Ebd. 65

[37] Ebd. 65 f.; 194

[38] Ebd. 100 f.; vgl. Neill 1971, 87ff.

vation, Ansporn, Lernabenteuer und damit auch ein gewisser Zwang abgehen[39]. Neills Widerwillen gegen alle Beeinflussung des kindlichen Willens steht das Verlangen nach fester Führung jenseits der Alternative von Autorität und Freiheit gegenüber.

So erliegt Neill dem Irrealismus. Er erstrebt die gesunde, glückliche, von der Gesellschaft innerlich unabhängige Persönlichkeit. Darin erweist sich seine Schule als therapeutische Anstalt für solche, die durch eine falsche autoritäre Erziehung in ihrer Entfaltung unterdrückt sind, und als Korrektiv für herkömmliche Erziehungspraxis, kann aber in ihrer Unfähigkeit, zur Gesellschaft hin zu vermitteln, normative Bedeutung für eine allgemeine Theorie der Erziehung nicht beanspruchen.

Aus alledem folgt, daß Neills Idee der unmanipulierten Freiheit teils (in den konkreten Fällen seiner Schüler wohl überwiegend) antithetisch zu einer vorangegangenen massiven Repression zu verstehen ist, teils einer unreflektierten Intuition entspringt und dadurch zu Inkonsequenzen neigt und den Schülern bestimmte, für ihre Entwicklung unentbehrliche Impulse vorenthält.

Damit kann sein Beispiel nicht als Postulat einer von religiösen Einflüssen freizuhaltenden Erziehung gelten[40]. Wie bei Rousseau, so gilt auch hier, daß der „Freiraum" keineswegs wirklich frei, sondern durch ideologische Elemente aufgefüllt ist — durch das idealistische Bildungsideal, das der Neuhumanismus als das „höchste Glück der Erdenkinder" definiert hat, das Ideal der freien Persönlichkeit, die über den Dingen, Beziehungen und gesellschaftlich vermittelten (heteronomen) Normen steht. Die beliebte Argumentation, das Kind solle unvoreingenommen heranwachsen können, es solle alle möglichen Weltanschauungen und Religionen kennenlernen, um sich dann im entsprechenden Alter frei zwischen ihnen entscheiden zu können, ist ein Kind jenes „absoluten Humanismus" des 19. Jahrhunderts, der sich der Grenzen des antiken tragischen Humanismus nicht mehr bewußt ist[41]. Die These, daß das Kind erst die „Wirklichkeit begreifen" müsse, ehe

---

[39] summerhill 137; vgl. auch 114; 106.

[40] Vgl. Ruthe 1972, 52 ff.

[41] Weinstock 1953.

man ihm Deutungen anbietet, verkennt den heute von der Frankfurter Schule so stark betonten Zusammenhang von Erkenntnis und Interesse[42]: daß nämlich das Begreifen der Wirklichkeit immer schon interessegeleitet ist und auf vorausgesetzten Deutungsmodellen beruht.

1.4 Der gesellschaftliche Bezugsrahmen der Personwerdung

Noch immer ist die Frage offen, wie der Mensch zur freien religiösen Selbstverwirklichung gelangt. Unter dem Einfluß des Darwinismus mündet das neuhumanistische Persönlichkeitsideal in die biologisierende Entwicklungslehre[43]. Man bedient sich der Bilder aus dem Pflanzenreich: Das Kind wird mit einem Pflänzlein verglichen, dessen keimhafte Anlagen sich unter entsprechender Hege und Pflege von selbst in Richtung auf seine vollkommene Gestalt hin entwickeln. Sei es, daß der Mensch im idealistischen Sinn als Vernunftwesen verstanden, oder daß er naturalistisch gesehen wird — in beiden Fällen ist die autarke Persönlichkeit vorausgesetzt, die sich nach immanenten Gesetzen selbst entfaltet. Und in beiden Fällen bedeutet das, ein Abschirmen gegen religiöse Einflüsse zu fordern. Die Erziehungswissenschaft hat eine Erziehung ausschließlich vom Kind aus längst in Frage gestellt. Während Ellen Key 1900 (Das Jahrhundert des Kindes) das bloße „Wachsenlassen" propagierte („ruhig und langsam die Natur sich selbst helfen lassen und nur sehen, daß die umgebenden Verhältnisse die Arbeit der Natur unterstützen"), wandte z.B. Th. Litt 1927 (Führen oder Wachsenlassen) ein, daß beide Aspekte, Führen und Wachsenlassen, streng aufeinander zu beziehen seien.

Grundlegend ist das Menschenbild der sich selbst entfaltenden Persönlichkeit erst durch die soziologische Arbeit der letzten Jahrzehnte revidiert worden. Paradigmatisch ist dieser Vorgang an der Revision der Entwicklungspsychologie abzu-

---

[42] Neben anderen Vertretern der kritischen Theorie vgl. vor allem Habermas 1968, 159.

[43] Die „Naturgemäßheit" bei Rousseau ist demgegenüber bezogen auf den philosophischen Begriff einer allgemeinen Menschennatur.

lesen[44]: Die genetische Festgelegtheit des Menschen wird auf die körpernahen Eigenschaften wie körperliche Merkmale, Funktionsreifung der Organe, psychische Grundbestimmtheit usw. beschränkt[45], Bereiche, in denen tatsächlich von Reifungsprozessen zu sprechen ist, während aber das, was den Menschen zum Menschen macht, die Fähigkeit sich aus der Umwelt zu lösen und Umwelt zu gestalten, die Fähigkeit sich selbst zu reflektieren und Kultur zu schaffen, als Produkt sozialen Lernens verstanden wird. Entwicklung heißt hier nicht mehr Selbstentfaltung, sondern Sozialisation, soziales Lernen. An diesem Lernprozeß sind gleichermaßen das Individuum wie die Gesellschaft, auf die es bezogen ist, von Anbeginn aktiv beteiligt.
Dieser neue Aspekt kommt zunächst innerhalb der biologischen Anthropologie auf. Die vergleichende Biologie führt A. Portmann zu der Erkenntnis, daß der Mensch als „physiologische Frühgeburt" zu bezeichnen ist. Der Mensch leidet an Instinktverunsicherung, seine Organe sind vergleichsweise ungenügend ausgebildet, er ist zu früh geboren, um von vornherein selbständig lebensfähig zu sein. Im Vergleich zu anderen Lebewesen gilt er als „Mängelwesen", aber in dem Sinn, daß dieser Mangel zugleich die besondere Chance des Menschen impliziert: Indem er genetisch nicht bis in die letzte Differenzierung seiner Entwicklung festgelegt ist, wird er fähig, sich weiterzuentwickeln. Die unspezifische Organsubstanz des Menschen erlaubt ihm, die Natur zu transzendieren. Er ist ebenso genötigt wie befähigt, Ersatzmittel zu suchen und zu erfinden, Technik auszubilden, Kultur zu schaffen. Damit ist er, im Gegensatz zu anderen, „fertig" geborenen Lebewesen, auf Erziehung angewiesen[46].
In analogem Sinn interpretieren die Kulturanthropologen das Wesen des Menschen als Weltoffenheit (M. Scheler), als exzentrische Positionalität (H. Plessner), als Plastizität (A. Gehlen). Es bedarf gar nicht des umstrittenen metaphysischen Entlastungssystems für die Unspezialisiertheit, Instinktunsicherheit, Weltoffenheit und Plastizität des Menschen, das

---

[44] Vgl. Oerter 1970 beispielsweise mit Remplein 1956.
[45] Vgl. Haseloff 1966. [46] Portmann 1959.

D. Claessens bei Scheler, Plessner und Gehlen konstatiert[47]; auch K. Lorenz' Formulierung der „Spezialisation auf Nichtspezialisiertheit" weist auf das gleiche Ergebnis hin: daß der Mensch wesensmäßig, von seiner phylogenetischen Geschichte her auf Kommunikation angewiesen ist. Der Dialogcharakter des Menschen – Monolog ist nur ein Sonderfall des Dialogs – entspricht der Bipolarität, die mit dem Begriff der exzentrischen Positionalität vorausgesetzt ist, führt aber über die abstrakt-philosophische Anthropologie hinaus zur Sozialanthropologie und Psychologie[48]. Denn wenn schon der Mensch genetisch die Möglichkeit zur Kultur mitbringt, so bedarf die Realisierung dieser Möglichkeit einer Vorgabe durch das Hineingenommenwerden in die typisch menschliche Existenzweise, in die kulturschaffende Gemeinschaft. Die Kultur ist die Natur des Menschen. Die spezifische Ausstattung, die ihm bei der Geburt fehlt, erwirbt er im „extrauterinen Frühjahr" (Portmann), im „Schoß" der Kernfamilie (Claessens). Die Instinktarmut wird durch die Lernkapazität ausgeglichen, die aber auf Vermittlung angewiesen ist. Das Angewiesensein macht den Menschen zum Fragewesen[49], die existentielle Offenheit eröffnet ihrerseits die Dimension der Hoffnung[50]. Frage und Hoffnung bezeichnen die Fähigkeit des Menschen zum Transzendieren und Antizipieren. Die Übernahme solcher artspezifischer Verhaltensmuster geschieht in einem sozialpsychologischen und tiefenpsychologisch beschreibbaren Prozeß, bis das Individuum durch die zweite, soziokulturelle Geburt (R. König) auch im gesellschaftlichen Sinn aus dem bloßen „Mitsein", dem gelebten „Ur-wir" der Familie „entbunden" und damit ein selbständig lebensfähiges Wesen wird, so aber, daß diese Selbständigkeit die Gemeinschaftsbezogenheit impliziert, die den Menschen als „zōon politikón" definieren läßt[51].

Aus alledem ist deutlich, daß gerade die ersten Lebensjahre, deren Bedeutung man früher eher unterschätzte, indem man

---

[47] Claessens 1970, 21 ff.

[48] Ebd. 151.

[49] Bastian 1969, 34: „Mit der Frage schaltet sich das Kind in den Dialog der menschlichen Gemeinschaft ein; durch den Verlust der Fragepotenz wird der Kranke in den Monolog abgedrängt."

[50] Bloch 1959, I, 121–128 u. ö.

[51] Claessens 1962, 19 ff.

hier bloße Reifungs- und Entwicklungsprozesse ansetzte, die sozusagen noch vor der Kulturfähigkeit des Menschen zu liegen schienen, von hervorragender Bedeutung sind: Sie sind weitgehend bestimmend für den späteren Charakter des Menschen, seine Haltungen, seine Möglichkeiten der Existenzbewältigung, seine Gemeinschaftsfähigkeit, seine Einstellung zur Welt und zu sich selbst und natürlich auch seine Beantwortung der Sinnfrage.

Daraus folgt für die religiöse Erziehung zweierlei. Erstens: Wenn der Mensch in seinem spezifisch menschlichen Wesen auf Sozialisation angewiesen ist, dann ist die Forderung eines bloßen Wachsen- und Reifenlassens ohne Vorgaben unrealistisch. „Der Mensch kann sich erst zu etwas machen, wenn er bereits etwas hat, d. h. zu etwas gemacht worden ist."[52] Es gibt dann auch keine weltanschaulich-religiöse Entscheidungsfreiheit ohne Vorgabe. Das Aussparen religiöser Einflüsse ist kein Freihalten für eigene Entscheidung, kein wirklich „neutrales" Verhalten; es ist vielmehr selbst Prägung in einem entsprechenden philosophisch-ideologischen Sinn. Denn die frühkindliche Sozialisation kann auf einen weltanschaulichen Bezugsrahmen nicht verzichten, auch dann nicht, wenn dieser dem Erwachsenen unbewußt bleibt. Entwicklung als soziales Lernen impliziert immer schon eine bestimmte inhaltliche Gebundenheit, wie sich das am Beispiel Rousseaus oder Neills auch aufweisen ließ.

Die Freihaltung des religiösen Sektors im Namen des idealistischen Persönlichkeitsideals ist also eine Utopie, die durch ganz andere Einflüsse (Indifferenz, Pseudoaufgeklärtheit, oberflächlicher Vernunftglaube oder aber unkontrolliert-massive religiöse und pseudoreligiöse Impulse) unterlaufen wird, oder sie ist eine bewußte, ideologisch begründete Anti-Haltung, deren Absicht darin besteht, eine im engeren Sinn religiöse Einflußnahme grundsätzlich zu verhindern[53]. In beiden Fällen

[52] Claessens 1970, 153.

[53] Die stärker politisch als erziehungswissenschaftlich begründete Anti-Haltung im Begriff des Anti-Autoritären wird zumal dann offensichtlich, wenn die Alternative auf das Substantiv übertragen wird: Autorität – Anti-Autorität; für den erziehungswissenschaftlichen Bereich gilt das heute kaum umstrittene Postulat eines nicht-autoritären Erziehungsverhaltens.

ist der religiöse Aspekt der Sozialisation nicht reflektiert; einmal unbewußt, das andere Mal bewußt ist die „Ideologiebedürftigkeit" des Menschen, die sich in jeder Kultur und damit in jedem Sozialisationsprozeß ausprägt[54], auf eine oberflächliche, unreflektierte antireligiöse Haltung hin kurzgeschlossen.

Zweitens: Nun ist aber im Sinn der eben zitierten Ideologiebedürftigkeit die spätere Einstellung des Menschen zu sich selbst, zum Leben, zur Gesellschaft und zur Welt (zur Natur etwa, zu den materiellen Gütern usw.) Produkt eines existentiellen Vorurteils. Die Psychoanalyse und die Kommunikationsforschung weisen darauf hin, daß der Mensch politische, gesellschaftliche, ethische, religiöse Fragen nicht nach Maßgabe der Reflexion beantwortet, die auf unmittelbarer Information beruht, sondern daß seine Reflexion, seine Auswahl und Verarbeitung der Information selbst schon unter dem Zeichen von Vorurteilen geschehen[55]. Diese Vorurteile weisen auf eine Entstehungszeit in der frühen Kindheit zurück, auf Familienmilieu, Erziehungspraktiken — eben auf die eigene Sozialisation. Nun betreffen diese Vorurteile die Person in ihren unmittelbarsten, innersten Lebensvollzügen, deren Zusammenhang mit der religiösen Thematik (in einem vorläufig noch ganz allgemeinen Sinn) offensichtlich ist. Demzufolge kann sich niemand, der sich verantwortlich mit Erziehung beschäftigt, die Auseinandersetzung mit der frühkindlichen religiösen Erziehung ersparen, unabhängig davon, welchen Wert er selbst einer spezifisch religiösen Haltung beimißt. Der Erzieher wird vielmehr die eigenen Vorurteile, auf denen seine eigene Haltung zur religiösen Frage beruht, in ihrer Entstehungsgeschichte mitzureflektieren haben; denn die kritische Reflexion von Erziehungsproblemen schließt die Reflexion der eigenen Bedingtheit, der eigenen Sozialisation in ihrer Auswirkung auf die Theorie und Praxis des Erwachsenen mit ein.

[54] Als Ideologiebedürftigkeit des Menschen bezeichnet H. B. Kaufmann den „Zwang zur Deutung, Überhöhung und Rechtfertigung der Wirklichkeit und der eigenen Existenz", in: Esser 1970, 243. Ideologie ist hier verstanden als notwendige Form menschlicher Selbstinterpretation im Sinn K. Mannheims, im Gegensatz zu Ideologie als Form falschen Bewußtseins im Sinn der Frankfurter Schule, vgl. Blankertz 1970, 104 ff.

[55] Lorey 1970, 30 ff.

Die Hauptschwäche der Neillschen Konzeption wird von Kritikern aller Richtungen im Insel-Charakter seiner Schule mit ihrem Elite-Bewußtsein, im mangelnden soziologischen Bezug und dem daraus resultierenden Irrealismus und Privatismus gesehen. Gerade auch die modernen Vertreter einer antiautoritären Erziehung[56] üben hier Kritik an der Summerhillschen Praxis: die Begründer der Berliner Kinderläden, die sich, in ihrer Verbindung von Marx und Freud auf W. Reich gestützt, aus politisch-gesellschaftlichem Engagement gegen die herkömmliche Erziehung wenden. „Erziehung heißt: Das Kind in jedem Stadium seiner Entwicklung mit den Lebensbedingungen und Haltungen einer Gesellschaft zu konfrontieren. Das geschieht mit Hilfe der Personen und Institutionen, die für das Kind sorgen, entweder nach einem ausdrücklichen Erziehungsprogramm oder indem einfach die eigenen Verhaltensweisen und Wertvorstellungen an die Kinder weitergegeben werden. Das Ziel ist, aus dem Kind ein lebensfähiges und nützliches Mitglied der jeweiligen Gesellschaft zu machen. Diesen Vorgang nennt man Sozialisation; in der primären Sozialisationsphase, die bei uns etwa mit dem sechsten Lebensjahr abgeschlossen ist, werden die Grundlagen für die späteren Entwicklungsmöglichkeiten des Individuums gelegt. Die Sozialisationsformen sind in den einzelnen Gesellschaftssystemen sehr unterschiedlich.“[57]
Soweit berührt sich diese Auffassung mit der oben dargelegten sozialanthropologischen; ein wesentlicher Unterschied besteht nun aber darin, daß die Familie als wichtigste Sozialisationsinstanz durch kollektive Sozialisationsformen ersetzt werden soll. Als Gründe für diese revolutionäre Neuordnung werden die Emanzipation der Frau (die ersten Kinderläden entstehen Anfang 1968, um den Müttern politische Betätigung, Teilnahme an Demonstrationen und anderen Veranstaltungen zu ermöglichen), der Abbau der Klassenschranken, die Auf-

[56] Zur Geschichte und Kritik der antiautoritären Erziehung vgl. Ruthe 1972.

[57] Berliner Kinderläden 1970, 9. Zur Auseinandersetzung mit Summerhill vgl. ebd. 63; 78.

hebung der repressiv-autoritären Erziehung im Sinn eines ebenso psychoanalytisch wie gesellschaftspolitisch zu verstehenden Emanzipationsprozesses genannt. Das Ziel ist die Internalisierung eines revolutionären Lebensmodells, die Bildung eines sozialistischen Bewußtseins. „Die abgegriffene soziologische Münze vom Funktionsverlust der Familie verdrängt häufig die Frage, woher die verbissene Hartnäckigkeit rühre, mit der die Familie als Erziehungsinstanz der Kinder sich noch behauptet. Die steigende Rationalisierung der menschlichen Beziehungen zum Zwecke ihrer durchgängigen Verwaltung und Verfügbarkeit zögert vor dem Schritt, die frühkindliche Anpassung selbst zu regeln, die Kinder vom ersten Lebensjahr an kollektiv zu indoktrinieren. Die ideologische Verklärung der Familie als zu erhaltende Keimzelle der Gesellschaft hat ihren realen Grund in den unauflösbaren Widersprüchen der kapitalistischen Gesellschaft."[58]

Man weiß also hier, daß der gesellschaftlich-politische Charakter des Kindes in der frühen Kindheit geprägt wird. Die von R. und A. Tausch unterschiedenen Erziehungsstile (der autokratische, der sozialintegrative, der laissez-faire-Stil) und die entsprechenden sozialen Verhaltensmuster weisen tatsächlich auf das Mutter-Kind-Verhältnis zurück[59].

Nun haben gerade die Kinderläden in ihren Anfängen eine über die Neillsche Praxis hinausgehende Erfahrung erbracht: die Erfahrung, daß der reine laissez-faire-Stil ohne begleitende Impulse seitens des Erwachsenen einen sachgemäßen Sozialisationsablauf unmöglich macht. Das Kind bedarf der Anregung durch Erwachsene, damit es zu einem systematischen Lernen von sozialen Fähigkeiten in der Gruppe kommen kann[60]. Die

---

[58] Ebd. 48, aus dem Bericht über das Kinderheim-Laboratorium in Moskau, Psychoanalyt. Erziehung in SU, V. Schmidt, Moskau.

[59] Tausch 1965, 92 f. Zur Frage des Erziehungsstils vgl. Callies 1968, 35; sehr differenziert Wudtke in: Hundertmarck/Ulshoefer 1972, I, 74 ff. Zum schichtspezifischen Erziehungsstil vgl. Grauer in: Familienerziehung 1971, 37 ff. „Die abhängigsten und unzuverlässigsten Heranwachsenden stammen aus Familienverhältnissen, die weder patriarchalisch noch matriarchalisch, sondern im Sinne der Gleichberechtigung ausgerichtet sind", Bronfenbrenner, nach Grauer 54. Ferner Neidhardt in: Die Familie als Sozialisationsfaktor 1968, 179; Göbels in: Hundertmarck/Ulshoefer I, 84 ff.

[60] AaO 124; Brandt 1971, 372.

Selbstregulierung der Gruppenbeziehungen reicht nicht aus, zumindest nicht, solange die Grundfähigkeiten noch nicht vorhanden sind, sondern eben erst angeeignet werden sollen. Das freie Spiel muß ergänzt werden durch das geplante Gruppenspiel[61]. Schließlich muß der Erzieher eingreifen, wenn die Kinder sich gegenseitig massiv stören, ihre Entfaltungsmöglichkeiten gegenseitig durchkreuzen und einengen. E. Erikson verweist auf das kindliche Bedürfnis nach Anleitung, indem er ein Kindergarten-Kind zitiert: „Fräulein, müssen wir heute wieder machen, was wir wollen?"[62]

So kommt es zum Übergang von der bloß anti-autoritären liberalen Phase zur aktiv politischen, wenn es heißt, „daß Erziehung in der Klassengesellschaft nicht neutral und wertfrei sein kann"[63]. Der Wahrheitsgehalt dieser pragmatisch-politischen Zielsetzung besteht darin, daß jeder Erziehungsstil schon eine bestimmte gesellschaftliche Haltung und damit eine bestimmte Wertordnung vermittelt. Es ist gut, wenn sich der Erzieher dessen bewußt ist, daß alle Erziehung in einem gesellschaftlich bedingten weltanschaulichen Kontext geschieht, daß alle Erziehung in einem weiten Sinn Bekenntniserziehung ist, weil einmal der Erzieher selbst aus mehr oder weniger unbewußten ideologischen Vorentscheidungen heraus handelt und weil zum anderen das Kind in seiner Sozialisations*bedürftigkeit* gerade darauf angewiesen ist, ein solches Orientierungsschema vorrational zu übernehmen.

Erziehung ist in diesem Sinn immer bekenntnisbezogen parteilich, sie entspricht einem ideologischen Engagement. Es ist durchaus sachentsprechend, wenn sich zwischen den Pro-

---

[61] Ebd. 125; 129.

[62] Erikson 1953, 44; vgl. G. Hundertmarck: „Die Erzieherin kann ein Kind nicht allein seinen zufälligen Erfahrungen in der Gruppe überlassen, denn die Gruppe bietet nicht nur Raum für die Entwicklung von Kooperation und gegenseitiger Rücksichtnahme, sondern ebenso für Egoismus, Herrschsucht und kollektiven Zwang...", Höltershinken 1971, 111; vgl. ebd. 125, 128 R. Dermitzel; 164 M. Seifert: „Das Kind kann seine Bedürfnisse nur dann regulieren und seine eigene Interessenvertretung lernen, wenn es sich in der Geborgenheit eines stabilen Bezugsrahmens (Elternhaus, Kinderkollektiv) befindet." Zur Aggressionsproblematik, die infolge des permissiven Erziehungsstils verstärkt auftritt, vgl. Kuckartz 1970, 634 ff.

[63] AaO 133; 140.

grammen der politischen und der religiösen Erziehung praktische Parallelen zeigen. Es entspricht beispielsweise einer missionarischen Intention des früheren RUs bzw. kirchlicher Veranstaltungen wie des Kindergottesdienstes, wenn man von den Kinderläden her sich eine Politisierung der Eltern erhoffte und nun auch schon die Aussichtslosigkeit dieser Hoffnung eingestehen muß[64]. Daß eine zielstrebige Erziehung nur im Zusammenhang mit begleitender Elternarbeit möglich ist[65], gilt ebenso für alle anderen (religions-)pädagogischen Bereiche: Der Sozialisationsprozeß erfordert ein Vorleben der Eltern, ein Hineingenommenwerden des Kindes in den Bezugsrahmen der Identifikationsobjekte. Die Kinderlädentheoretiker legen Wert darauf, nicht zu indoktrinieren im Sinn „politischer Instruktionsstunden". Sie wollen vielmehr „gesellschaftliche Konflikte, an denen Kinder beteiligt sind (z. B. Auseinandersetzung mit Hausbesitzer, Hauswart, Polizist) politisch „erklären (als Konflikt zwischen Interessen, die in unserer Gesellschaft privilegiert sind und solchen, die unterdrückt werden), d. h. auf der Bewußtseinsebene des Kindes Konflikte, die von ihm zunächst personal erlebt werden, (zu) verallgemeinern und (zu) objektivieren"[66]. Die „Beteiligung der Kinder an der politischen Praxis der Eltern: Flugblätter verteilen, Teach-ins, Demonstrationen usw." ist wesentlicher Bestandteil der Erziehung. Daß „Kirche" als einziger Begriff aus der religiösen Sphäre im Vokabular der Kinderläden-Theorie im Zusammenhang der Möglichkeit „karikierender Darstellung von Vorgängen aus dem politischen und sozialen Leben"[67] genannt wird, bestätigt den formalen Konkurrenzcharakter.
Noch einmal: Die politisch engagierte antiautoritäre Erziehung erkennt zu Recht die Interdependenz zwischen Erziehungsstilen und weltanschaulich-gesellschaftlichen Voraussetzungen, und sie zieht zu Recht die notwendige Konsequenz, die in einer engagierten frühkindlichen Erziehung besteht. Die Auseinandersetzung um die ideologischen Implikationen kann und braucht in diesem Rahmen nicht geführt zu werden; die Argumentation soll sich auf den pädagogischen Aspekt beschrän-

[64] Ebd. 228; 212.
[65] AaO 66; 212.
[66] Ebd. 139.
[67] Ebd. 140.

ken[68]. Auch darin fällt nun allerdings ein Unterschied zwischen politisch-revolutionärer und religiöser Kleinkinderziehung ins Auge. Die revolutionäre Erziehung impliziert als Ziel die Übernahme gerade *dieses* politisch-weltanschaulichen Bekenntnisses, gerade *dieser* Haltung durch den Heranwachsenden — eine Zielsetzung, die der früheren religiösen Erziehung keineswegs fremd war[69]. Es soll erreicht werden, den Menschen und mit ihm die Gesellschaft und durch sie schließlich die Welt zu verändern. Ein solches Programm lebt von keiner anderen Hoffnung als der auf das eigene Prinzip, die eigenen Kräfte und eigenen Methoden. Die entsprechende Erziehung muß den Menschen in den Griff zu bekommen suchen, sie muß mit einer gewissen pädagogischen Verfügbarkeit ihres Menschenbildes rechnen. Die politische Kampfformel des „Antiautoritären" in ihrer Anti-Fixiertheit[70] gerät gerade damit in den Verdacht einer manipulatorischen Tendenz. Die Erziehung steht zur politischen Aktion im Verhältnis des Mittels zum Zweck. Auch der christliche Glaube zielt auf Veränderung des Menschen und Veränderung der Verhältnisse; auch er impliziert menschliche Tätigkeit, deren Rechtfertigung und Vollendung aber von Gott erwartet wird. Das gibt dem Erzieher die Freiheit, daß er „nicht an den Menschen für seinen Glauben" arbeitet, sondern „aus seinem Glauben für den Menschen"[71]. Der Stil der religiösen Erziehung ist sozial-integrativ, seine Motivation geht aber über das politische Prinzip des Demokratischen hinaus und basiert auf der Ehrfurchtshaltung vor dem Anderen als dem Menschen Gottes[72]. Zwischen der notwendigen und sachbegründeten Autorität und der autoritären Entartung steht die Person des Anderen mit ihrem Recht auf Individualität und Unverfügbarkeit ihrer Selbstverwirklichung. Bewußt religiöse Erziehung berührt sich mit der politisch-revolutionären gegenüber Summerhill in der Erkenntnis des gesellschaftlichen Kontextes des Sozialisationsprozesses und der Notwendigkeit persönlichen Engagements des Erziehers; sie berührt sich mit der

---

[68] Kuckartz aaO unterwirft die gesellschaftspolitischen Prämissen der Kritik.

[69] Vgl. o. S. 5 f.

[70] Kuckartz aaO 635; vgl. auch Anm. 53.

[71] Heistermann, in: Haseloff/Stachowiack 1960, 22.

[72] Bucher 1968, 62; vgl. auch Anm. 59.

Neillschen Konzeption gegenüber den Kinderläden im Postulat der Freiheit individueller Selbstverwirklichung.
Damit entsteht nun allerdings die Frage, wie sich bekenntnisbezogene Sozialisation und intendierte Freiheit zur Selbstverwirklichung verbinden lassen. Gerade das Reden von Gott wird von Kritikern als repressiv und manipulativ bezeichnet, wobei man ignoriert, daß das Nichtreden von Gott, das Aussparen der religiösen Dimension der gleichen Kritik verfällt. Aber auch wo man die Notwendigkeit religiöser Bindung grundsätzlich anerkennt, bestreitet man weithin, daß die freie Selbstverwirklichung mit der frühkindlichen Bindung an ein konkretes religiöses Bekenntnis sich vereinbaren lasse. Eta Linnemann spricht in einem Aufsatz über die Lernziele des RU von der „religiösen Muttersprache" des Kindes[73]. Der Vergleich der religiösen Einstellung mit der Entwicklung der Sprache veranschaulicht den Zusammenhang: Das Kind vermag nicht zuerst allgemeine Phonetik, Grammatik, Syntax zu erlernen, um sich dann einer konkreten Sprache zuzuwenden, sondern es lernt notwendig zuerst die Sprache, und zwar in einer gruppenspezifischen (landschafts-, milieubedingten) Ausprägung. Daß sich Sprachbarrieren ergeben können, die man mit kompensatorischen Maßnahmen relativieren muß, ändert nichts an der grundsätzlichen Abfolge des Geschehens, in der das Kind die Fähigkeit des sprachlichen Ausdrucks und damit die Verständnismöglichkeit fremdsprachlicher Strukturen erwirbt. Sofern die typisch menschlichen Daseinsformen durch Erziehung in einem soziokulturellen Rahmen vermittelt werden, sind sie an diese Abfolge gebunden. Das gilt auch für das Eingebundensein des Menschen in den Deutungszusammenhang einer Wert- und Sinnorientierung, das er nur anhand eines konkreten Modells erfahren kann. Gewiß bleiben Grundzüge haften; über die Entwicklung eines individuellen Sprech- und Ausdrucksstils hinaus sind der freien Variabilität der sprachlichen Entwicklung Grenzen gesetzt. Zumal eine Fremdsprache wird selten die Muttersprache restlos ersetzen können (der Zustand kann als erreicht gelten, wenn der Sprechende nicht mehr in die Fremdsprache übersetzt, sondern in der entsprechenden Spra-

[73] Linnemann 1971, 311.

che zu denken und sich schöpferisch auszudrücken fähig ist). Das Gleiche gilt für die Religion. Angehörige des westlichen Kulturkreises haben als Vertreter des Hinduismus oder Buddhismus ihre Herkunft kaum jemals verleugnen können. Auch in der frei gewählten Glaubensweise wird sich zumindest dem Kenner die religiöse Muttersprache des Betreffenden verraten, und auch der Atheismus dessen, der zu irgendeiner Form von Atheismus konvertiert, wird Reste seiner religiösen Muttersprache aufweisen. Andererseits zeigt eine Fülle von Biographien (wie viele Pfarrerkinder wurden Atheisten!), daß die spätere Entscheidungsfähigkeit nicht von einer bekenntnisfreien frühkindlichen Erziehung, sondern von der geistigen Beweglichkeit, Kritikfähigkeit, Erlebnistiefe und ähnlichen Faktoren abhängt. Gerade um Kritik zu üben, um Protest zu artikulieren, bedarf der Mensch zunächst einer positiven, in engem Sozialkontakt erworbenen Ausgangsbasis seiner eigenständigen Welt- und Selbstdeutungsversuche. Der Mensch ist eben niemals der „Mensch an sich", sondern stets der Mensch seiner Zeit, seiner Kultur, seiner Familie. Das Kind ist darauf angewiesen, in das Bezugssystem der Erwachsenen hineingenommen zu werden, in ihr Welt- und Selbstverständnis, in ihr Normsystem. In diesem Sinn ist jede Erziehung bekenntnisgebunden und muß es sein. Wo das geleugnet wird, liegt die Gefahr der Manipulation um so näher; die Fähigkeit zur Freiheit gründet in der Bewußtmachung dieses Zusammenhanges, in der Reflexion.

War bis jetzt von Bekenntnisgebundenheit der Sozialisation im Sinn einer allgemeinen weltanschaulichen Standpunkthaftigkeit die Rede, so läßt sich das Bisherige nun auch auf die Konfessionalität des christlichen Glaubens im engeren Sinn anwenden. Man gehört heute einer Konfession an durch Sozialisation (in der Abhängigkeit vom Elternhaus, das wiederum von der geographischen Landschaft und deren Kirchengeschichte geprägt ist) und Entscheidung (indem man, aus welchen Gründen immer, dabei geblieben oder konvertiert ist). Die Nichtzugehörigkeit sowohl zu den christlichen Konfessionen als auch zu anderen Religionsgemeinschaften kommt einer weiteren Konfession gleich, sofern eben auch da ein bestimmtes weltanschauliches Konzept vorliegt. Eine religiöse orientierte Erziehung[74], eine die religiöse Dimension bewußt einbeziehende Erziehung kann dann in unserem Kulturbereich immer nur die christliche Erziehung sein, und eine christliche immer nur entweder die evangelische oder die katholische (bzw. die einer anderen christlichen Gruppe, Religionsgemeinschaft oder Sekte, die aber gesellschaftlich nicht ins Gewicht fallen). In einer anderen Form kommt Christentum nicht vor, abgesehen von einer säkularisierten Christlichkeit als neuer Konfession, der aber die konkrete soziologische Gestalt als Bezugsrahmen fehlt. Welche Bedeutung der Einzelne den Konfessionsgrenzen heute beimißt, spielt dabei keine Rolle; sein Lebensstil, sein ethisches Urteil wird entweder mehr von der einen oder von der anderen Frömmigkeits- und Theologiegeschichte her bestimmt sein. So wenig es den „Menschen an sich" gibt, so wenig gibt es den „Christen an sich", Menschsein ist nur in den konkreten geographisch-historischen Ausprägungen möglich; das gilt auch für den religiösen Bereich. Daß sich zwischen den Konfessionen in der Erziehung heute weithin Parallelen ausbilden, daß die Spannungen und Unterschiede sich abbauen, steht auf einem anderen Blatt. Wenn in der frühkindlichen Erziehung beide Konfessionen sich treffen, beruht das nicht auf einer allgemeinen säkularisierten Christlichkeit, sondern auf der weitgehenden sachlichen Parallelität, die gerade dann sichtbar wird, wenn jeder der beiden Teile seinen Standpunkt reflektiert zu verwirklichen sucht. Denn darin werden die gemeinsame Vorgeschichte und die Partnerschaftlichkeit in der heutigen Situation sichtbar. Damit ist eindeutig gesagt, daß der hier phänomenologisch beschriebene notwendig konfessionelle Charakter der Sozialisation nichts, aber auch gar nichts mit einem konfessionalistischen Programm zu tun hat. Daß in der Schule bikonfessioneller RU am Platz ist, wird später noch zu begründen sein. Der „konfessionelle" Charakter der Sozialisation sowohl im engeren Sinn bewußt christlicher Erziehung als auch im weiten Sinn weltanschaulicher Standpunkthaftigkeit bleibt davon unberührt.

---

[74] Zur Differenzierung allgemeiner, religiöser, christlicher Erziehung vgl. u. S. 67 f.

1.51 Sozialisation als Vorgabe und Aufgabe (Sozialisation und Individuation)[75]

Bisher ist deutlich geworden: Haltung des Erziehers und weltanschaulicher Bezugsrahmen hängen wechselseitig voneinander ab. In diese Wechselbeziehung tritt das Kind ein, wenn es not-

[75] Eine gute, allgemeinverständliche Einführung in die Breite der Sozialisationsforschung bietet noch immer Fürstenau 1967; vgl. ferner Nunner-Winkler/Rolff 1971, 177 ff.: Die Verf. stellen den lerntheoretischen, den psychoanalytischen und den rollentheoretischen Ansatz dar. Der relativ enge lerntheoretische Sozialisationsbegriff basiert auf dem Prinzip des operativen Konditionierens; er findet seine Grenze mit der Kritik am Menschenbild des vorausgesetzten Behaviorismus, das lückenlose Anpassung an die Umweltbedingungen nach dem Reiz-Reaktionsschema intendiert. Dennoch kann Sozialisation auch als Konditionierung (d. h. als ein Bedingen von Reaktionen durch entsprechende Reize) interpretiert werden, sofern den „intervenierenden Variablen“ (Skinner) als den zwischen Reiz und Reaktion hineinwirkenden personalen Momenten der entsprechende Raum zuerkannt wird, vgl. Correll 1961, 10. Besondere Bedeutung hat in diesem Zusammenhang das Lernen durch Verstärkung (reinforcement), d. h. der Verfestigung einer Verhaltensform aufgrund einer das Verhalten bejahenden Reaktion der Umwelt, vgl. Anm. 89; Kap. 3, Anm. 1.
Der umfassendere psychoanalytische Ansatz erklärt die Sozialisation im wesentlichen mit Identifikationsprozessen des Kleinkindes, und zwar einmal der Angstidentifikation (Identifikation mit dem Aggressor) und zum andern der Liebesidentifikation (anaklitische Identifikation).
Der rollentheoretische Ansatz verstärkt den im psychoanalytischen implizierten sozialpsychologischen Akzent, indem er den Sozialisationsprozeß mit dem Begriff der Interaktion interpretiert. Nach Parsons besteht Sozialisation darin, daß der Rollenerwartung des anderen in zunehmendem Maß entsprochen wird und so auf dem Weg angemessenen Verhaltens die eigene Rolle gefunden wird. Rollenbilder gehen als Soll-Werte in die Verhaltenssteuerung ein (Hofstätter). Während bei Parsons die Vergesellschaftung des Individuums im Vordergrund steht, betonen Habermas und andere, daß Sozialisierung die Individuierung selbst impliziert, daß Rollenidentifikation Rollendistanz impliziert und damit der Selbstverwirklichung des Individuums in seiner Einmaligkeit Raum gibt, vgl. Krappmann 1971, 177. In diesem Sinn unterscheidet Fend 1971, 15 f. Sozialisation als Integration in eine Gesellschaft oder als „Fähigkeit zur Innovation bestehender normativer Systeme“. Im engen Sozialisationsverständnis werden die Begriffe Sozialisierung und Emanzipation kontradiktorisch, im weiten werden sie komplementär gebraucht. Zum Verhältnis von Freud und Parsons vgl. Brede 1970, 161; zu Goffmanns Differenzierung zwischen personaler Identität (vertikaler Zeitdimension),

wendigerweise Haltungen des Erwachsenen übernimmt. Gerade um sich frei orientieren zu können, um die Haltung eines mündigen Menschen zu erwerben, um die Aufgabe der Selbstverwirklichung bewältigen zu können, bedarf das Kind bestimmter Orientierungshilfen. Die Sozialisation vermittelt ihm ein Bezugssystem, das ihm in der unendlichen Vielfalt der Erscheinungen des Lebens festen Boden unter den Füßen gibt; sie vermittelt ihm zugleich Verhaltensweisen, sachgemäß reagieren zu können; sie vermittelt ein Deutungsmodell, um die Flut der Erfahrungen konturieren und im Zusammenhang eines Sinnganzen sehen zu können. Andererseits gilt die Freiheit zur Selbstverwirklichung und Kritikfähigkeit, die Individuation und Personalisation als Erziehungsprinzip. Diese beiden gleichrangigen Aspekte werden heute vielfach polemisch auseinandergebrochen in das Postulat höchstmöglicher Anpassung an die Forderungen der Gesellschaft (Vergesellschaftung) einerseits, und in das Streben nach nonkonformistischer Freiraum-Erziehung auf der anderen Seite. Damit ist das Verhältnis zwischen Inhalten und Haltungen noch einmal angesprochen. Freiheitserziehung, Erziehung zu kritischer Haltung ohne alle normativ-inhaltliche Bindung führt ebenso zum pädagogischen Funktionalismus wie der Anpassungsdruck an vorgegebene, nicht befragbare Normsysteme. Funktionalismus liegt vor, wo eine Didaktik ohne jegliche Normenreflexion sich auf die Analyse der reinen Lernvorgänge beschränkt und ihre Selbstbestätigung darin findet, die Lehrbarkeit jedes beliebigen Inhalts zu proklamieren[76]. Funktionalismus deutet sich aber auch an, wo

sozialer Identität (horizontale Dimension) und der beide ausbalancierenden Ichidentität vgl. Krappmann 1971, 170 f.
Es ist deutlich, daß eine theologische Anthropologie ihre Intention jeweils in denjenigen Modellen repräsentiert findet, die gegen die entsprechende Form von Determinismus (den behavioristischen, den psychoanalytischen der Es-Überich-Struktur, den soziologischen) zugunsten der Freiheit und Individualität Protest angemeldet wird (so in den genannten intervenierenden Variablen, in der neueren Psychoanalyse durch die stärkere Betonung des Ich, in der die Rollendistanz einschließenden Rollentheorie). Um die unlösliche Dialektik von Bindung und Freiheit unübersehbar zu machen, wird hier zwischen Sozialisation im engeren Sinn und Individuation unterschieden.

[76] So z. B. F. v. Cube, von der Machbarkeit der Welt ausgehend, als Vertreter der kybernetischen Didaktik, dem behavioristischen Lernpro-

man das lernzielorientierte Curriculum dahingehend interpretiert, daß die Inhalte den intendierten Haltungen gegenüber beliebig austauschbar sind, indem ihre Bedeutung grundsätzlich relativiert wird. Es ist eine theologisch zu beantwortende Frage, ob die Bibel in der religiösen Erziehung grundsätzlich durch moderne Texte ersetzbar ist oder ob sie nicht auch und gerade als historische Urkunde eine Funktion besitzt, die die spezifisch christlich-religiöse Ausprägung von Haltungen bedingt[77]. Die Forderung einer emanzipatorischen Erziehung, einer Erziehung zur Kritikfähigkeit ist nur sinnvoll, wenn man sowohl eine substantielle Basis voraussetzen kann, die der Kritik unterworfen werden soll, als auch zugleich dem Heranwachsenden ein Normsystem zu vermitteln imstande ist, an dem die kritische Haltung sich zu orientieren hat. Es hat sich beispielsweise in den letzten Jahren immer wieder erwiesen, daß das Verlangen von Schülern und Studenten nach kritischer Diskussion unrealistisch ist, solange nicht bestimmte inhaltliche und formale Voraussetzungen erfüllt sind. Wenn dem Jugendlichen das ihm Begegnende nicht schon in einem gewissen Deutungszusammenhang erscheint, in der Sprache, die er spricht, in dem Erfahrungshorizont, der ihm erschlossen ist, vermag er die Erscheinungen nicht „kritisch zu hinterfragen"; „jeder kann nur innerhalb seines Bezugssystems kommunizieren"[78]. Das aber wird ihm vorgegeben. Gerade in der gegenwärtigen Dis-

---

gramm nahestehend, vgl. Blankertz 1970, 2. Kapitel. Zur Funktionalismus-Gefahr in der „dynamischen Gesellschaft" und zum „fehlenden Halt im Normativen" vgl. Weiß 1965, 70 ff.

[77] Die bisher vorliegenden Lernzielbestimmungen für den RU und die daraus hervorgegangenen Unterrichtsmodelle lassen den Implikationszusammenhang zwischen Funktion und spezifisch christlichen Inhalten vielfach vermissen. Es genügt dabei nicht, der Bibel eine Textstelle abzuringen, die eine Gegenwartsproblematik tangiert; vielmehr muß gefragt werden, ob nicht der Gesamtzusammenhang der Bibel ein Welt- und Selbstverständnis repräsentiert, das bei Annahme grundsätzlicher Auswechselbarkeit der Texte bereits aufgegeben ist. Es ist grundsätzlich zu unterscheiden zwischen der normativen Funktion der biblischen Theologie bei modernen Problemlösungsversuchen auf dem Feld nichtbiblischer Texte und Inhalte und denjenigen Punkten des Unterrichts- bzw. der Verkündigung, wo die normativen Kriterien in ihrer (Ursprungs-)Geschichte selbst zum Inhalt werden müssen.

[78] Schramm 1968, 17.

kussion wird es darauf ankommen, einen Weg zu finden zwischen dem Rückfall in die Beschwörung unbefragbarer inhaltlicher Strukturen und der extremen Konsequenz eines leeren Funktionalismus.
Es ist außerdem keineswegs so, daß das Kind in der Frühphase völlig passiv dem Sozialisationsprozeß ausgeliefert wäre. Die Dialektik von Sozialisation und Personalisation gründet in der frühen Dialektik von Rezeption und Aktion des Kindes. Wiewohl das Kind „plastisch" und den Einwirkungen seiner Umwelt „offen" ist, nimmt es von Anbeginn zugleich aktiv an seinem Lebensprozeß teil[79]. Deshalb trifft der Begriff der Prägung den Sachverhalt nicht wirklich; Sozialisation ist sowohl transitiv als auch intransitiv zu verstehen[80].
Die Doppelseitigkeit des Vorganges soll unter der Dialektik von Vorgabe und Aufgabe interpretiert werden. Das weltanschauliche Bezugssystem, das jeder Erziehung zugrunde liegt, hat Vorgabe- und Aufgabe-Charakter. Theologischer Ausdruck des Vorgabe-Aspektes ist die gratia praeveniens, die ständig zuvorkommende Gnade, das Angenommensein von Gott, dieses „Ich der Herr bin dein Gott", das als Zusage allen göttlichen Forderungen voransteht[81]. Ihre kultische Form ist die Säuglingstaufe, deren symbolische Bedeutung darin besteht, daß sie die Zuwendung Gottes zum Menschen vor allen und außerhalb aller möglichen Bedingungen auf seiten des Menschen dokumentiert. Wenn aber betont wird, daß die in der Taufe begonnene Beziehung zwischen Gott und Mensch später auch von seiten des Menschen ratifiziert werden muß, so ist damit zum Ausdruck gebracht, daß die Vorgabe zur Aufgabe wird. Auch hier droht die Gefahr einer Sprengung der Dialektik, dann nämlich, wenn einerseits der Vorgabe-Charakter der Gottesbeziehung geleugnet und die religiöse Selbstverwirklichung (als Heilsgewinnung) von der Leistung des Menschen abhängig gemacht wird, oder wenn andererseits im magisch-partikularistischen Mißverständnis der Taufe die Eltern meinen, eben mit der Taufe das Nötige getan zu haben, und sich von weiterer Verpflichtung zu religiöser Erziehung entbunden wähnen; denn

[79] Vgl. Kap. 3, Anm. 1, und S. 107.
[80] Fend 1970, 34.
[81] Fraas 1971, 308 f.

das Verhalten der Eltern gegenüber den Erziehungsaufgaben entspricht genau der Situation, in der die ihnen gegenüber geleistete Vorgabe ihnen zur Aufgabe, in diesem Fall zur Aufgabe an ihren Kindern wird. Die streng autoritäre Erziehung, die die Vorgabe zur bindenden Norm macht, widerspricht der Dialektik ebenso wie die polemisch-antiautoritäre Haltung, die die Vorgabe von vornherein leugnet im Sinn des Sartreschen Freiheitsformalismus bzw. des Kierkegaardschen Entscheidungsdrucks. Auf der einen Seite wird dem Kind die Gestaltungsfreiheit an den vorgegebenen Strukturen vorenthalten, es hat ausschließlich zu funktionieren, sich einzufügen, sich anzupassen, der überkommenen Norm zu gehorchen. Auf der anderen Seite wird das Kind im Schema des Selbstregulierungsprinzips überfordert, ohne helfende Vorgaben seinen Weg allein zu suchen, seine Norm sich selbst zu geben. Dabei wird die erste Vereinseitigung allerdings als die größere Gefahr gelten müssen; denn Vorgaben sucht das Kind sich selbst dort, wo sie ihm vom Erzieher vorenthalten werden; Zwangsstruktur dagegen kann dem Kind aufoktroyiert werden, ohne daß es sich dagegen zu wehren vermag.
Die neutestamentliche Paränese, die neue Ethik, die Paulus in seinen Briefen entwickelt, entspricht dem Anforderungscharakter des Bezugssystems auf der Basis der Vorgabe: „Ihr seid teuer erkauft; so verherrlicht nun Gott mit eurem Leibe", 1.Kor. 6,20; „Für die Freiheit hat uns Christus frei gemacht; darum . . . wandelt im Geist!", Gal. 5,1.16. Die Erlösung befreit nicht zur schrankenlosen Willkür, sondern zur Verwirklichung des Gebotenen in dem gewiesenen Raum. Das Gesetz meint die unerfüllte, das Evangelium die erfüllte Bestimmung des Menschen. Indem aber die Erfüllung im Rechtfertigungsglauben vorausgeht, fällt der tödliche Zwang, das Leistungsdenken weg. Dann heißt es nicht mehr: Du sollst, damit ich gnädig bin, sondern: Du kannst und wirst, weil ich gnädig bin. Bald brechen beide Aspekte auseinander in schwärmerischen Libertinismus und frühkatholische Gesetzlichkeit[82]. Luther erfaßt den

[82] Libertinismus ist Gegenstand der Polemik des Paulus 1.Kor. 6,12 ff.; Nomismus drückt sich z. B. in 1.Clem. 58,2 aus, wenn von der Erfüllung der „von Gott erlassenen Rechtsordnungen und Vorschriften" gesprochen wird.

Zusammenhang erneut[83]. Den Dekalog versteht er von der voranstehenden Zusage aus: Ich der Herr bin dein Gott. Die Gebote gewinnen dann den Charakter von Schutzgeboten: Sie stecken dem Volk als dem Adressaten der Verheißung den Raum für das Leben im Bund mit Jahve ab: Den Feiertag zu heiligen bedeutet zunächst einmal, daß das Volk einen Feiertag haben soll; oder das Verbot zu töten bedeutet für den Einzelnen auch, daß sein Leben unter dem Schutz einer ethischen Ordnung steht. Die Erziehung muß dem Kind in der Normativität ethischer Inhalte den Vorgabe-Charakter deutlich machen, durch den ihm der Raum abgesteckt wird, in dem es sich sicher und frei verwirklichen kann und soll. Sie muß zugleich darauf hinwirken, daß dem Kind die Vorgabe zur Aufgabe wird, anderen die gleiche Vorgabe zu gewähren. Die Inhalte des Normsystems sind dabei niemals Selbstzweck, sondern sie stehen und fallen mit der Erfüllung ihrer (sachbezogenen) Funktion, der Verwirklichung menschlicher Gemeinschaft, dem Humanum Raum zu schaffen. Sie sind veränderbar nach dem Kriterium ihrer Sachgemäßheit; damit werden sie selbst zur Gestaltungsaufgabe der erziehenden und der heranwachsenden Generation.

Im Spannungsfeld von Vorgabe und Aufgabe sieht Luther den Menschen als „Sünder und Gerechten zugleich". Im Hinblick auf die bedingungslose Rechtfertigung als Vorgabe durch Gott ist der Mensch gerecht, im Hinblick auf das ihm Aufgegebene bleibt er Sünder. Diese anthropologische Dialektik bewahrt das Erziehungsdenken vor einseitig optimistischem wie einseitig pessimistischem Fehlschluß. Die Selbstregulierungsethik von Rousseau bis zu den heutigen Marxisten und Freudianern neigt der ersten Gefahr zu[84], während die pietistische Erziehungskonzeption A. H. Franckes am pessimistischen Menschenbild litt. Der pietistische Ansatz machte aus der Dialektik von Evangelium und Gesetz ein methodisches Nacheinander[85]: Zuerst muß

[83] Fraas aaO 31 ff.

[84] Die Kombination Freudscher und Marxscher Gedanken etwa bei H. Marcuse oder bei den Kinderläden-Theoretikern zielt darauf, daß der Mensch unter entsprechend veränderten nichtrepressiven Lebensverhältnissen von selbst sein ideales Wesen verwirklichen werde.

[85] Fraas 110, 130 ff.

das Kind am Gesetz zerbrechen und seine Sündhaftigkeit einsehen, um dadurch für die Heilsvermittlung empfänglich zu werden. Wenn heute noch für viele in der Erziehung schwache Eltern Gott als Stütze ihrer Autorität mißbraucht wird, dann stehen sie unbewußt in der Nachfolge dieses Ansatzes. Auch hier wird die Vorgabe zum Gesetz, wird die liebevolle Annahme zum autoritären Umschließen. Jede Erziehungsmethode wird sich ständig daraufhin prüfen müssen, ob sie der Dialektik von Vorgabe und Aufgabe, von Sozialisation und Individuation gerecht wird.

1.52 Ordnung und Verantwortung

Der Begriff der Ordnung ist theologisch wie politisch schwer vorbelastet. Dennoch gilt der thematische Grundsatz der Sozialkunde: Ohne Ordnung geht es nicht. Gesellschaftsordnungen, Hausordnungen, Verkehrsordnungen sind notwendig und meinen zunächst allgemein den Gegensatz zum Chaos im sachlichen, zur Willkür im personalen Bereich. Die Erziehung muß nicht nur in einer bestimmten Ordnung sich vollziehen, sondern auch ein bestimmtes Ordnungsdenken vermitteln. Das gilt auch für die religiöse Erziehung.
Der Begriff der Ordnung hat an der oben geschilderten Dialektik des Bezugssystems teil. Ordnung ist Vorgabe, Angebot, Ermöglichung, Lebenshilfe mit der Doppelverpflichtung, diese zu übernehmen und weiter zu gestalten.
Als erstes Merkmal gilt: Die Ordnung gewährt dem Einzelnen Lebensraum oder Lebensform, innerhalb derer er seinerseits Ordnung zu verwirklichen hat. Gesellschaft und Einzelner bedürfen einer Ordnung zur Aufrechterhaltung des Lebens, der Gemeinschaft, der Gesundheit. Wie das somatische, so verlangt auch das psychische Leben nach Ordnung, eine Erkenntnis, die innerhalb evangelischer Frömmigkeit weithin fehlt. Die straffe Reglementierung herkömmlicher katholischer Praxis beruht auf der Einsicht in die Notwendigkeit der Formen psychischen Lebens, der psychischen Hygiene. Zwischen äußerlicher Pflichterfüllung und Verinnerlichung des Glaubens als „Herzenssache“ und innere Gestimmtheit liegt das Maß für den Aus-

druckscharakter psychischen Lebens. Es ist nicht nebensächlich, daß die eheliche Liebe in leiblicher Gemeinschaft — „Tisch und Bett" — sich vollzieht und daß durch jahrelange äußere Trennung von Menschen im Krieg auch die innere Gemeinschaftsbeziehung vielfach zerbrach. Das Gleiche gilt für das Kind, das die Zuwendung von Mutter und Vater konkret in Scherzen und Schmusen, in Balgen und Auf-dem-Schoß-Sitzen erfahren muß. Auch Gläubigkeit, die sich keine äußere Ordnung zu geben vermag, kann sich auf die Dauer nicht halten.

Ordnung als Lebensform heißt Gestaltung, Strukturierung des Lebens. Der Mensch gliedert den Tagesablauf durch Wachen und Schlafen, durch Arbeit und Ruhe, durch Essen und Fasten. Der Begriff des Psychosomatischen ist längst Allgemeingut geworden; er besagt, daß das Psychische nicht neben dem Somatischen ein Sonderdasein gehobener Art führt, sondern daß beide als Aspekte aufeinander bezogen sind. Störungen des Innenlebens führen zu Magenleiden und Herzinfarkt; die Psychoanalyse hat darüber aufgeklärt, daß die Ordnung des Innenlebens für die Gesamtperson existenzwichtig ist. Der Mensch bedarf neben den Zeiten der Aktion auch der Meditation, der Besinnung. Er bedarf in Zeiten hypertropher Konsumhaltung um so mehr der Askese[86]. Recht verstandene evangelische Praxis unterscheidet sich von der herkömmlichen katholischen dadurch, daß die Notwendigkeit der Formen anerkannt, den Formen aber keine Heilsmächtigkeit zuerkannt wird. Im Gegensatz zu mißverstandener evangelischer Freiheit ist zu betonen, daß auch der evangelische Christ einer Ordnung bedarf; im Gegensatz zum gesetzlichen Druck der Ordnung muß gesagt werden, daß er sich seine Ordnung selbst gibt. Für die meisten heißt das allerdings bislang nicht mehr als einer vorgegebenen Ordnung zuzustimmen. Es ist z. B. weniger eine theologische als eine psychologische Frage, ob man sich bekreuzigt oder nicht, ob man im Stehen, Knien, Sitzen oder Liegen betet usw. Der Einzelne muß die Ordnung finden, die sowohl der Sache, als aber auch seiner Persönlichkeitsstruktur gemäß ist. Es ist für heutige Verhältnisse unvorstellbar, daß bei der Kirchentrennung zwischen Rom und Byzanz im Jahr

[86] Weiß 1965, 98 ff.

867 auch solche Fragen eine schwerwiegende Rolle spielen konnten wie diese, ob man am Samstag fasten solle, oder ob man in der ersten Fastenwoche Milch, Butter und Käse genießen dürfe[87]. Die Ablehnung solcher Zwangsstruktur ist aber nicht identisch mit der Ablehnung jeglicher Ordnung, sondern fordert Bindung an die Ordnung, die man selbst gestaltet. Religiöse Erziehung will das Kind durch Hineinnahme in die eigene Ordnung befähigen, an der Gestaltung von Ordnung mitzuwirken. Sich von der ersten Bindung zu lösen und selbsttätige Gestaltung zu versuchen setzt aber diese erste Bindung voraus. Der psychosomatische Zusammenhang wird unterschätzt, wenn man zwar für Nahrungsaufnahme und Hygiene meint dem Kind eine gewisse Ordnung geben zu müssen, das Bedürfnis nach Strukturierung des psychischen Lebens aber ignoriert.

Ein zweites Merkmal: Ordnung stiftet Kontinuität mit den Vorfahren und den Nachfahren. Die Aufgabe des Vorfahren ist dem Heutigen Gabe, und die Aufgabe des Heutigen ist Gabe für den Nachfahren. Es war im Sinn der Kulturanthropologie (oben S. 32) darauf hingewiesen worden, daß der Mensch ein Lernwesen ist, ständig darauf angewiesen, hinzuzulernen; das heißt aber auch, nicht wieder je von vorn anzufangen, sondern zu übernehmen, fortzusetzen, weiterzuführen, zu korrigieren. Der Mensch ist der Ordnung verpflichtet, aber nicht im ideologischen Sinn der jeweils herrschenden, der Ruhe als erste Bürgerpflicht gilt. Der Vorgabecharakter der Ordnung würde zur Zwangsjacke, wenn die kritische Weiterentwicklung, die Aufforderung, die Ermutigung und Befähigung zur innovativen Umwandlung des Bestehenden nicht einbezogen wäre. Die christliche Glaubenslehre spricht von Sünde und von der gefallenen Welt und meint damit, daß das in der Welt Verwirklichte nie schon dem Willen Gottes absolut entspricht (die innerweltlich verwirklichte Emanzipation ist selbst dort, wo sie als Konsequenz des Glaubens verstanden wird, wie etwa bei F. Gogarten, nie schon identisch mit der „neuen Kreatur") (s. o. S. 20). Die Schöpfung ist nach vorn hin offen; der Mensch ist im Raum der Schöpfung nicht nur „an seine Stelle gestellt",

[87] Heussi 1956, 180.

er steht gleichzeitig unter dem Gebot und der Verheißung eines permanenten Exodus (s. u. S. 200). Der Wille Gottes in der Welt ist der Wille zur Gestalt. Der Schöpfungsauftrag an den Menschen besteht in der Aufgabe der Strukturierung, der Gestaltung[88]. Eine Ordnung, deren Ziel die äußere Ruhe und Konformität ist, ist pervertierte Ordnung, sie entpersönlicht den Einzelnen und beraubt ihn der Verantwortung, die er selbst für die weitere Gestaltung des Ganzen hat.

Dennoch tendiert der Mensch naturnotwendig dahin und lebt davon, mit dem Beharren der Dinge und Verhältnisse zu rechnen. „Jeder Wandel schreckt den Sterblichen." Der banale Trost, daß nach jedem Dezember wieder ein Mai folge, hat seinen religiösen Hintergrund im Noah-Bund: Es soll nicht aufhören Saat und Ernte, Frost und Hitze, Sommer und Winter, Tag und Nacht. Die Ordnung gewährt Verläßlichkeit. Daß das biblische Geschichtsdenken eschatologisch orientiert ist, daß es linearen Charakter trägt und die totale Neugestaltung von Himmel und Erde erwartet, ist nur verständlich und praktizierbar auf dem Hintergrund zyklischer Wiederholung. Die Ordnung gewährt Verläßlichkeit, und Verläßlichkeit ist lebensnotwendig. Der Mensch ist zutiefst beunruhigt, wenn etwas nicht „in Ordnung" ist. Das Kind, noch im Bann des Magischen, ängstet sich davor, daß das, was vorhin im Sonnenschein ein Baum war, nun, in der Dämmerung als Ungeheuer erscheinen kann. Der Surrealismus nimmt diesen Gedanken auf; man denke an F. Kafka, der die Folgen der plötzlichen Verwandlung eines Menschen in einen Käfer schildert, oder an E. Ionescu, der eine ganze Gesellschaft sich in Nashörner verwandeln läßt. Der Verläßlichkeit ebenso wie der Notwendigkeit einer Lebensform entspricht die Gewöhnung. Gewöhnung als pädagogisches Prinzip im lernpsychologischen Sinn als Verstärkungslernen[89] soll unterschieden sein von Gewohnheit, die nach allgemeinem

---

[88] Le Du 1971, 47 f.

[89] Verstärkungslernen wird bezogen auf tägliche Routinehandlungen wie Waschen, Anziehen usw., auf Grundformen des Sozialverhaltens wie Grüßen, Bitten usw., auf die Tabus und auf die komplexen Verhaltenseigenschaften wie Hilfsbereitschaft, Takt usw., Foppa 1966, 253. Zu beachten ist, daß auch hier schon die Aktivität des Kindes in Abgrenzung gegen Zwang und Dressur einbezogen werden muß.

Sprachgebrauch zur Veräußerlichung treibt. Gewöhnung dagegen ist ein notwendiger Bestandteil des Sozialisationsprozesses[90]. Gewöhnung stellt die Formen bereit, deren der Mensch zur Gestaltung seiner psychischen Lebensvollzüge bedarf. Sie ist die Basis jedes höheren Verhaltens (Gehlen). „Ohne die stabilisierende Kraft der Gewohnheit würde der Mensch unter der ihn bedrängenden Reizüberflutung ertrinken.[91] Gehlen weist darauf hin, daß „auch das religiöse Verhalten zum großen Teil auf derart stabilisierten Gewohnheiten ruhen" müsse, wenn es nicht zum tatenlosen Vorbehalt werden solle.

Etwas mißverständlich schreibt W. Brezinka: „Die Grundzüge einer Welt- und Lebensauffassung müssen längst eingewöhnt worden sein, ehe der Jugendliche fähig wird, auch über sie nachzudenken."[92] Mißverständlich ist der Satz deshalb, weil er tatsächlich im Sinn einer Indoktrination verstanden werden kann. Man denke sich aber einen Mann, der mit vierzig oder fünfzig Jahren das Bedürfnis empfindet, an einem Abendmahlsgottesdienst teilzunehmen. Angesichts der Ermangelung entsprechender Formvermittlung in seiner Kindheit macht er die Erfahrung, daß er sich in dieser Situation, dieser für ihn neuen Rolle nicht recht zu bewegen weiß: Er weiß nicht zu gehen und zu stehen, weiß nicht, wann er aufstehen soll, was er sprechen soll, wie er die Hände zu halten hat; weil ihm jegliche Formelemente fehlen, hat er aber auch nicht die Freiheit, sich zu verhalten, wie es ihm angemessen erscheint. Er fühlt sich also verunsichert, geniert, ist schließlich froh, den Kirchenraum verlassen zu können. Künftighin werden solche Bedürfnisse auf Grund dieser Erfahrung bei ihm erst gar nicht entstehen[93].

Formen sind notwendig, auch Gottesdienstordnungen, auch kirchliche Lebensordnungen; sie vermitteln Verhaltenshilfen, Kontinuität, und sie erschließen die Möglichkeit ihrer Variierung, Abwandlung, Korrektur. Allerdings hat Ordnung mit Autorität zu tun; aber in dem entwickelten dialektischen Sinn ist Ordnung weder autoritär noch antiautoritär. Sie ist auf die Autorität des Erziehers bezogen als auf seine fortgeschrittenere

---

[90] Langeveld 1967; zur stabilisierenden und entlastenden Funktion der Gewöhnung vgl. Bastian 1969, 70.

[91] Bastian aaO. [92] Brezinka 1961, 253. [93] Trillhaas 1953, 39.

Situation in der Verarbeitung von Normsystemen. Autorität ist dann kein Status, kein Besitz im magischen Sinn von Amtsautorität, sondern ein Prozeß: der Prozeß der Autorisierung des Erziehers im jeweiligen Erweis seines Verantwortungsbewußtseins innerhalb der Dialektik von Vorgabe und Aufgabe[94].

1.53 Die Bedeutung der Tradition

Ordnung in ihrer Kontinuität stiftenden Funktion führt zur Tradition. Der Mensch ist auf Tradition angewiesen, wie immer man heute über Traditionen urteilen mag[95]. Auch die heute propagierte kritische Haltung basiert auf einer entsprechenden kritischen Tradition. Der ersatzlose Abbruch von Traditionen bedeutet eine Gefährdung des Menschen. „Anthropologen haben oft beschrieben, was passiert, wenn in einer primitiven Gesellschaftsordnung die geistigen Werte dem Ansturm der modernen Zivilisation ausgesetzt werden. Die Menschen verlieren den Glauben an den Sinn ihres Lebens, ihre soziale Ordnung zerfällt, und sie selber gehen moralisch zugrunde. Wir sind heute in der gleichen Lage. Aber wir haben nie richtig verstanden, was wir verloren haben, denn unsere geistigen Führer waren unglücklicherweise mehr daran interessiert, ihre Institutionen zu schützen, als daran, das Geheimnis zu verstehen, welches die Symbole darstellen", schreibt C. G. Jung[96].
Die Entlastungsfunktion der Tradition ist auch im Bereich religiöser Traditionen deutlich. Von evangelischem (und natürlich auch von katholisch-kritischem) Denken her wird der mittelalterliche „Köhlerglaube" gern und zu Recht kritisiert, der Glaube jenes Mannes, der in völliger Unwissenheit auf die Frage nach seinem Glauben der Autorität der Kirche sich unterwirft: Ich glaube, was die Kirche glaubt. Gewiß, ein solches blindes Vertrauen auf die Institution Kirche, eine derartige Unterwerfung unter den Glauben anderer kann niemals das Ziel christlicher Erziehung sein. Man muß aber auch das andere sehen: Wenn der Mensch unserer Tage, ständigen Zweifeln

[94] Vgl. die Unterscheidung von Herrschafts- und Auftragsautorität (Strzelewicz), Kuckartz 1970, 652.

[95] Weiß 1965, 104.

[96] Jung 1968, 94.

und Glaubensschwankungen ebenso ausgesetzt wie weitreichender Unkenntnis der historischen Zusammenhänge, „mit der gesamten Christenheit auf Erden“ im Gottesdienst „seinen Glauben“ bekennt, dann gebietet er seinen Problematisierungen Einhalt. Er identifiziert sich mit dem Credo der Kirche, er stützt sich auf die Tradition der Gemeinde — eine Tradition, deren Sinngehalt er grundsätzlich bejaht, unabhängig davon, ob seine momentane Bewußtseinslage an einer einzelnen Formulierung wie dem „geboren von der Jungfrau Maria“ oder dem „niedergefahren zur Hölle“ sich in stärkerem Maß stößt als üblich. Die Tradition bietet ihm die Möglichkeit der Stabilisierung, sie bietet ihm Formen des Bekennens, des Betens, des Verhaltens, die er in voller Verantwortung und Sachgemäßheit jeweils spontan zu schaffen nicht in der Lage wäre. Eine solche Form von „fides implicita“ ist so lange lauter und ehrlich, solange der Betreffende eben, gestützt auf die Tradition der Gemeinde, der er angehört, seine gegenwärtigen Problematisierungen zu relativieren vermag. Seine Haltung wäre nicht mehr zu rechtfertigen, wenn die Zweifel einen Grad erreichen, der ihn das Ja zum Sinngehalt der Tradition generell nicht mehr sagen läßt. Aber die Forderung einer jeweiligen sowohl person- als auch sachgerechten Entscheidung wäre eine hochgradige Überforderung des Einzelnen hinsichtlich seines Kenntnisbereichs (man denke an die Fülle exegetischer und systematisch-theologischer Hypothesen) wie hinsichtlich seiner psychisch-geistigen Energie. Die Tradition trägt den Einzelnen, sie entlastet ihn. Gleichzeitig wird auch hier wieder die Vorgabe-Aufgabe-Dialektik sichtbar, denn Tradition wird dann zum sterilen Relikt vergangener Zeiten, sie stirbt ab oder nimmt die Form eines gesetzlich-autoritären Traditionalismus an, wenn die jeweils gegenwärtige Generation nicht ihrerseits durch aktive Gestaltung die Kontinuität wahrt und durch ihre Innovationen das gestaltet, was in Zukunft Tradition sein wird. Tradition ist damit zugleich Ausdruck der Geschichtlichkeit menschlichen Lebens. Noch einmal: Als Kompensation der Instinktverunsicherung ist der Mensch auf Tradition angewiesen. Tradition gehört deshalb zum Christentum als einer Geschichtsreligion in besonderem Maß. Christlicher Glaube basiert auf einer Kunde, die tradiert wird. Diese Kunde legt sich jeweils in

bestimmten Lebensformen aus; um diese Lebensformen ranken sich Sitte und Brauchtum. Sie sind gestaltgewordenes Innenleben und somit für den heutigen Menschen Hilfe zur Gestaltung, solange sie noch mit Leben gefüllt sind. Typisch für den Unterschied von Tradition und Traditionalismus ist das Verhältnis zwischen einem Trachten- und einem Kostümfest. Bevor man Sitte und Brauchtum verfallen läßt oder abschafft, sollte man fragen, ob tatsächlich keine konstruktiven Elemente mehr enthalten sind. „Die kirchliche Sitte, wenn sie von Jugendlichen übernommen wird, trägt weiter als ein noch so vitales subjektives Interesse, das wegen seiner Subjektivität in höchstem Maße irritierbar und somit veränderlich ist."[97] Die oftmals allzu konservative Haltung der Kirchen wird verständlicher, wenn man bedenkt, daß sie die Verantwortung für die ältesten Traditionen des Abendlandes tragen, Verantwortung nicht nur für die Inhalte der Verkündigung, sondern auch für deren Gestaltwerdung in entsprechenden Lebensformen. Allerdings darf die Gefahr der Sterilität nicht übersehen werden, die dadurch doppelt bedingt ist, daß die heutige Gesellschaft unter dem Eindruck kirchlichen Traditionalismus um so mehr provoziert ist, jeglichen Bezug zur Tradition aufzugeben.
Das Kind bedarf alles dessen: Es bedarf des Hineingenommenwerdens in ein Bezugssystem, es bedarf vorgegebener Verhaltensmuster, einer vorgegebenen und vorgelebten Wertskala, es bedarf der Gewöhnung an innere Ordnung, es bedarf des Eingebettetseins in eine Tradition (die als christliche immer auch die Tradition der prophetischen Kritik ist!), in ein Mindestmaß von Sitte und Brauchtum als emotionaler Fundierung. Und es bedarf ebensosehr des anderen: der Fähigkeit zur Distanz, des Erkennens der historischen Bedingtheit aller dieser Erscheinungen, der Fähigkeit zur Kritik, der Kreativität, des Engagements, um in Auseinandersetzung mit den überkommenen Formen gemäß dem eschatologischen Schöpfungshandeln Gottes menschliches Gemeinschaftsleben zu gestalten. Die Dialektik hält sich durch: Vorgabe und Aufgabe, Sozialisation und Emanzipation sind die beiden sich bedingenden Aspekte der religiösen Erziehung.

---

[97] Hunger 1960, 201.

2. Religiosität als theologisches Problem

(„Religiosität" des Kindes und religiöse Erziehung)

Nach der vornehmlich erziehungswissenschaftlichen Rahmendefinition religiöser Erziehung im ersten Abschnitt bedarf es nun einiger theologischer Vorüberlegungen, um die bisher alternierend gebrauchten Begriffe Religiosität, Frömmigkeit, Glaube usw. theologisch zu differenzieren und um den theologischen Ort der nachfolgenden religionspsychologischen Ausführungen anzugeben.

Die Frage nach der (kindlichen) Religiosität ist problematisch. Seit den zwanziger Jahren, seit dem Einbruch der dialektischen Theologie in den sog. Kulturprotestantismus mit seinem „Bildungschristentum" stößt sie auf Widerspruch. Im Anschluß vornehmlich an den frühen K. Barth ist der Gedanke Bestandteil des theologischen Populärbewußtseins geworden, daß christlicher Glaube in striktem Gegensatz zu aller Religion als einem anthropologischen Grundphänomen zu verstehen sei. Während Barth das Evangelium als radikale Antithese zur Religion als menschlich-vermessenem Bemühen um Gottesgemeinschaft deutet, sieht D. Bonhoeffer das Phänomen „Religion" als einer vergangenen Epoche angehörig und postuliert ein religionsloses Christentum. Beide Ansätze haben Schule gemacht, bis hin zur amerikanischen Death-of-God-Theologie; beide Ansätze sind vielfach in ihrer eigentlichen Intention unverstanden popularisiert worden und in dieser Form in das säkulare Zeitbewußtsein eingemündet.

Die bleibende Gültigkeit dieser „Protesttheologie" besteht darin, daß sie die Souveränität Gottes neu zur Geltung bringt im Gegenüber zu aller menschlich-kulturellen Leistung: „Ich glaube, daß ich nicht aus eigener Vernunft noch Kraft an Jesus Christus meinen Herrn glauben oder zu ihm kommen kann; sondern der Heilige Geist hat mich durch das Evangelium berufen ..." Der Ärgernischarakter, die systemsprengende Kraft des Evangeliums, die Infragestellung der Kultur, die Unver-

fügbarkeit des Glaubens (die sich empirisch darin äußert, daß der Mensch nicht mit zwingender Logik anzugeben vermag, warum er glaubt bzw. nicht glaubt) — alles das sind unveräußerliche Elemente des christlichen Selbstverständnisses. Es ist aber auch richtig (das ist wohl vor allem Bonhoeffers Problem gewesen), daß ein gewisser Typ von Frömmigkeit sich heute als unzeitgemäß erweist, daß das mythologische Weltbild einem wissenschaftlichen gewichen ist, daß das kirchliche Monopol der Bewußtseinsbildung längst nicht mehr besteht und daß das religiöse Denken einem ständigen Säkularisierungsprozeß ausgesetzt ist. Darf man auf diesem Hintergrund von der *Religiosität* des Kindes sprechen, oder ist damit nicht die theologische Sichtweise verfälscht? Und zweitens: Darf man auf diesem Hintergrund von der Religiosität *des Kindes* sprechen, oder ist damit nicht die säkulare Wirklichkeit des Kindes verfälscht? Es scheint doch, daß Kinder heute von vornherein mit technischen Denkmodellen viel vertrauter sind als mit religiösen, und daß diese Entwicklung in zunehmendem Maß fortschreitet. Dann müßte allerdings das Programm einer religiösen Erziehung anachronistisch wirken. Es bliebe auf der einen Seite der unverfügbare, im Bereich der Erziehung gegenstandslose Glaube, auf der anderen Seite das sozialethische Substrat der christlichen Tradition, die Mitmenschlichkeit.
Nun hat sich im theologischen und religionspädagogischen Denken in den letzten zehn Jahren eine Wende vollzogen, eine Wende zur neuerlichen Aufarbeitung der Anthropologie und damit eine neue Hinwendung zu den Phänomenen der Religiosität[1]. Die Beschäftigung mit der empirischen Anthropologie ergibt, daß — phänomenologisch bzw. funktional — der christliche Glaube durchaus vergleichbar ist mit anderen Religionen und weltanschaulichen Systemen, daß er gerade erst im Vergleich in seinen eigentümlichen Wesensmerkmalen, in seinem „Proprium" verstehbar wird. Daneben haben die Ausweitung des ökumenischen Gedankens auf ein Gespräch mit den Weltreligionen, die Erklärungen des II. Vatikanums im Rahmen des Ökumenismus-Schemas, die Arbeit der Missions-

[1] Vgl. zuerst Ratschow 1957, 279; zuletzt etwa den Sammelband Stachel/Esser 1971.

wissenschaft und die Expansionskraft der afroasiatischen Religionen, aber auch der Erfolg gewisser Sekten, die Jesus-people-Bewegung und andere zeitgemäße Entlastungssysteme deutlich gemacht, daß das, was man in einem weiten Sinn unter Religion versteht, höchst lebendig und zugleich für das Christentum höchst relevant ist. Schließlich hat C. G. Jung mit seinem Bild vom Sternenfall anschaulich gemacht, daß ein den Menschen jahrtausendelang bestimmendes Gebilde wie die Religion nicht ersatzlos in nichts aufzugehen vermag[2]. Damit ist die These Bonhoeffers, daß das religiöse Zeitalter zu Ende sei, ausreichend relativiert. Allerdings hängt die endgültige Klärung der Frage davon ab, was man unter Religion verstehen will.

2.1 Begriffsbestimmung

Eine befriedigende Definition des Religionsbegriffs scheint unmöglich zu sein, wenn man feststellt, daß bereits J. Leuba um 1920 achtundvierzig Definitionen zusammenstellen konnte und daß diese Zahl in der Zwischenzeit naturgemäß wesentlich angestiegen sein mag. Nun muß man davon ausgehen, daß eine solche Definition selbst schon Deutung ist oder doch auf einer deutenden Auswertung des Materials beruht, so daß die Ergebnisse durch typspezifische Vorurteile mitbestimmt sind. Das wird im Blick auf die großen, gewissermaßen klassischen Definitionen deutlich, die entweder auf das Gefühl, den Geist oder den Willen ausgerichtet sind.

Der der Romantik nahestehende D. F. Schleiermacher definiert in seinen Reden über Religion 1799 Religion als „Sinn und Geschmack für das Unendliche"; in seiner Glaubenslehre von 1821 spricht er vom „Gefühl schlechthinniger Abhängigkeit". Aus der nicht sehr glücklichen Verbindung dieses Gedankens mit Begriffen der Kantschen Erkenntnistheorie entwickeln Spätere die Lehre vom „religiösen Apriori", der religiösen Anlage des Menschen. R. Otto (Das Heilige, 1917) setzt mit seiner Definition religiöser Erfahrung als Begegnung des Numinosen diese Linie fort.

[2] 1954, 31.

Kant selbst siedelt Religion im Sittlichen an als die „Erkenntnis aller unserer Pflichten als göttliche Gebote". Hegel ortet sie auf dem Weg des absoluten Geistes zu sich selbst als Stadium der Vorstellung zwischen den Stufen der Kunst/Anschauung und der Philosophie/des Begriffs. Goethe schreibt demgemäß: „Wer Wissenschaft und Kunst besitzt, der hat auch Religion; wer diese beiden nicht besitzt, der habe Religion."

A. v. Harnack individualisiert Religion als Wechselbeziehung zwischen Gott und Seele; E. Durkheim sieht sie als gesellschaftliches Bewußtseinsphänomen. Auf dieser Linie erscheint Religion als soziokulturell bedingte Größe und damit unter entsprechend veränderten gesellschaftlichen Verhältnissen als zum Absterben verurteilt. In Zusammenschau beider Zweige wird neuerdings Religion als anthropologische Grundfunktion verstanden, deren Erscheinungsform soziokulturell bedingt ist: Religion ist die „emotional hoch besetzte Bindung an den Werte- und Bedeutungszusammenhang, der eine Kultur oder eine Gesellschaft grundlegend integriert"[3]. Aus dieser Fülle der Definitionen ergibt sich für den Religionsbegriff ein Doppeltes: Einmal, daß er typspezifisch gedeutet wird. Nicht ist damit gemeint, daß ein spezifisch religiöser Typ neben anderen stünde, wie das in E. Sprangers Typologie der Fall ist[4]. Vielmehr sind es die allgemeinen Typen, die jeweils auf spezifische Weise auch die religiöse Dimension ins Blickfeld bekommen. In diesem Sinn schreibt Spranger selbst: „Ohne letzte Weltorientierung, also ohne Religiosität in diesem weiteren Sinne, vermag kein Mensch zu leben."[5] Religion ist also nicht an einen Typ gebunden, drückt sich aber typgebunden aus, wodurch jede Definition subjektiven Charakter annimmt. Zweitens heißt das nun aber, daß daraus ein formal-allgemeines Merkmal erhoben werden kann: Die Begriffsbestimmung bleibt deshalb subjektiv, weil sie im Sinn des Spranger-Zitats ein jeweils letztgültiges existentielles Vorurteil beschreibt. Ihre Verbindlichkeit besteht darin, daß sie die Notwendigkeit eines „je-Letzten" erfaßt.

---

[3] So und ähnlich K. W. Dahm, D. Stoodt u. a.; vgl. Dahm 1970, 273 ff.

[4] Spranger 1927.

[5] Ebd 56 ff.; 236 ff.

In diesem Sinn ist Schleiermacher mit seinem zweiten, umfassenderen Ansatz zu verstehen, wenn er Religion als „Gefühl schlechthinniger Abhängigkeit" definiert. Die Bezogenheit auf das Gefühl ist allerdings oft genug in charakterlich-sentimentalem Sinn mißverstanden worden, drückt aber sachgemäß den affektiven, vorrationalen Rahmen dieser Bindung aus, die durch die Dimension des „Schlechthinnigen" als Grund- oder Urbindung gekennzeichnet ist. Wohl kann man entgegenhalten, die Formulierung Schleiermachers sei zu passiv, sie lasse den Impuls zum Handeln, zur Weltverantwortung und den Hinweis auf die soziale Vermittlung vermissen. Aber mit diesen Einwänden bewegt man sich bereits auf der Linie einer möglichen Ausprägung des formalen Rahmenbegriffs Schleiermachers.

In jüngerer Zeit hat, auf ähnliche Weise, P. Tillich Religiosität definiert als das „Ergriffensein von dem, was uns unbedingt angeht". Seit dem Zurücktreten der dialektischen Theologie ist gerade Tillich von der Religionspädagogik vielfach als Kronzeuge angerufen worden[6], der den anfänglichen Intentionen der dialektischen Theologie durchaus nahestand und dennoch den anthropologischen Aspekt und damit auch die Relevanz der Psychologie nicht aus den Augen verloren hat. Nach Tillich gehört Religion in einem weiten, formalen Sinn zum Wesen des Menschen. Sie ist Ausdruck dafür, daß der Mensch sich selbst zu transzendieren vermag, daß er genötigt ist, sich in einem größeren Sinnzusammenhang zu erfassen, daß er sich gefragt, in Frage gestellt und verantwortlich weiß. Damit ist in den für den Menschen typischen und notwendigen Sozialisationsprozessen als Hereinnahme des Kindes in immer schon geschehenes Transzendieren und Ergriffensein die religiöse Dimension bereits enthalten. Religiosität ist nicht etwas am oder im Menschen; sofern sie mit dem Ergriffensein durch das Unbedingte identifiziert wird, wird sie als anthropologisches Strukturelement eingeführt; denn jeder Mensch ist von dem, was ihn unbedingt angeht, zwar nicht unbedingt bewußt er-

[6] Neben H.-J. Seeberger, H. Halbfas, H. Frik, H. Gloy, F. Uplegger vgl. Zahrnt 1970, 382 ff.; Jentsch 1970; Schütz 1971, 15 u. ö., unter Berufung vor allem auf Tillich, Ges. W. V., 40; 101; VII, 133; IX, 112. Vgl. ferner Steinle 1970; Hartmann 1970.

griffen, wohl aber a priori strukturell bestimmt. Luther sagt im Großen Katechismus, woran der Mensch sein Herz hänge, das sei sein Gott. Jeder Mensch hat etwas, das ihm als sinnstiftend und normgebend gilt, woraufhin er sich entwirft, das ihm Deutungsprinzip seines Lebens und Motivationsgrund seines Handelns ist — unbeschadet der Wirklichkeit Gottes, die Luther selbstverständlich hinter alledem voraussetzt —, sei es eine Sachbeziehung, ein Mensch, eine Aufgabe, eine philosophische Idee oder eine Gottesvorstellung. Wie wenig die Bilder sich gleichen mögen, die Struktur stimmt überein[7].

An dieser Stelle ist allerdings ein ernst zu nehmender Einwand zu bedenken: Es scheint so, als werde damit der Atheist gegen seinen ausdrücklichen Willen von einem theologischen Deutungsschema vereinnahmt. Dem ist entgegenzuhalten, daß die Absage des Atheisten sich auf inhaltliche Konkretisierungen des Religionsbegriffs bezieht, daß aber gerade die Ernsthaftigkeit dieser seiner Absage im Sinn der These Tillichs als seine Weise, vom Unbedingten ergriffen zu sein, zu bezeichnen ist[8]. Berechtigt bleibt der Einwand insofern, als der Religionsbegriff erfahrungsgemäß theistische Assoziationen auslöst und damit seine Anwendung auf den Atheismus mißverständlich sein muß. Hier soll zunächst nicht mehr gesagt werden, als daß Religion im Sinn einer Urbindung des Menschen an ein für ihn Letztes, Höchstes, ein anthropologisches Grundelement ist und daß damit nicht nur die (bewußte) Erziehung, sondern auch der (weithin unbewußte) Sozialisationsprozeß als die typisch menschlichen Weisen der „Arterhaltung" die religiöse Dimension implizieren.

---

[7] Religion ist „eine Weise menschlichen Existierens aus der Relation zu einem (nicht noch einmal zu überschreitenden und in diesem Verständnis ‚letzten') Sinn-Grund, der als das schlechthin Gründende und Sinnspendende die Deutung des Seienden im ganzen sowie aller Seinsbereiche (Mensch, Welt, Geschichte, Gesellschaft; Recht, Sittlichkeit, Kultur, Sprache, Wirtschaft usw.) betrifft. Dieses Existieren aus einem als ‚absolut' oder ‚unbedingt' geltend erfahrenen und angenommenen Sinn-Grund entspricht der existentialen Verwiesenheit auf eine Absolutsphäre", Schlette, LThK 1165, vgl. auch Th. Luckmann, bei Matthes 1967, 191.

[8] Zahrnt aaO 444 ff.

2.11 Religion und Religiosität — Glaube und Gläubigkeit

Die in der Überschrift genannten Begriffe werden im populären und weithin auch im wissenschaftlichen Sprachgebrauch vielfach wechselweise und kaum methodisch differenziert verwandt. Im Sinn einer arbeitshypothetischen Zuordnung von Religionspsychologie und Theologie ist es für das Folgende wichtig, eine definitorische Klärung vorzunehmen. Dabei wollen wir von der notwendigen sozialen Vermittlung der Individualität einmal absehen und bei der Religiosität als der individuellen religiösen Erfahrung bzw. dem persönlichen Ergriffensein von dem uns unbedingt Angehenden einsetzen. Die religiöse Erfahrung ist keine inhaltlich isolierte, sondern eine die Welt- und Selbsterfahrung des Menschen begleitende dimensionale Erfahrung, eine Grenzerfahrung. „Daß das Staunen der Anfang ist, gilt, wie Söderblom bemerkt, nicht nur für die Philosophie, sondern auch für die Religion. Von der Übernatürlichkeit oder Transzendenz ist hier noch gar keine Rede . . . Das religiöse Erlebnis ist dasjenige Erlebnis, dessen Sinn sich auf das Ganze bezieht . . . Es bedeutet dem Menschen ein Letztes, eine Grenze . . ."[9]

Das Ergriffensein des Menschen von . . . oder das Sich-entwerfen auf . . . setzt ein solches Wovon, Woher oder Worauf voraus, umfaßt es, bezieht es ein. Religiosität ist Ausdruck einer Wechselbeziehung zwischen subjektiver Intention und objektivem Bezugspol, der als Totales, Unbedingtes, Umfassendes in, mit und unter den konkreten Einzelbeziehungen erfahren wird und gedacht werden muß.

Vielfältige subjektive Religiosität verdichtet sich zur Religion; die Objektivierungen des Woher oder des Worauf bilden den Vorstellungsgehalt der Religionen. Der Wandel des Vorstellungsgehaltes, in der Religionsgeschichte ablesbar, ist an den Fortschritt der geistigen Kapazität der Menschheit gebunden. „Ich lebe mein Leben in wachsenden Ringen, die sich über die Dinge ziehn", schreibt R. M. Rilke. In diesem Bild ist Religiosität die subjektiv jeweils totale Beziehung auf den jeweils letzten Ring. Dieser letzte Ring, abhängig von der kulturge-

[9] V. d. Leeuw 1956, 3 f.; 526.

schichtlich und individuell bedingten Reichweite des menschlichen Erfahrungshorizontes bildet den Symbolgehalt einer Religion. So ist beispielsweise im System der Naturreligionen ein Abstraktionsgrad erreicht, der den Bereich der Naturphänomene als Vergegenwärtigung des Umgreifenden und damit als symbolträchtig erleben läßt.

In diesem Zusammenhang wird der soziologische Aspekt der Religiosität sichtbar, der oben zunächst ausgeblendet wurde: Angewiesen auf die Entwicklung der Vorstellungen im Rahmen der allgemeinen Geistesgeschichte und auf die Vermittlung im Rahmen des Sozialisationsprozesses tritt die individuelle Religiosität von vornherein in gemeinschaftsbezogenen Formen auf. Religiosität als individuelles Bezogensein und Religion als soziologischer Zusammenhang von Wert- und Sinnmaßstäben entsprechen also einander. Religion ist dann die Summe der gesellschaftlich relevanten Konsequenzen der Religiosität auf dem Boden einer geistesgeschichtlichen Situation, die ihrerseits die individuellen Formen der Religiosität normiert und prägt.

Glaube und Gläubigkeit sind demgegenüber theologische Begriffe. Glaube bezeichnet die Unverfügbarkeit[10], das In-Gott-Gegründetsein christlicher Existenz und die „Aufhebung" der Religion im dreifachen Begriffsgebrauch Hegels. Er wird hervorgerufen und bedingt durch das Heilshandeln Gottes, das auf den Menschen gerichtet ist. Im Rahmen des dogmatischen Systems gehört die Religiosität in den Bereich der Anthropologie, der Glaube in den Bereich der Soteriologie. Glaube ist Rechtfertigungsglaube, und zwar in dem Sinn, daß die Religiosität des Menschen als Religiosität des *Sünders* selbst der Rechtfertigung bedarf. Der Glaube ergreift die Rechtfertigung, die ihrerseits in die Religiosität des Menschen eingeht[11].

Zwischen Glaube und Religion, zwischen Gläubigkeit und Religiosität besteht demnach kein quantitatives Verhältnis, die

---

[10] Der theologische Unverfügbarkeitsbegriff ist zu unterscheiden vom existentiellen im Sinn Bollnows; wenn Bollnow von Unstetigkeit im Erziehungsvorgang spricht, meint er die Nichtmethodisierbarkeit eines grundsätzlich aber psychologisch erklärbaren Geschehens.

[11] „Der Christ ist demnach im terminus a quo als vom Zugriff Gottes bestimmt anzusehen und im terminus ad quem als homo religiosus beschreibbar", Röbbelen, in: Bastian/Röbbelen 1964, 34.

Theologie behält sich nicht gewisse Reservate innerhalb der psychologischen oder soziologischen Betrachtung vor. Durch die Entgegenstellung der Begriffe Glaube und Gläubigkeit auf der einen, Religion und Religiosität auf der anderen Seite wird es möglich, beide Aspekte im Sinn von Tillichs Korrelationsmethode als Dialektik von Frage und Antwort zu verstehen. Das heißt dann konkret: Der Christusglaube enthüllt die Religion als das Verfallensein, als Ausdruck der Entfremdung des Menschen. Da der Christusglaube aber darauf angewiesen ist, die Symbolsprache der Religion zu sprechen, unterliegt er selbst dem Verfall an das Immanent-Mißverständliche, ist er selbst Religion. Glaube und Gläubigkeit signalisieren den Introjektionsaspekt des Symbolbereichs, Religion und Religiosität den Aspekt der Projektion[12]. Vermittels des Offenbarungsbegriffs macht der Glaube Aussagen über die „Außenseite" des Symbols, die aber als menschliche Aussagen zugleich Gegenstand „innenseitlicher" Aussagen (der Religionspsychologie, -soziologie, -pädagogik) sind. Andererseits werden die „innenseitlichen" Aussagen durch den Totalitätsanspruch der „Außenseite" betroffen. Diese Betroffenheit wirkt im Rahmen des hermeneutischen Zirkels über den Aussagenden auf die Aussage zurück. Aus der Dialektik zwischen dem Unbedingtheitsanspruch der Glaubensaussage und ihrer Bedingtheit durch die Sozialisationsgeschichte des so Redenden ergibt sich der Prozeßcharakter des theologischen Denkens; Theologie und Religionspsychologie bzw. -soziologie bleiben ständig aufeinander bezogen. Die Religionspsychologie macht keine bekenntnisneutralen Aussagen; sie reflektiert den Bezug auf das Bekenntnis ständig mit. Theologie ist Glaube im Modus der (wissenschaftlich-methodisch verantworteten) Reflexion; Religionspsychologie ist Theorie der Religiosität. Somit hat die Religionspsychologie die Theologie als ein religiöses Phänomen zum Gegenstand; zugleich aber ist sie selbst Gegenstand der Theologie, die den Glauben vertritt, der die gesamte Wirklichkeit in Frage stellt. Die Trennung der Aspekte ermöglicht es, die psychischen

[12] Vgl. K. Niederwimmer (1962, 203 ff.), der das Symbol als das Zusammenfallen (symballein) von Introjektion und Projektion versteht; Zum Symbolbegriff überhaupt vgl. Looff 1955; Becker 1965; Lorenzer 1970.

Vorgänge christlicher Religiosität psychologisch zu analysieren, ohne damit den christlichen Glauben als unverfügbare Gabe Gottes anzutasten[13].

Damit kann nun auch das Verhältnis von Glaube und religiöser Erziehung theologisch bestimmt werden.

Der Glaube kann innerhalb der Erziehung eine Rolle spielen in der Motivation des Erziehers, seines Selbstverständnisses, seiner Verantwortung. Dabei kann und wird sich aber sein Erziehungsstil nicht unbedingt von anders motivierten Erziehungsstilen unterscheiden, denn er bewegt sich auf anthropologischem Boden. Man kann, um ein Beispiel zu nennen, die körperliche Züchtigung als Erziehungsmittel ebenso aus der biblischen Tradition ableiten (man denke an das von der Kritik häufig zitierte Wort „Wer sein Kind liebhat, der züchtigt es"), wie man andererseits die Ablehnung derartiger Praktiken mit dem biblischen Menschenbild begründen kann.

Erziehung ist ein „weltlich ding" (Luther)[14] und kann weder unmittelbar aus dem Glauben abgeleitet werden noch zum Glauben führen. Für die religiöse Erziehung gilt das Gleiche, da sie nicht eine zusätzliche Maßnahme supranaturaler Natur darstellt, sondern eine Dimension aller Erziehung, sofern alle Erziehung sinnbezogen ist (s. o. S. 63) und sofern der Mensch auf das Unbedingte bezogen lebt und die Weitergabe menschlichen Existierens dies immer mit umfaßt. Religiöse Erziehung beginnt daher nicht erst dort, wo biblische Geschichten erzählt werden oder wo gebetet wird, sondern sie beginnt mit den Anfängen von Erziehung überhaupt. Ihr Verhältnis zum Glauben kann auch nicht als Propädeutik oder Vorfeldfunktion charakterisiert werden[15]; damit würde der Glaube mißverstanden als eine zweite, höhere Stufe religiöser Existenz. Vielmehr ist die empirisch beschreibbare christliche Existenz eben der empirisch-anthropologische Modus des Glaubens. Eine Theorie der

---

[13] Damit ist die Religionskritik auf der Linie Luther–Feuerbach–Barth aufgenommen: Die anthropologische Argumentation schließt den transzendenz-theologischen Aspekt nicht aus, sondern setzt ihn vielmehr voraus.

[14] Asheim 1961, 25 u. ö.

[15] So vielfach im katholischen Bereich, vgl. aber auch z. B. Ruhrberg 1971, These 4.

religiösen Erziehung hat deshalb nicht nur das zum Gegenstand, was sich bewußt als Religiosität versteht, sie hat zugleich den religiös-weltanschaulichen Bezug *aller* Erziehung in das Bewußtsein zu erheben. Sie treibt auf diese Weise ein Stück Ideologiekritik, indem sie die weltanschaulichen Implikationen der Erziehungstheorien und -praktiken zur Diskussion stellt. Von „christlicher Erziehung" ist dann in dem Sinn zu sprechen, daß diese Erziehung im Wirkungsbereich des Christentums geschieht und von ihm bis in ihre säkularen Gestalten hinein geprägt ist[16]. Zugleich aber veranlaßt der christliche Glaube als ein geschichtlich begründeter Glaube, der auf Weitergabe von Generation zu Generation, auf Zeugnis angewiesen ist, eigene religiöse Erziehungsmaßnahmen, in denen diese Wirkungen und ihr Grund inhaltlich ausgebreitet werden[17]. Die vorliegende Theorie der religiösen Erziehung ist in diesem Sinn selbstverständlich eine Theorie der „christlich-religiösen" Erziehung, wiewohl das zugrunde liegende formal-religiöse Koordinatensystem auch dort gilt, wo andere Konkretisierungen von Religiosität vorliegen.

2.12 Frömmigkeit

Während Religiosität die Grundstruktur des Menschseins in dem Sinn beschreibt, daß der Mensch auf ein Unbedingtes bezogen ist, soll Frömmigkeit hier als die bewußte individuelle Konkretisierung der Religiosität verstanden werden. Als bewußte Antwort auf das Ergriffensein von dem, was ihn unbedingt angeht, drückt sie sich in der Personstruktur des Einzelnen aus. Es hat in der Religionspsychologie Versuche gegeben, Frömmigkeit zu typologisieren; diese Versuche können nicht umhin, sich an allgemeine Typologien anzulehnen, an deren Relevanz sie ebenso teilhaben wie an deren Schwäche[18].

---

[16] Vgl. diesen Gedanken unter erziehungswissenschaftlichem Aspekt o. S. 24; 30 f.

[17] Zur Selbstauslegung des Glaubens als eines kommunikativen Geschehens, das schon eine Erziehungskonzeption impliziert, vgl. Lohff, in: Röbbelen 1966, 266 ff.

[18] Vgl. noch einmal Spranger: Es geht gerade nicht darum, einen

Wenn hier auf diese Typologien kurz eingegangen wird, so geschieht das, um die Forderung nach Freigabe des Kindes (s. o. S. 20) zu konkretisieren und zugleich noch einmal nach dem Verhältnis der individualpsychologischen Gestalt zum theologischen Wahrheitsanspruch zu fragen. Denn es liegt auf der Hand, daß die Religionspsychologie ständig versucht ist, den Glauben (im Sinn theologischer Norm) zu relativieren.
Die wohl älteste Einteilung innerhalb der Religionspsychologie ist die von W. James in „Leichtblütige" und „Schwerblütige". Der Weg der Letzteren führt durch Zusammenbrüche, Krisen, Umwege; die „Leichtblütigen" dagegen entwickeln sich geradlinig, ohne größere Probleme, im Sinn eines normalen religiösen Wachstums. E. D. Starbuck nennt den weltzugewandten leicht lebenden Einmalgeborenen und den bekehrten schwerblütigen Wiedergeborenen. K. Girgensohn unterscheidet den Wichern-Typ (Wichern hat, seinen Tagebüchern entsprechend, als junger Mensch niemals ein besonderes Sündengefühl gekannt) und den augustinischen Typ (Augustin hat vielfache Erschütterungen und Bekehrungen erlebt). Die inneren Kämpfe der einen richten sich nach Starbuck in erster Linie auf das Freiwerden von Sünde, die der anderen auf die Überwindung der allgemeinen Unzulänglichkeit. Unschwer läßt sich in diesen Schemata die heute geläufige Typologie C. G. Jungs von Extrovertierten und Introvertierten erkennen. I. H. Schultz hat darauf hingewiesen, daß es dem einen Typ bisweilen unmöglich ist, sich in den anderen hineinzuversetzen. Das gilt für den emotional hochbesetzten Bereich des Religiösen in besonderem Maß. „In den Augen der Schwermütigen ist der andere Typus leichtfertig, oberflächlich, liberal, nicht im vollen Sinne fromm. Der Leichtmütige aber sieht im entgegengesetzten Typus einen Duckmäuser, Schwarzseher, einen Frömmling, ja, einen Kranken oder gar Heuchler."[19]
W. Trillhaas bringt im Grund nichts Neues, wenn er einen weiblich-rezeptiven und einen männlich-produktiven Typ unterscheidet[20]. Er geht damit auf Schleiermachers Beobachtung

„religiösen Typ" neben anderen zu postulieren, sondern die je spezifischen Auswirkungen der Typen in ihrer Beziehung zum Unbedingten zu sehen.

[19] Gruehn 1960, 429.

[20] Trillhaas 1953, 127 ff.

„überwiegend Produktiver und überwiegend Empfänglicher innerhalb der Gemeinde" zurück. Zu beachten ist, daß die Begriffe „weiblich" und „männlich" sich hierbei nicht auf die Person, sondern eben auf den Typ beziehen, d. h. nichts anderes bedeuten als eine neue Nomenklatur für Extro- und Introvertiertheit. Das vorherrschende männliche oder weibliche Element im kirchlichen Leben ist weniger Folge psychologischer als vielmehr soziologischer Gründe. Das wirkt sich dann auch auf die (religiöse) Erziehung aus: Während sie auf dem Boden der patriarchalischen Struktur des Judentums und des frühen und mittelalterlichen Christentums fest in den Händen des Familienvaters lag, tritt mit dem Abbau des Patriarchats die Frau in die Rechte des Mannes ein[21].

Die Unterscheidung eines fernöstlich-kontemplativen und eines westlich-aktivistischen Frömmigkeitstyps paßt sich ganz in das bisher dargestellte Schema ein. Ebenso steht es mit der Gegenüberstellung von priesterlich-statischer und prophetisch-dynamischer Frömmigkeit (Tillich).

In funktionaler Hinsicht unterscheidet W. Gruehn den mystischen Typ, dessen Ichfunktion gesteigert ist, den rationalen Typ, in dessen gedanklicher Arbeit die persönliche Stellung sich neutralisiert, und zwischen den beiden die natürliche, schlichte Frömmigkeit als die drei auf der integrierten Person basierenden Typen. Ihnen stehen die nichtintegrierten der halbwachen, der schwarmgeistigen und der idealistischen Frömmigkeit gegenüber. Auch hier vermag die Jungsche Funktionsdifferenzierung des Denkens, Fühlens, Empfindens, Intuierens weitere Klärung zu erbringen. Während nun die Frömmigkeitsformen heute seltener offen zutage treten, lassen sich die gleichen Typen auch in der mehr distanzierten Erwartungshaltung des heutigen Menschen gegenüber der Kirche wiedererkennen. J. Moltmann unterscheidet die Konsumfrömmigkeit des im Sinn D. Riesmans „außengeleiteten" Menschen, die privatistisch-stimmungsgeladene Frömmigkeit mit Neigung zum Konventikeltum, und den „Kult der Subjektivität"[22]. Zu ergänzen wäre die Erwartung sozialen und politischen Engagements. Auch hier werden Introversion und Extroversion deutlich.

---

[21] AaO. 128.

[22] Moltmann 1965, 280 ff.

Relevant für gegenwärtige Überlegungen werden die Typologien erst, wenn man (mit Tillich) die priesterliche Art im Katholizismus, die prophetische im Protestantismus verkörpert findet, die Konfessionen also als typverschiedene Ausprägungen des einen christlichen Glaubens versteht, wenn man Luthers, Calvins, Ignatius' Theologie und Frömmigkeit als typspezifisch erklärt, wenn man theologische Schulen und Richtungen auf diese Weise interpretiert. Das ist der Punkt, wo die Theologie eine psychologische Infragestellung sich gefallenlassen, wo aber zugleich die theologische Wahrheitsfrage an die psychologische Interpretation gestellt werden muß. Die Antwort wird zunächst lauten müssen, daß die gleiche Frömmigkeit (einschließlich der in ihrem Kontext sich entwickelnden Theologie) sowohl wahr als falsch, echt als unecht sein kann, je nachdem, ob sie als bloß übernommene im Gegensatz zur eigenen Personenstruktur steht, oder ob sie dieser entspricht. Allerdings wäre die gefürchtete Psychologisierung perfekt, wenn es bei diesem einen Kriterium bliebe. Ein zweites tritt dadurch hinzu, daß hier noch einmal auf den Prozeß-Charakter der Theologie verwiesen werden muß (s. o. S. 65 f.). Die Realisierung des einzelnen Typs muß sich der Kommunikation mit allen erreichbaren Typrealisierungen aussetzen. In diesem ständigen Dialog muß es sich erweisen, wo sachgemäße Gestaltwerdung des Glaubens vorliegt, d. h. wo die Kontinuität mit der Intention des biblischen Zeugnisses gewahrt ist, bzw. wo sie verlassen ist, stagniert, partikularisiert wird. Aber das theologische Urteil darüber ist selbst wieder subjektiv. Damit ist noch einmal der Zusammenhang von Theologie und Religionspsychologie unmittelbar im Blickfeld: Theologie ist immer auch Gegenstand religionspsychologischer Analyse, Religionspsychologie ist immer auch Gegenstand theologischer Infragestellung; beide sind aufgehoben und relativiert im persönlichen Vollzug des Rechtfertigungsglaubens.

2.2 *Die Religiosität des Kindes*

Im Folgenden soll der Frage nach der spezifisch kindlichen Religiosität nachgegangen werden. Von pädagogischer Seite (M.

Langeveld, A. Flitner, W. Loch) ist immer wieder der Vorwurf erhoben worden, die evangelische Theologie bzw. die Pädagogik evangelischer Provenienz kümmere sich nicht um das Kind, verleugne das Kind; das Kind komme bei ihr nicht vor[23]. Im Gegensatz zu einer verbreiteten Volksmeinung, die im Strom der sentimentalen Fehlinterpretation der Schleiermacherschen Gefühlsthese die Kindheit neben dem Alter („im Alter den Psalter") für die Frömmigkeit prädestiniert hält (allerdings unter ständig abnehmender praktischer Bedeutung dieser Annahme) trifft dieser Vorwurf durchaus zu. Es ist allerdings keineswegs allein die Schuld evangelischen Denkens; jahrhundertelang hat das Kind keine andere Bedeutung gehabt als die eines potentiellen, künftigen Erwachsenen. Es wurde auf das hin angesprochen, was es einmal sein soll, nicht aber auf das, was es ist. Malerei und frühe Photographie bieten dafür eindrückliche Belege.

Allerdings auch nachdem Ellen Key das „Jahrhundert des Kindes" ausgerufen hatte, auch nachdem Reformpädagogik und Innere Schulreform Allgemeingut geworden waren, blieb das evangelische Denken weiterhin dem früheren Ansatz verhaftet. Schuld daran trug das vom Katholizismus sich absetzende evangelische Bewußtsein des Glaubens als Entscheidungsvollzug, das von der dialektischen Theologie im Rückgriff auf S. Kierkegaard geprägt wurde.

Kierkegaard vermag dem Kind grundsätzlich keine theologische Bedeutung beizumessen. „Für das Christentum der ‚Christenheit' dreht sich alles darum, den Satz festzuschlagen: Man wird Christ als Kind; soll man richtig Christ werden, muß man das als Kind werden, von Kind auf. Das ist die Grundlüge; dringt sie durch, dann gute Nacht, Du Christentum des neuen Testaments! Dann hat die ‚Christenheit' das Spiel gewonnen, ein Sieg, der höchst passend gefeiert wird mit einem richtigen Eß- und Trinkgelage, einem wilden Fest mit Bacchantinnen und Bacchanten (Pfarrern und Hebammen) an der Spitze der Lustbarkeit. Die Wahrheit ist: Man kann nicht Christ werden als Kind, das ist ebenso unmöglich, wie es für ein Kind unmöglich ist, Kinder zu zeugen. Das Christwerden setzt (nach dem neuen Testament) ein persönliches Bewußtsein der Sünde und von

[23] Loch 1964.

sich selbst als Sünder voraus. Da sieht man leicht, daß all dies mit dem Christwerden als Kind, ja daß man es gerade als Kind werden müsse, nicht mehr und nicht weniger als Gefasel ist, welches faselnde Pfarrer, vermutlich in Kraft ihres Eides auf das neue Testament, den Leuten in den Kopf setzen, damit das Gewerbe und die Karriere des ‚Geistlichen' ingangkommen kann."[24] Das Kind kann selbstverständlich noch keine echte Entscheidung vollziehen — aber gerade darauf kommt es Kierkegaard an, die Entscheidung ist ihm das „wichtigste Interpretament des Glaubens"[25]. Kindlicher Glaube ist demgegenüber „idyllisch", „ganz und gar ohne Entsetzen, ohne Ärgernis und ohne Paradox", er ist mild, kindlich, liebenswürdig, ohne rechten Ernst, nämlich den Ernst der Sünde, des Scheiterns, der Schuld, und damit eigentlich humoristisch wie der mythologische Gestaltenkreis Homers[26].

In seinen positiven Vorschlägen für eine religiöse Erziehung schwankt Kierkegaard zwischen der idealistischen Fehlvorstellung einer freien Entwicklung bis zur Entscheidungsfähigkeit und einer strengen frühen Erziehung im Sinn des Pietismus, die das Kind zur Einsicht seiner Sünde im Scheitern führen soll. In jedem Fall gilt, daß der Glaube des Kindes für Kierkegaard zwar als religiös, aber grundsätzlich nicht als christlich anzusehen ist. Religiöse Erziehung ist möglich und notwendig als „Aufmerksammachen auf das Religiöse", aber Grundbedingung für das Christwerden ist die Selbsterfahrung des Menschen als Einzelnen, eine Erfahrung, die das Kind gerade nicht zu machen vermag[27].

Die grundsätzliche Diskrepanz zwischen Religion und Glauben wird dann bei K. Barth fortgeführt (s. o. S. 58), ebenso die Forderung der Entscheidung, die bei Barth Bekenntnisform annimmt. H. D. Bastian urteilt, das Kind sei bei Barth „ausgesperrt", wenn und weil der Glaube im Anerkennen, Erkennen und Bekennen sich niederschlagen muß.

---

[24] Bastian, in: Bastian/Röbbelen 1964, 10. [25] Ebd. 9.

[26] Ähnlich fragt Kroh 1931, 126, ob religiöse Begriffe auf das kindliche Leben angewandt werden dürfen, da Ewigkeits- und Unendlichkeitserfahrungen erst in der Reifezeit möglich seien.

[27] Schaal 1958, 65 ff.

In der Sprache der existentialen Interpretation R. Bultmanns tritt die Kategorie der Entscheidung in der Gestalt der Entschlossenheit auf, in der sich ein neues Selbstverständnis eröffnet. Bastian weist mit Recht darauf hin, daß der von der dialektischen Theologie so radikal bekämpfte Begriff eines theologischen Apriori oder Anknüpfungspunktes gerade hier vorausgesetzt wird: Es werden hier offenbar Bedingungen für den Glauben auf seiten des Menschen angenommen, die eben das Kind noch nicht zu erfüllen vermag. Es verwundert dann nicht, wenn die innerhalb der Bannmeile der Barthschen Theologie sich bewegende Theorie der Evangelischen Unterweisung ebenso wie die an Bultmann anknüpfende des hermeneutischen RUs den rechten Zugang zum Kind nicht zu finden vermochten[28]. Mit der radikalen Trennung zwischen Religion und Glauben wird der kindlichen Religiosität die theologische Reflexion vorenthalten und sie der entwicklungspsychologischen Phänomenologie anheimgegeben.

2.21 Theorien zur kindlichen Religiosität

Unter den älteren Theorien für die kindliche Religiosität ist die der religiösen Anlage die verbreitetste. Diese in der katholischen Theologie beheimatete und im Kulturprotestantismus aufgenommene (s. o. S. 60) Auffassung beruht auf dem Denkschema von Natur und Gnade, der Lehre von der analogia entis, dem Reden von der anima naturaliter christiana. In Meister Eckarts Lehre vom „Seelenfünklein" (14. Jh.) schlägt sich diese ursprünglich neuplatonische Auffassung nieder, daß das Sein im Seienden, daß Gott im Menschen anwesend sei. Der Seelenfünklein-Gedanke bildet sich im metaphysischen und im idealistischen Sinn weiter zur Theorie von der Unmittelbarkeit des Gewissens, vom Gewissen als der Stimme Gottes im Menschen. Es sind demgemäß vor allem katholische Forscher[29], die

[28] So muß Dignath 1965, 155 auf der angegebenen Basis im Hinblick auf Lk. 1 konstatieren: „Für jüngere Schüler als für die der Oberstufe höherer Schulen eignet sich dieser Text zur katechetischen Behandlung nicht."

[29] Im Anschluß an Schleiermacher/Kant hat das Apriori-Denken auch

mit dem Begriff der religiösen Anlage operieren, so Th. Kampmann oder A. Burgardsmeier[30] oder jüngst W. Meiler[31], der sich auf die Feststellung H. Hetzers beruft, daß das bewußt areligiös erzogene Kind sich offenbar „von innen her zu der Gottesvorstellung hingedrängt" fühle.

Neben der Anlage-Theorie steht die Auffassung, die Religiosität werde durch Welterfahrung erworben. Sie stützt sich auf R. Ottos Konzeption, daß Religiosität die Antworthaltung auf die Erfahrung des Numinosen in der Bipolarität von tremendum und faszinans ist[32]. Sie steht in der Nachbarschaft des Staunens, Erschreckens, Sich-fürchtens und Angezogenseins und neigt damit stark zum Gefühlshaften. Das typische Beispiel für diese Haltung findet sich in der ersten Monographie zum Thema, in A. Miehles Buch Die kindliche Religiosität, Erfurt 1928: „Wie in den Gemütern der Urmenschheit in jenem Zustand Dämonen und Götter lebendig geworden sind, so nimmt auch die religiöse Entwicklung des Kindes von dem Durchbruch der dämonischen Scheu in seiner ersten Erregungsperiode aus ihren Anfang." Religiosität kann demzufolge „nicht übermittelt, sondern immer nur geweckt und angeregt werden". Als spezielle Form der Anlage in Verbindung mit Welterfahrung kann das Kausalitätsbedürfnis gelten, wonach das Kind im Rahmen der Woher-Frage auf Schöpfer-Vorstellungen stoßen muß[33]. Damit weist Miehle bereits auf die dritte mögliche Ableitung hin. Nach ihr entsteht Religiosität durch Nachahmung (O. Thumlirz) „Kein Kind erfindet Gott, aber jedes ist bereit an ihn zu glauben" (Kroh). Hier schlägt gegenüber dem früheren naturhaften mehr der personale Aspekt durch und tritt der Sozialisationsprozeß in Sicht, allerdings zunächst noch wenig reflek-

---

in den Protestantismus Eingang gefunden (Troeltsch u. a.), vgl. o. S. 60. Der grundsätzliche Fehler war dabei, daß es im Gegensatz zu Kants formalem Verständnis immer schon inhaltlich (und substantivisch) verstanden wurde.

[30] Burgardsmeier 1956, 3.

[31] Meiler 1967 spricht auch von der „Grundstruktur des Religiösen" und von Religion als „Grundverfügung menschlicher Existenz", bedient sich aber einer vielfach unklaren und weithin erbaulichen Sprache.

[32] Burgardsmeier 1952, 161.

[33] So, in Übereinstimmung mit W. Stern, Ch. Bühler, vgl. Burgardsmeier 1951, 9; ähnlich Kroh aaO 10.

tiert, und in gewissem Sinn abwertend, wenn P. Vogel von der „gottfreien" oder „wortlosen Mutterreligion" spricht[34].
W. Gruehn sieht die Abhängigkeit der Religiosität von der Umwelt, möchte allerdings die Formulierung Vogels durch „gottloses Kind-Mutter-Gebet" ersetzen; er nimmt im Magischen die erste Ausprägung eigenständiger kindlicher Religiosität an, die er als „eigentlich unchristlich" bezeichnet[35]. Ihr folgt die noch immer unchristliche autoritativ-gesetzliche Form, deren Gestalt ebenfalls von der Umwelt abhängig ist. Damit wird nun schon die Grenze der entwicklungspsychologischen Betrachtung deutlich: Gruehn sieht den Gegensatz zwischen christlicher und unchristlicher Religiosität so, daß der Übergang von der einen zur anderen als Entwicklungsphase erscheint. Die kindliche Religiosität wird als Magie abgetan, während richtiger das magische Denken als phasenspezifisches Weltbewältigungssystem anzusehen ist, innerhalb dessen sich dann natürlich auch die Religiosität ausdrücken muß — kein Grund, diese Religiosität vorschnell geringschätzig abzuwerten! Die Unzulänglichkeiten der Gruehnschen Konzeption sind mitbedingt durch seine ablehnende Haltung gegenüber der Tiefenpsychologie, was übrigens auch für die anderen genannten Autoren gilt.
Bei diesen theologisch unreflektierten Ableitungen kindlicher Religiosität im Sinn einer biologistisch orientierten Entwicklungspsychologie ergeben sich dann auch immer wieder entwicklungspsychologische Mißverständnisse. So, wenn man diese Religiosität als gottlos oder gottfern bezeichnet oder wenn man sie als „Gutgläubigkeit" und „Wortgläubigkeit" akzentuiert[36]. Das führt leicht zu der Fehlvorstellung, die Vorbildlichkeit des Kindes („So ihr nicht werdet wie die Kinder . . .") beziehe sich auf ein rasches und unkompliziertes Fürwahrhalten. Differenzierter urteilt W. Hansen im Anschluß an E. Roloff: „Weil das Kind mit Gott noch in seiner Weise lebt, ist es auch unvermeidlich, daß es die religiösen Gehalte in sei-

[34] Vgl. Gruehn 1960, 378. Die Vermittlung des religiösen Bezugs betont auch Hansen 1965, 217 f. Vgl. auch Burgardsmeier 1956, 5; allerdings „rein rezeptiv" verhält sich die kindliche Psyche nie; vgl. Kap. 1, Anm. 89.
[35] Gruehn aaO. 380.
[36] Schmaus/Schörl 1968, 53.

nen eigenen Betätigungsbereich, das Spiel, hineinnimmt."[37] Hier wird die Religiosität des Kindes als eigener Modus akzeptiert, es bleibt aber die Frage nach der Gestalt dieses „Lebens mit Gott" offen.

In der Modernen Entwicklungspsychologie R. Oerters[38] sind die drei genannten Ableitungen integriert, sofern hier nun die Sozialisationsvorgänge die Grundlage bilden, worunter das Element der Nachahmung subsumierbar ist, Oerter aber ein zweites Motiv in der „naturnotwendigen" „Reflexion über den Sinn der eigenen Existenz" annimmt, worin sowohl die Intention des Anlage-Begriffs als auch das Kausalitätsbedürfnis modifiziert enthalten sind.

In radikalem Gegensatz zu den entwicklungspsychologisch-phänomenologischen Ableitungen für die kindliche Religiosität stehen die theologischen Begründungsversuche: Bekehrung und Kindertaufe. Die Anfänge der Religionspsychologie beschränkten sich ausgesprochenermaßen auf empirische Befunde von Bekehrungen, in der Annahme, gerade hier quantifizierbares Material religiösen Lebens zu erlangen[39]. Mittels seiner Statistiken gelangt beispielsweise Starbuck zur Errechnung eines Bekehrungs-Durchschnittsalters. Damit ist im Grund religionspsychologisch nichts gewonnen und nichts gesagt. Soweit Bekehrungsvorgänge psychologisch faßbar werden (wobei einzubeziehen ist, daß auch „negative" Bekehrungen, Gegenbekehrungen oder Bekehrungen auf anderen Gebieten wie dem ästhetischen, dem politischen, dem ethischen möglich sind), gehen sie in entwicklungspsychologischen bzw. lern- und verhaltenspsychologischen Zusammenhängen auf. Der Begriff „Bekehrung" (conversio) intendiert als dogmatischer Begriff aber das empirisch nicht Faßbare; der Betroffene vermag seine neue Lebenshaltung nicht ohne die Annahme zu deuten, daß Gott selbst eingegriffen hat. Der theologische Begriff trägt als solcher psychologisch nichts aus.

Es bleibt die Kindertaufe, die (nach Luther) den Säuglingsglauben voraussetzt. In bewußter Ablehnung dieses Denkens und in Anlehnung an eine Formulierung Hegels in der Aus-

[37] AaO. 224.
[38] Oerter 1970, 284 ff.
[39] Neben James und Starbuck vgl. Leitner 1930.

einandersetzung mit Schleiermacher polemisiert Gruehn, man könne eher von der Frömmigkeit eines Hundes sprechen als vom Glauben eines Säuglings[40]. Aber Luther hat nun gewiß nicht die Absicht, psychologisch zu argumentieren; ihm geht es allein um die Unabhängigkeit und Gewißheit des Wortes Gottes[41]. „Die Frage nach Kind und Glaube ist bei Luther ähnlich wie die Frage nach dem menschlichen Willen und der Freiheit ein Gewißheitsproblem, also keine psychologisch-anthropologische, sondern eine soteriologische Frage." Sein Interesse kreist hierbei nicht um das Sein des Kindes, sondern um das (von Gott her bestimmte) Geschehen am Kind, und das heißt, um die Gewißheit der gratia praeveniens (s. o. S. 47 ff.). Insofern bildet die Kindertaufe tatsächlich den theologischen Hintergrund der religiösen Erziehung, aber nicht im individuell-kausativen Sinn, wonach man beispielsweise die Evangelische Unterweisung damit begründete, daß die Kinder als Getaufte einer entsprechenden Unterweisung unterworfen wären[42], sondern als exemplarisch-paränetisches Geschehen: So nimmt sich Gott des Menschen an, und der Mensch ist nur darin Mensch, daß Gott sich seiner annimmt, ihn zu seinem Gegenüber macht. Aber für die phänomenologische Anthropologie ist der mögliche Glaube des Kindes „Religion neben anderen Religionen. Schon daß es christliche Gläubigkeit ist, kann nur formal festgestellt und beschrieben werden"[43]. Damit führt die Ableitung kindlicher Religiosität zurück zum Ausgangspunkt, zur Korrelationsmethode Tillichs bzw. zum homo religiosus.
Die oft strapazierten biblischen Stellen, die das Kind als Vorbild des Glaubens begreifen, beziehen sich keineswegs auf die

[40] AaO. 377.
[41] Vgl. dazu Bastian aaO. 17.
[42] Dross 1964, 66 ff.
[43] Bastian aaO. 22. Bastian fällt allerdings hinter die Korrelationsmethode Tillichs zurück, wenn er schreibt: „Die theologische Anthropologie des Kindes ist darum nicht aus der Welt des Kindes herausgelesen, herausgesprochen und herausdefiniert, sondern vielmehr umgekehrt in sie hineingerichtet und hineingesprochen. Was am Kinde theologisch belangvoll ist, sind weder psychische noch sonst irgendwelche Möglichkeiten und Fähigkeiten, sondern allein diese Ergriffenheit und Erwähltheit von Gott." Das ist dann doch wieder eine doketische Vereinseitigung.

„Leichtgläubigkeit“ des Kindes und nicht auf seine moralische (höchst fragwürdige) Reinheit, so wenig der Sündenfall an einer biographisch fixierbaren Stelle anzusetzen ist. Wenn Kindsein ein Modus des Menschseins (Langeveld) sein soll, dann gilt das auch für die entsprechende Religiosität. Das Kind ist ebenso rechtfertigungsbedürftig, seine Religiosität ist von vornherein den gleichen Fixierungen verfallen wie die des Erwachsenen. Seine Religiosität aber ist gewissermaßen exemplarisch: Das Kind lebt offensichtlich und exemplarisch vom Du her und indem es „bei seinem Namen gerufen“ wird. Es hat sein Wesen, seine Personalität zunächst außerhalb seiner biologischen Existenz. Aller Erfahrung etwa des Numinosen vorausgehend steht das Kind immer schon in einem solchen Bezugssystem, in einem personalen Feld: der Mutter-Kind-Beziehung. So verkörpert es das Selbstverständnis des Glaubens, daß die Rechtfertigung des Menschen, daß der Zuspruch seines Wesens, seiner Personalität (seines Namens) ihm von außen gegeben wird, daß seine Identität in diesem Zugesprochenwerden liegt, daß er von einem Du, vom unbedingten Du Gottes her ein Ich wird. Die Religiosität des Kindes ist nicht inhaltlich, wohl aber strukturell vorbildlich, exemplarisch. Dabei bleibt der Grundsatz bestehen, daß es nicht um eine Vorleistung des Menschen geht als Bedingung für das Handeln Gottes, sondern um den empirisch-anthropologischen Ausdruck des göttlichen Zugriffs. Die Mutter-Kind-Religiosität eine gottferne zu nennen heißt verkennen, daß die Mutterbeziehung des Kindes als Beziehung auf das ihm Unbedingte die Gottesbeziehung impliziert; kindliche Religiosität ist implizite Religiosität. Sie ist nicht lediglich ein Bewußtseinszustand, sondern eine reale Beziehung, konkretisiert und symbolisiert in der Mutter-Kind-Beziehung. Dieser Religiosität den Glauben grundsätzlich theologisch abzusprechen, würde den Glaubensbegriff nun gerade aus dem theologischen Zusammenhang lösen und der Psychologie unterordnen, indem er ihn zu einer personalen Leistung machen würde. Nach diesen theologischen Bedingungen ist aber nun der Weg frei, die Religiosität im Zusammenhang des Sozialisationsprozesses darzustellen.

2.22 Zur Methodenfrage

Bereits im Jahr 1882 äußerte Stanley Hall in einem Aufsatz in Amerika die Auffassung, das Gottesbild des Kindes werde von Gesicht und Stimme der Mutter als dem ersten Objekt des Kindes geprägt; das Kind übertrage seine Gefühle später auf Gott, so daß die religiöse Grundhaltung tatsächlich in den frühesten Lebensmonaten erworben werde[44]. Nach diesem überraschend zeitnah anmutenden Beginn der neueren Religionspsychologie wandte sich die Fragestellung allerdings vornehmlich den greifbareren religiösen Ausnahmesituationen zu, der Bekehrung, der Erleuchtung, dem intensiven religiösen Erlebnis. Zur Erhebung der Tatbestände wurden im wesentlichen drei Methoden entwickelt: a) die Methode der biographischen Analyse (E. D. Starbuck, W. James, K. Zeininger, A. Miehle), die zum Teil frühkindliche Erinnerungen aus der Sicht des Erwachsenen expliziert, bzw. der Selbst- und Fremdbeobachtung (Protokollieren der Erfahrungen mit den eigenen Kindern), wie sie vor allem in verschiedenen entwicklungspsychologischen Arbeiten peripher eine Rolle spielt (H. Hetzer, W. Hansen); b) die Gesprächsmethode: das Kreuzverhör (Starbuck), das Gespräch über Gedichte (K. Girgensohn, W. Gruehn), die Selbstbeobachtung anhand von Reizworten (H. Leitner). Während diese Arbeiten sich vor allem mit dem religiösen Erleben bzw. Gefühl beschäftigen, wendet sich die dritte Methode der religiösen Begriffs- und Gedankenwelt zu: c) die Fragemethode, sei es im Sinn freier Äußerung zu vorgegebenen Begriffen (H. Pohlmann, A. Huth, G. Dehn, R. Pohl) anhand von Bildbetrachtungen (E. Nobiling), im Sinn mündlicher Befragung (Th. Voß, A. Stückelberger) oder im Sinn des sowohl methodisch als auch sachlich zunehmend differenzierten Fragebogens (A. Burgardsmeier, Th. Thun, H. Hunger, H. Reiser).
Die Schwächen dieser Methoden liegen auf der Hand. Das historische Material ist, unabhängig von der Frage der Erinnerungsechtheit und der literarischen Einkleidung solcher Erinnerungen, auf die heutige Situation nicht mehr anwendbar. Ob gewisse formale Elemente des religiösen Erlebens eine zeitlose

[44] Vgl. Pohl 1968, 12.

Geltung beanspruchen können, muß sich erst herausstellen. Demgegenüber behält die Beobachtung von Kindern ihr gutes Recht; ihre Bedeutung ist aber dadurch relativiert, daß es sich jeweils nur um Einzelfälle unter außerdurchschnittlichen Bedingungen handeln kann. Für die beiden anderen Methoden gilt die vielfach vorgebrachte Kritik, daß die Fragen in der Gefahr stünden, suggestiv zu sein, daß Kinder sich zumal schriftlich nicht sachgemäß auszudrücken vermögen, daß sie nur begrenzt in der Lage seien, echte Erlebnisse zu verbalisieren, daß die Ergebnisse schwer quantifizierbar seien, daß nur das auftauche, was im Horizont der Frage liege usw[45]. Die jüngste dieser Untersuchungen von H. Reiser entkräftet die genannten Einwände weitgehend, indem sie auf je bis zu acht standardisierten Antworten aufgebaut ist[46]. Aufs Ganze gesehen bleiben aber grundsätzliche Fragen offen:

1. Die empirische Arbeit der Religionspsychologie bewegt sich bisher im vorgegebenen Rahmen der Entwicklungspsychologie und dient weithin zu deren Bekräftigung. Im Zusammenhang damit steht
2. die individualistische Engführung: Der Fragebogen, das Gespräch unter vier Augen isoliert das Kind aus der Gruppe; in der Praxis sind religiöse Verhalten und religiöse Meinungsbildung aber durch soziale Bezüge bestimmt.
3. Im Rahmen der herkömmlichen Entwicklungspsychologie konzentriert sich die Frage nach dem religiösen Erleben auf die Pubertät und in geringerem Maß auf das magische Alter; der Ansatz St. Halls beim frühkindlichen Stadium wird kaum aufgenommen.
4. Ein wesentlicher Grund dieser Engführung dürfte darin zu suchen sein, daß die Frage- und Fragebogenmethode frühestens mit dem Schuleintritt praktiziert werden kann.
5. Die Fragebogen-Methode ist stark an die sprachlich-kognitiven Fähigkeiten des Kindes gebunden, wie sie denn auf die Erforschung speziell religiöser Vorstellungen und Begriffe ausgerichtet ist; sofern sie damit weithin nur Gedächtnismaterial vorangegangenen Unterrichts aufdeckt, führt sie in eine Sackgasse.

---

[45] Zur Kritik vgl. Nobiling 1929, 49 ff.; Flitner 1961, 14 ff.; Pohl aaO.
[46] Reiser 1972.

6. Die Fragestellungen sind grundsätzlich theistisch orientiert, d. h. sie geben bestenfalls Aufschluß über die Verarbeitung der herkömmlich-kirchlichen Begriffswelt, nicht aber über die Religiosität des Kindes überhaupt.

Die bisherige Religionspädagogik hat sowohl aus diesen Gründen als auch infolge ihrer gegenläufigen theologischen Orientierung (s. o. S. 13) auf die religionspsychologisch-empirische Forschung nur sporadisch Bezug genommen.

Der Beitrag der Tiefenpsychologie zur Erhellung der frühkindlichen Entwicklung auf religionspädagogischem Gebiet ist bisher noch nicht in vollem Maß zum Zug gekommen, und zwar deshalb, weil einmal die Kinderanalyse zunächst umstritten war und erst allmählich sich durchsetzen mußte, weil zweitens die Einseitigkeiten Freuds eine Anwendung seiner Erkenntnisse auf theologischem Boden erschwerten[47], und weil drittens die Psychoanalyse in ihren Falldarstellungen sich weniger auf die normale Entwicklung als auf pathologische Tendenzen bezieht. Dennoch sind, vor allem aus der Erziehungsberatung, hier wesentliche Erkenntnisse für die religiöse Entwicklung gewonnen worden (M. Leist, Chr. Meves u. a.)[48].

Die selbst noch junge Sozialisationsforschung hat bislang nur gelegentlich zur religiösen Erziehung Stellung genommen; das gleiche gilt für die Lern- und Verhaltensforschung (vgl. etwa R. Oerter). Sowohl Tiefenpsychologie als auch Sozialisationsforschung werden mehr oder weniger deutlich spürbar hinter den curricularen Theorien für den RU und die Lehrplangestaltung einerseits, zum andern in der Populärliteratur zur frühkindlichen religiösen Erziehung, die in den letzten Jahren stark zugenommen hat[49]. Diese Literatur, die sich an die Breite der Elternschaft wendet, verzichtet grundsätzlich auf eine systematische Diskussion ihrer Voraussetzung; sie will nicht mehr als eine konkrete Hilfe in den entsprechenden Erziehungssituationen sein.

---

[47] Zur theologischen Auseinandersetzung mit Freud vgl. Scharfenberg 1968.

[48] Leist 1966; 1967; 1971; Meves 1971, 135 ff.

[49] Vgl. im Literaturverzeichnis Betz, Boyer, Fairly, Köck, Lefêbvre, Leist, Tschirsch, Wiese, Zink u. a.

Die bisherigen Überlegungen haben ergeben, daß der Mensch auf Sozialisation und Erziehung angewiesen ist, und daß Religiosität als Grundmerkmal des Menschseins zu bezeichnen ist. Das heißt, daß die Erkenntnisse der Erziehungsforschung ebenso wie die der Sozialisationsforschung und der tiefenpsychologischen Individuationstheorie für die Frage nach der Religiosität des Menschen relevant sind; eine Beschränkung auf den thematisiert religiösen (theistischen) Vorstellungsbereich ist unsachgemäß.

Religiöse Erfahrung ist die Erfahrung des Menschen, auf einen Sinnhorizont bezogen zu sein, sich immer schon auf einen Sinnhorizont hin zu entwerfen und von daher zu leben; sie ist eine Ganzheitserfahrung, die in den konkreten Bezügen des menschlichen Lebens bruchstückhaften Umfanges nur als eschatologische Antizipation in Erscheinung treten kann, aber nicht empirisch aufweisbar ist[49a]. Eine empirisch begründete Theorie der religiösen Erziehung ist deshalb nur bedingt vorstellbar, zumal sie sich aus genannten Gründen nicht auf eine Religionspsychologie als selbständig arbeitende Einzeldisziplin beziehen kann, sondern auf Integration der Teilaspekte angewiesen ist. Ihre Methode kann daher als kritisch-integrativ bezeichnet werden, wobei sie die empirische Forschung auf den einzelnen Sachgebieten nicht ausschließt, sondern vielmehr voraussetzt. Im Medium kritischer Reflexion wird der tiefe Graben zwischen der älteren Religionspsychologie, der Theologie und der humanwissenschaftlichen Forschung überwunden.

2.23 Ableitung phasenspezifischer Erziehungsaufgaben

Nachdem der Begriff des „Religiösen" geklärt ist, kann nun zusammenfassend eine Definition religiöser Erziehung und eine erste, phasenspezifische Differenzierung der Erziehungsaufgaben erfolgen.

Unter der Voraussetzung, daß Religiosität im Sinn der Bindung an das Unbedingt-Angehende als allgemeinmenschliches Phä-

[49a] Thomae 1960, 186; 145. Zur empirischen Aufweisbarkeit vgl. Schmitt 1971, und, soeben erschienen, Boos-Nünning 1972.

nomen verstanden wird, bedeutet eine *Theorie der religiösen Erziehung*

a) eine Theorie der religiösen (weltanschaulichen) Dimension der alle Erziehungs- und Sozialisationsvorgänge[50] bestimmenden anthropologischen Grundstrukturen (die Interaktion zwischen Mutter und Kind, der Erziehungsstil usw. schließen immer schon einen möglichen Sinnbezug mit ein),

b) die Reflexion des Individuationsprozesses, der Sozialerziehung, der Gewissenserziehung im Wirkungsbereich des christlichen Glaubens bzw. in der Konkretion christlicher Religiosität,

c) eine Theorie der religiösen Erziehung im engeren Sinn, die das Selbstverständnis des christlichen Glaubens thematisiert und damit den Nachwuchs der christlichen Gemeinde betrifft.

Alle drei Bereiche sind praktisch ineinander verschränkt. Speziell im ersten und auch im zweiten Sinn übt die theologische Reflexion eine ideologiekritische Funktion am allgemeinen Erziehungs- und Sozialisationsgeschehen aus, während im dritten und zugleich auch im zweiten Sinn die religiöse Erziehung von der allgemeinen Erziehungswissenschaft sich muß in Frage stellen lassen. Die religiöse Erziehung nimmt teil an der Ambivalenz gegenwärtiger Erziehungs- und Bildungsprogramme[51]: Sie hat auf der einen Seite die Aufgabe, den Heranwachsenden zum Leben in dieser (vorgegebenen) Welt zu befähigen (hierher gehören die Stichworte Anpassung, Konformität, Sozialisation im engeren Sinn); auf der anderen Seite muß sie ihn instandsetzen, sich vom Zwang des Vorgegebenen zu befreien,

---

[50] Der von E. Krieck inaugurierte Begriff der funktionalen Erziehung für die unbewußten Vorgänge gegenüber der gezielten, intentionalen Erziehung hat sich als mißverständlich erwiesen und ist darum durch den der Sozialisierung (Sozialisation) ersetzt worden, vgl. Brandt 1971, 49; Weiß 1965, 110 ff.; 145. Zum Verhältnis von Erziehung und Sozialisation vgl. auch Strzelewicz 1970. Im Gegensatz zu Strzelewicz, der Individuation als Pendant zu Soziabilisierung auf die erste Phase des Sozialisationsprozesses beschränkt, wird im obigen Text Individuation im Sinn C. G. Jungs als der lebenslange Prozeß der Selbstfindung und damit als der emanzipatorische Aspekt des umfassend verstandenen Sozialisationsprozesses verstanden; vgl. dazu Kap. 1, Anm. 75: Erziehung ist dann Sozialisations- und Individuationshilfe.

[51] Nipkow 1972; vgl. o. S. 12.

konstruktive Kritik zu üben, innovativ zu handeln (unter den Stichworten Personalisation, Individuation, Emanzipation). Es wird in stärkerem Maß, als das gelegentlich der Fall ist[52], beachtet werden müssen, daß das zweite nicht ohne das erste möglich ist. Angesichts des Überschwangs der emanzipatorischen Leitidee ist es angezeigt, auf die durch die individuelle Sozialisations- und Individuationsgeschichte bedingte Grenze hinzuweisen: Die Freigabe individueller Selbstverwirklichung muß auch solche Formen einschließen, die den eigenen Normvorstellungen zeitgemäßer Religiosität nicht entsprechen. Das einseitig durchgeführte emanzipatorische Ideal kann die Aufhebung existentieller Sicherungen bedeuten, die psychisches Chaos auslöst[53].

Anzustreben ist weniger ein religiöses Themenwissen als eine religiöse Einstellung. Die alte Polemik des Pietismus gegen die Orthodoxie (rechte Gläubigkeit gegen Rechtgläubigkeit) ist insofern aktuell, als das bloße (Katechismus-) Wissen gegenüber der Haltung der Gesamtperson als nahezu bedeutungslos erscheint (vgl. o. S. 17). Diese religiöse Haltung besteht in der Fähigkeit des Heranwachsenden, sein Leben unter der Dialektik von Verantwortung und Gnade in seiner Endlichkeit und seinem schuldhaften Versagen und zugleich unter dem Angebot der Rechtfertigung und der Verheißung endgültiger Vollendung zu verstehen. Er soll die Probleme seines Lebens und seiner Welt nicht nur in ihren positivistisch reduzierbaren Zusammenhängen, nicht nur in ihrer technischen Handhabbarkeit, nicht nur in ihrer rationalen Effizienz sehen, sondern sie als unbedingten Anspruch und unbedingte Verheißung interpretieren und damit ein sowohl individuelles als einem umfassen-

---

[52] Es ist heute üblich, in offensichtlicher Angst vor antiemanzipatorischen Nebenwirkungen, den kognitiv-kritischen Aspekt sowohl im RU, als auch in der Vorschule oder im KGD so stark herauszustellen, daß das Gleichgewicht als gestört erscheint, vgl. die Globalzieldefinition für den RU von S. Vierzig: „Fähigkeit, die religiöse Frage in den jeweiligen Entscheidungs- und Konfliktsituationen zu stellen und in Auseinandersetzung mit vorgegebenen Antworten religiöser und weltanschaulicher Traditionen, vornehmlich der biblischen Botschaft, zu einer eigenen Antwort zu kommen", 1970, 12. Zur Auseinandersetzung vgl. Linnemann und Fraas in: ZRP 9/10, 1971; 3, 1972.

[53] Riemann 1967.

den Sinnzusammenhang integriertes Leben führen können. Er soll geborgen sein in der Wirklichkeit Gottes als einem Umgreifenden, das mehr ist als die Summe der Teilaspekte, und soll daraus Verhaltenssicherheit in den existentiellen Grundproblemen gewinnen können. Er soll vordergründige Sinngebungen durchschauen können und das kritische Fragen nicht der Gleichgültigkeit preisgeben. Er soll seinen Standpunkt im Zusammenhang der Tradition erkennen, ohne dem Konformitätsdruck zu erliegen. Er soll in die gesellschaftlichen Bezüge einen eigenen normativen und korrektiven Standpunkt einzubringen haben, der in der Polarität von Kontinuität und Wandlung die in der christlichen Verkündigung enthaltenen Impulse für heutige Verhältnisse sachgemäß zur Sprache bringt. Mit gutem Recht kann davon gesprochen werden, daß religiöse Erziehung dem Menschen in der technokratisch bestimmten Welt Freiraum schaffen soll, daß sie im Rahmen der Leistungsgesellschaft kompensatorische Bedeutung hat[54], sofern das „Religiöse" damit nicht auf Innerlichkeit und Privatheit reduziert wird, sondern sich zum Motivationszentrum für kreatives gesellschaftliches Handeln entwickelt.
Ein so weit gefaßtes „Globalziel" muß sich differenzieren lassen, um praktikabel zu sein. Differenzierung ist in zweierlei Hinsicht möglich und notwendig: einmal in Hinsicht auf die einzelnen Erziehungsträger (vgl. Kap. 5), zum andern in Hinsicht auf die kindliche Entwicklung als die Wechselwirkung von struktureller Reifung, individuell-genetischen Anlagen, Lernangeboten der Umwelt und Intensität der individuellen Selbststeuerung (Schenk-Danzinger). Der Phasenbegriff ist nur bedingt brauchbar, da und sofern die Entwicklung, als soziales Lernen verstanden, von persönlichen Faktoren und Umwelteinflüssen abhängig ist und entsprechend individuell verläuft, und da zugleich die jeweilige Phase nach vorn hin offen ist, so daß ein zunehmend komplexeres Bild entsteht. Während aber zum Teil durch veränderte soziale Bedingungen die Reihenfolge im Erwerb von Verhaltensweisen geändert werden kann, herrscht in anderen Bereichen eine „sachimmanente Entfaltungslogik" (H. Heckhausen), die die Aufeinanderfolge be-

[54] Hentig 1969, 29; 1965, 19.

stimmter Phasen bedingt. Das Sprechenkönnen beispielsweise geht dem Lesenlernen notwendig voraus, während die Reihenfolge von Schreiben- und Lesenlernen nicht als notwendig fixiert erscheint; die Entfaltung der kognitiven Fähigkeiten setzt ein gewisses Maß an „Lebenserfahrungen" unmittelbarer sensumotorischer, affektiver Art voraus.

1. In den drei ersten Lebensjahren steht die Soziabilisation (Claessens) im Vordergrund. Das Kind muß zunächst die Grundfähigkeiten erwerben, die der eigentliche Sozialisationsprozeß bereits voraussetzt: Die Bildung des Ich als psychischen Aktzentrums, das Urvertrauen als Grundstruktur der Umweltbeziehung; die Kommunikationsfähigkeit, am ersten Kontakt mit der Mutter gewonnen; das affektive Klima, das Gefühl des Geborgenseins, Aufgenommenseins und Hineingenommenwerdens in das Leben der Eltern bzw. der Familie; die Sprachfähigkeit. Die Soziabilisation disponiert und konditioniert das Kind auf später mögliche religiöse Haltungen hin (vgl. Kap. 3).

2. Die zweite Phase, etwa zwischen drei und sechs Jahren, das Kindergarten- und Vorschulalter, umfaßt mit der Bildung des Überich in besonderem Maß die Übernahme von „Kultur." Mit ihrem Abschluß sind weithin die Grundstrukturen gelegt für den Charakter, für Frömmigkeit und Aberglauben (Mitscherlich). Durch die primäre Mutter- und Vatererfahrungen werden bestimmte Bindungen konstant und Vorstellungsgitter wirksam, die für die spätere Standortgewinnung in der Welt, für Lebensgefühl und Gewissen grundlegend sind. Durch Identifikation und Internalisierung werden Wert- und Gefühlsskalen übertragen. Im ersten Fragealter des Kindes drückt sich das Bedürfnis nach einem ersten Weltbild aus, die Suche nach dem Sinn in den erfahrenen Dingen und Zusammenhängen. Dieses erste Weltbild gestaltet sich in erster Linie aus den Erfahrungen, die das Kind schon gemacht hat und ständig macht, aus dem Bezugsrahmen des elterlichen Verhaltens, das das Kind ständig unbewußt übernimmt. Die formale Tendenz des Bezogenseins menschlicher Existenz auf ein letztes Umgreifendes, die sich in der ersten Phase herauskristallisiert hatte, wird durch Rollenübernahme auf ein „konfessionales" Weltbild hin inhaltlich ausgestaltet. Es kommt darauf an, den bislang noch ein wenig dunklen Bereich stärker zu reflektieren, um das Kind

nicht dem blinden Ablauf des Faktischen zu überlassen (vgl. Kapitel 4).

3. Mit dem Schuleintritt beginnt die dritte Phase, die Grundschulzeit (sechs bis neun). Es wird heute allgemein als Aufgabe des RU in der Grundschule angesehen, die Primärsozialisation durch Interaktion (D. Stoodt) aufzuarbeiten, die Ausdrucksfähigkeit und damit den Erfahrungsbereich des Kindes zu erweitern und ein erstes Problembewußtsein, eine Grundbefähigung zu religiöser Rollendistanz zu wecken, um so mehr, als eine einheitliche religiöse Familienerziehung heute keineswegs mehr vorausgesetzt werden kann. Im Gegensatz zu seinem familienbezogenen Erfahrungshorizont erfährt das Kind jetzt, daß andere anders leben: es erfährt, daß Verhaltensmodelle und Weltinterpretationen austauschbar sind, es erfährt aber auch, daß die Fragen aller Menschen letzten Endes um die gleichen Probleme kreisen. Die kirchlichen Veranstaltungen haben die besondere Aufgabe, das, was zu Hause weithin unreflektiert geschieht oder eben nicht geschieht, und was in der Schule auf altersspezifische Weise verbalisiert und reflektiert wird, modellhaft zu praktizieren. Dabei spielt die Gruppe eine große Rolle, sei es im gottesdienstlichen Leben mit Liturgie, Gebet, Andacht, sei es in der Freizeitgestaltung in Gruppen, sei es im Gemeindeerlebnis als besonderer Form eines Gemeinschaftserlebnisses. In den kirchlichen Veranstaltungen herrscht das stabilisierende Element vor, in ständigem Wechselbezug zum primär emanzipatorischen RU.

4. Die vierte Phase erstreckt sich über die Jahre zehn bis zwölf. Jetzt sollte eine gewisse Motivation vorausgesetzt werden können, nach der Entstehungsgeschichte des christlichen Glaubens, nach seiner geschichtlichen Auswirkung und in gewissem Maß auch schon nach seiner inhaltlichen Struktur zu fragen. In einem Alter, in dem sich das Kind betont den Realien zuwendet, ist es angezeigt, notwendige (didaktisch im einzelnen zu rechtfertigende) biblische, kirchengeschichtliche, kirchenkundliche Sachzusammenhänge zu vermitteln. Das altersspezifische Interesse an Information deckt sich mit der sachlichen Notwendigkeit, ein Grundwissen zu erwerben: Sofern der christliche Glaube sich als historisch-eschatologisches Geschehen versteht, ist die Kenntnis der Ursprungsgeschichte dieses Exodus-Pro-

zesses in ihren Grundstrukturen unumgänglich, sowohl um selbst daran Anteil zu gewinnen als auch um Selbstauslegung im Raum seiner Wirkungsgeschichte zu praktizieren und ein Lösungspotential für existentielle und gesellschaftliche Konflikte zu erwerben. Letzteres dürfte auch denjenigen Erziehern und Kindern bzw. Eltern zumutbar sein, die kein primäres Interesse am christlichen Glauben haben.

5. Um das 13. Jahr dürfen die Voraussetzungen als gegeben gelten, einen eigenen, die Tradition aufnehmenden und verarbeitenden Standort zu suchen und zu begründen. Auf die Stadien der Motivation und der Information folgt nun dasjenige der reflektierten Praxis bzw. der praxisbezogenen Reflexion. Dieser Prozeß beginnt unter Anleitung der Erziehungspersonen, um in die Selbsttätigkeit des jungen Menschen auszumünden. Kirchliche Erwachsenenbildung ist nötig, um ständig neue Impulse der Reflexion zu vermitteln, um den Fragehorizont zu erweitern, das Material zu bereichern und die Reflexion zu vertiefen. Neben dem begleitenden Angebot erneuerter Anleitungsphasen haben Gruppenprozesse eine Eigenbedeutung insofern, als eine kritische Reflexion der eigenen Praxis sich nur kommunikativ vollziehen kann bzw. sich dem Dialog stellen muß. Zugleich besteht das kirchliche Angebot stabilisierender Veranstaltungen (Gottesdienst, Sakramentshandlungen, Kasualien) fort, seinerseits nun in mehr oder minder starkem Maß vom Einzelnen reflektiert. Die religiöse Erziehung mündet also aus in die Übung reflektierter Lebenspraxis im Horizont der christlichen Verkündigung.

3. Die strukturellen Wurzeln der Religiosität

Nach der Abhandlung der erziehungswissenschaftlichen und theologischen Vorfragen kann nunmehr das konkrete Erziehungsgeschehen angegangen werden. In der frühesten Phase ist allerdings der Begriff der religiösen Erziehung besonders problematisch deshalb, weil hier sowohl bewußte Akte überhaupt (die allein als Erziehung anzusprechen sind, s. Anm. 50), als erst recht religiös thematisierte Akte nur am Rand in Erscheinung treten. Wenn dieser Zeitraum der ersten drei Lebensjahre etwa als Soziabilisation bezeichnet wurde (o. S. 87), dann ist damit gesagt, daß es sich eigentlich um die Schaffung von Voraussetzungen, um religiöse Konditionierung[1] handelt, die zunächst nur beiläufig geschieht, aber später in zunehmendem Maß in bewußte, gezielte Maßnahmen übergeht. Hier soll aufgezeigt werden, daß Sozialisation und Religiosität einander implizieren. Das geschieht nicht, um eine unbefangene elterliche Haltung von vornherein theologisch zu belasten, sondern um aufgrund des Verständnisses dieser Zusammenhänge die späteren Direktmaßnahmen in eine sachgemäße Zielrichtung zu bringen.

Die Einflußnahme der Umwelt menschlicher Persönlichkeit (die nach dem oben Gesagten immer als „religiöse" zu verstehen ist), beginnt spätestens bei der Geburt. (Comenius läßt Erziehung im Mutterleib beginnen.) Diese Feststellung verweist einmal auf das soziokulturelle Klima der Schwangerschaft, auf Einflüsse, die ihren Ursprung in der pränatalen Existenz des Kindes haben. Ob ein Kind „gewollt" ist oder nicht, ob es als Mädchen oder als Junge erwartet wird und diesen Erwartungen entspricht oder nicht, ob die Schwangerschaft vielleicht mit

---

[1] Konditionierung ist hier nicht im streng behavioristischen Sinn verstanden, da von vornherein eine Eigenaktivität des Kindes angenommen wird, wie etwa auch W. Correll Lernen als einen Prozeß versteht „der Wechselwirkung zwischen Mensch und Welt, in welcher weder der Mensch noch die Welt starr festgelegt sind", 1961, 9. Vgl. auch Kap. 1, Anm. 75; Anm. 89.

Haßgefühlen der Mutter gegen den Vater verbunden ist, ob die Mutter die Schwangerschaft als „notwendiges Übel" erträgt oder ob sie ihr Geschick dankbar-gläubig annimmt, ob das materiell Notwendige durch liebevolle Maßnahmen gebührend vorbereitet ist, ob der Neuankömmling sowohl äußerlich als auch im „Herzen" der Seinen Raum findet, der „emotionale Streß", dem die Mutter während der Schwangerschaft ausgesetzt ist — alle diese Dinge, die die bewußte und vor allem die unbewußte Einstellung der Mutter ausmachen, wirken sich auf die ersten Weltorientierungsversuche des Kindes aus. Mag sein, daß Freude und Verantwortungsbewußtsein, daß Liebe zum Kind mit der realen Existenz des Kindes oftmals auch dort entstehen, wo vorher die Ablehnung vorherrschte; hier soll zunächst nur darauf hingewiesen werden, daß das so wichtige „Eingangsklima" in der Regel seine Vorgeschichte hat, daß also der Geburt vorausliegende Ursprünge der späteren Umweltbeziehung angenommen werden müssen.

Neben diesen mittelbaren stehen die unmittelbaren Einflüsse auf das Kind, etwa durch die affektive Haltung der Mutter während der Schwangerschaft, Schockerlebnisse usw. In der vorgeburtlichen Phase hat sich nach R. Spitz der wichtige Regelkreis gegenseitiger Abhängigkeit eingespielt. Auf diesem Gebiet liegen aber noch zu wenige Forschungsergebnisse vor, als daß hierin Aussagen gewagt werden dürften. Die sog. „genetische Information", die die überwiegend anlagebedingten Persönlichkeitsmerkmale umschreibt, umfaßt ausschließlich leibnahe Eigenschaften wie Vitalität, Triebstärke, psychisches Tempo, affektive Gestimmtheit[2], die zwar eine allgemeine formale Disposition schaffen, über eine konkrete Ausgestaltung der Persönlichkeit aber um so weniger aussagen, als sie durch die von außen kommenden Einflüsse weithin überlagert werden[3].

---

[2] Haseloff 1966.

[3] Seeberger 1967, 26 spricht von einem „vielfältigen leib-seelischen Prozeß der aufsteigenden Integration, bei dem die wenigen angeborenen Strukturen von Anfang an derart von den Erfahrungen zwischenmenschlichen Zusammenlebens überformt werden, daß man schließlich nicht mehr unterscheiden kann, was Anlage war und was das Ergebnis der individuellen Entwicklung ist".

Ein dritter Gesichtspunkt in diesem Zusammenhang ist der von Freud entwickelte, heute aber weithin zurückgenommene Gedanke eines möglichen Geburtstraumas[4]. Schließlich nennt O. W. Haseloff unter dem Stichwort „frühes Vitalschicksal" äußere Einwirkungen auf die Persönlichkeitsprägung wie frühe Ernährungsstörungen, Hirnstoffwechsel usw. Auch hier kann man beim gegenwärtigen Forschungsstand noch keine Schlüsse ziehen. Das Augenmerk richtet sich demzufolge auf die Entwicklung der psychischen Energie im Kontext der mitmenschlichen Beziehungen, d. h. auf das „soziale Lernen".

3.1 Mutterlibido und Religiosität[5]

Der Libido-Begriff wird hier in dem (im Vergleich zu Freud) weiteren Sinn Jungs als psychische Energie überhaupt verstanden. Im übrigen aber soll Freuds Darstellung der Triebstruktur das Modell bieten, an dem die Entfaltung der Religiosität dargestellt werden kann. Wir gehen von Freuds These aus, daß bei Gleichbleiben der Libido das Libido-Objekt variabel ist. Das erste Objekt der kindlichen Libido ist die Mutter. Die Mutter, zunächst Träger der kindlichen Existenz, Träger der psychischen Funktionen des Kindes während der vorgeburtlichen Phase, ist nach der Geburt diejenige, die die Triebbedürfnisse erfüllt bzw. die Erfüllung versagt[6]. Sie ist damit Intentionsgegenstand des Eros (des Hinwendungstriebes) wie ebenso seines Gegenspielers, der Destrudo (des Abwendungstriebes), sie ist Liebes- und Angstobjekt. Dabei ist die Triebpolarität durchaus typisch: Sowohl schlechte als auch gute Objektelemente (denen das Kind einmal mit Aggression, einmal mit Hinwendung begegnet) werden an der Mutter erlebt. Die zunehmende Speicherfähigkeit des Gedächtnisses und die Integrationstendenz des Ich führen allmählich zur Verschmelzung

---

[4] Spitz 1957b; vgl. Hurlock 1970, 64.

[5] Zum Ganzen dieses Kapitels in praktischer Hinsicht vgl. u. a. Leist 1967; 1971; Köck 1971; Klink 1971; Meves 1971.

[6] Die Entwicklung von der psychischen Noch-nicht-Existenz des Neugeborenen über die Dyade von Kind und libidinösem Objekt hin zum Ur-Wir analysiert Spitz 1957a; 1957b.

dieser Erlebnisse und zu ihrer Synthese im Wahrnehmungsobjekt, eben der Mutter. Es erscheint von daher als etwas einseitig, wenn der Ursprung der Religiosität (ausschließlich) in der Angst gesehen wird[7]. Vielmehr legt sich nahe, eine Beziehung dieser Triebpolarität zu R. Ottos Begriff des Numinosen (des Gegenstandes religiöser Erfahrung im sowohl faszinierenden als auch furchtauslösenden Sinn) zu sehen, das sich phänomenologisch bestätigt findet bis hin zu Luthers Erklärung im Kleinen Katechismus: Gott fürchten und lieben[8].

Das Umgreifende und damit die „schlechthinnige Abhängigkeit" wird vom Kind also in der fürsorgenden Mutter erlebt. Indem die Mutter verschieden auf das Kind reagiert, indem sie unter verschiedener affektiver Gestimmtheit agiert, erfährt das Kind das Umgreifende als ein Du, als ein Sich-gebendes und Sichversagendes, als ein Fürsorgendes und Forderndes. Wenn die Religiosität im Bezogensein des Menschen auf das Umgreifende, im Ergriffensein vom Unbedingten besteht, dann kann die Mutter tatsächlich als der „erste Gott des Kindes", oder, weniger mißverständlich, als erstes Gottessymbol verstanden werden, und es ist von vornherein verständlich, daß spätere Gottesbilder Züge dieses ersten Umgreifenden tragen[9]. Die psychische Energie, die sich in Religiosität manifestiert, ist also

---

[7] Vgl. Eicke 1969, 280; Seeberger 27 leitet die Angst aus der Triebspannung ab: „Die Notwendigkeit des Menschen immer über sich hinausgehen zu müssen, um seine Angst zu meistern, ist die psychologisch beschreibbare Wurzel seiner Religiosität." Henz 1954 im Anschluß an R. Otto: „Das Hauptmotiv zum religiösen Verhalten ist die von den Erwachsenen erzeugte oder übertragene Furcht vor jenem Unsichtbaren, Gewaltigen, der donnert, der alles herzaubern kann."

[8] Im Anschluß an R. Otto sieht Miehle 1928, 35 ff. in der Erfahrung des Dämonischen (im Schaudern), in der dämonischen Scheu den Durchbruch des eigentlich Religiösen. Das ist aber immer nur ein Teilaspekt bzw. ein Phänomen unter anderen wie Staunen, Ahnen, Erschrecken usw. Otto strukturiert die Phänomene wohl richtig, vermag sie aber nicht abzuleiten. Burgardsmeier 1956, 7 entgegnet, daß es sich bei diesen Schaudererlebnissen lediglich um Betätigung der ungezügelten kindlichen Phantasie handele.

[9] Vgl. hierzu auch einen metaphysisch argumentierenden Denker: Siewerth 1965, 35 ff. Er spricht von „archetypischer Stellvertretung": „Diese besagt, daß für das Kind die Eltern in der Mitte der erfahrbaren Welt stehen und in Ansehen und Macht die Stelle Gottes einnehmen."

aus der Mutter-Libido entwickelt, wie denn Jung feststellt, „daß der Libido-Betrag, der religiöse Gebilde aufbaut, in letzter Linie bei der Mutter fixiert ist und eigentlich jenes Band darstellt, durch das wir dauernd mit unserem Ursprung zusammenhängen"[10]. Es sei, um die Gottesbildfrage zunächst noch zurückzustellen, auf die Ideologien verwiesen, in denen sich Mutter-Libido äußert. Erikson versteht die Vaterlandsliebe als sublimierte Mutter-Libido, indem er das Vaterland, das „Land des Vaters", als Symbol für die nährende Mutter interpretiert[11]. Die Mutter Natur, die „Brüste allen Lebens" sind eine ebensolche Abwandlung des ersten Libido-Objektes wie die „Partei" in der marxistisch-leninistischen Ideologie: „Sie hat uns alles gegeben, Sonne und Wind, und sie geizte nie. Wo sie war, war das Leben, was wir sind, sind wir durch sie."[12]

E. Neumann hat die archetypische Bedeutung der Mutter eingehend untersucht und ist zu der Feststellung gelangt, daß in der Mutter zuerst der Archetyp der „Großen Mutter" erfahren wird, „die Wirklichkeit eines allmächtigen numinosen Weiblichen"[13]. In der durch das Inzestverbot erzwungenen Sublimierung erscheint die Große Mutter in allen möglichen Gestalten der Muttergottheiten, Hexen, Nixen, Feen, aber auch in der „Mutter Kirche" oder in Maria, die von der individuellen Mutter Jesu zur „Mutter Maria" schlechthin (abgesehen von den theologischen Differenzierungen) in der Volksfrömmigkeit sich entwickelt hat. Die Tendenz des (katholischen) Theologisierens zur Mariologie entspricht einem psychologischen Postulat[14]; andererseits bezeichnet der (protestantische) Widerstand gegen diese Entwicklung das Beharren auf der Eigenständigkeit des Glaubens gegenüber psychischen Gesetzmäßigkeiten oder,

---

[10] Jung 1911/12: 1912, 455 f. [11] Erikson 1968[3].

[12] Koch 1963, 466.

[13] Neumann 1956, 29. Zum Begriff des Archetyps vgl. Jacobi 1957; zur Rolle der Archetypen im Individuationsprozeß Jung 1934; Psychol. Club Zürich 1935. Das Urteil von Rausch 1970, 17 ist unangebracht; gerade die „naturwissenschaftliche Sachlichkeit" macht die Forschungsergebnisse für die Religionspsychologie relevant, und es ist nur die Frage, ob Jung diesen „Forscherhorizont" nicht eben doch überschritten hat. – Vgl. auch Schwarzenau 1972, 354 ff.

[14] Vgl. Jungs Gedanken zur Quaternität, 1947, 108.

psychologisch gesprochen, eine permanente Nötigung zur Ablösung der fixierten Mutter-Libido. Für das Kind bedeutet das den Prozeß der Loslösung von der Mutter. Um zu seiner vollen personalen Existenz zu gelangen, muß es das erste Libido-Objekt transzendieren, so wie Hänsel und Gretel die Hexe verbrennen müssen, so wie Rotkäppchen vom Wege abgehen muß, um frei zu werden.

Hier stimmen Tiefenpsychologie und religiöse Erziehung streckenweise überein; dem Individuationsprozeß im Sinn C. G. Jungs[15] entspricht auf den ersten Blick die religiöse Entwicklung. Sind dort Komplexe abgesprengte, vereinzelte Stücke psychischer Energie, die die Ganzheit und Identität der Person in Frage stellen, so werden hier Teilaspekte von Transzendenzerfahrung verabsolutiert und damit vergötzt. In beiden Fällen stagniert der Lebensprozeß. Die Abspaltung der Sexualität beispielsweise führt zur Inthronisation der alten Fruchtbarkeitsgötter. Folgerichtig bezeichnet Jung jede Neurose als im Kern religiös: „Jeder krankt in letzter Linie daran, daß er das verloren hat, was lebendige Religionen ihren Gläubigen zu allen Zeiten gegeben haben, und keiner ist wirklich geheilt, der seine religiöse Einstellung nicht wieder erreicht, was mit Konfession oder Zugehörigkeit zu einer Kirche natürlich nichts zu tun hat."[16] In der Weiterführung dieses Gedankens wird entweder der Götzendienst zum Krankheitssymptom oder die Neurose zur Schuld (I. Caruso, W. Daim).

Die Daseinsanalyse hat den letzteren Ansatz weitergeführt (v. Weizsäcker, v. Gebsattel, Schottländer, L. Binswanger), indem sie eine existentielle Schuldhaftigkeit annimmt, die im Gegensatz zum neurotischen Schuldgefühl im Sinn Freuds die Verneinung der menschlichen Möglichkeiten als wirkliche Schuld ansieht. Die Intention dieser Richtung zielt darauf, daß der Mensch sein Schuldigsein zu bekennen habe. Hier ist auf das Problem der Lebenslüge zu verweisen. Am Beispiel des Skrupulanten wird das Problem später noch einmal aufgenommen

---

[15] Zum Verhältnis zwischen Jung und der Theologie vgl. vor allem Bernet 1955. Über die Brücke des Neuplatonismus sind Jungs Gedanken stärker mit katholischem Denken verwandt (vgl. etwa die Mystik Meister Eckarts, aber auch den Begriff der analogia entis überhaupt).

[16] Zit. nach Jacobi 1969, 202; vgl. auch 207.

werden (s. u. S. 182). Daß eine solche, vom moralischen zum ontologischen Verständnis überleitende Interpretation von Schuld dem theologischen Denken nahesteht, ist offensichtlich. Die andere Frage ist aber in diesem Zusammenhang wichtiger: die Frage nach der krankhaften Religiosität. Noch einmal ist zu sagen: Wenn Religiosität wesenhafter Ausdruck der Person ist, dann ist eine Erkrankung der Person immer auch für die religiöse Entwicklung relevant[17]. Man müßte dann von einer Störung der religiösen Entwicklung sprechen. Krankhafte Religiosität im eigentlichen Sinn liegt vor, wenn die Persönlichkeitsstörung sich im religiösen Vorstellungsbereich manifestiert. „Pseudorationale, gefühlsbestimmte, heteronome, egoistische und magische Begründungen verweisen auf ein schwaches Ich."[18] Derartige magische, gesetzliche, rituelle oder andere Fixierungen im religiösen Bereich sind also umgekehrt Symptom für eine Störung der Persönlichkeit; extremes Sicherungsbedürfnis mittels religiöser Vorstellungen ist Symptom für akute Ichschwäche. Pathologische Formen von Religiosität gehören in die Hände des Therapeuten[19]; Störungen in der religiösen Entwicklung zu vermeiden bzw. aufzuarbeiten liegt im Möglichkeitsfeld der Erziehung. Psychotherapie und religiöse Erziehung unterscheiden sich darin, daß erstere auf dem Feld des Pathologischen, also im Blick auf die vorangegangene Lebensgeschichte des Einzelnen arbeitet, während die Aufgabe der religiösen Erziehung darin besteht, die Transparenz der Wirklichkeitserfahrung offenzuhalten[20]. Sie entnimmt diese ihre Aufgabe nicht einer Analyse der Person, sondern dem Selbstverständnis des Glaubens, der auf die eschatologische Gottesgemeinschaft hin ausgerichtet ist. Dieser Prozeß des Transzendierens ist vorgezeichnet im Weg der Kinder Israel, die die Fleischtöpfe Ägyptens verlassen müssen, um Fürsorge und Ordnungsnorm in der Gemeinschaft des Wüstenzug-Gottes zu finden, der in freier Entscheidung das Volk nährt und fordert.

---

[17] Reiser 1972, 25.

[18] Ebd. 55.

[19] Zur Pathologie der Religiosität vgl. Rudin 1960, 159 ff.; Dührssen 1960, 121 ff.; Condrau 1962; Schütz 1971, 83 ff.; vgl. auch die Fallbeispiele bei Reiser.

[20] Vgl. analog dazu Bittner 1970, 185 ff.

Mit dem Anklingen des oralen Aspektes liegt die Frage nach der Relevanz der Freudschen Phasenlehre nahe, der Abfolge der oralen, analen und lokomotorisch-phallischen Phase.

Bekanntlich sieht Freud die Libido in der ersten Lebensphase des Kindes sich befriedigen im Saugen, Lutschen, Beißen, kurz: in der Einverleibungstendenz, deren erogene Zone die Lippenzone ist. Die Psychoanalyse hat erwiesen, daß die orale Funktion im ferneren Leben eine gleichbleibend-wichtige Rolle spielt (wie denn die Problematik jeder dieser Phasen sich lebenslänglich fortsetzt und darum die erste Weise der Problemlösung zum Typos der jeweiligen späteren Konfliktlösungsversuche werden läßt), etwa in der Freude am Essen, am konkret-leiblichen Genießen, in der sublimierten Einverleibungstendenz der Identifikationsfähigkeit (etwas „gefressen" haben), in der Liebe (jemand „zum Fressen gern" haben). Es kann nicht überraschen, daß auch in der Religion die orale Funktion eine Rolle spielt. Einmal geht es darum, daß eine gesunde orale Freude am Diesseitig-Konkreten nicht aus pseudochristlichen Motiven geschmälert werden darf. Der Gedanke, daß unmittelbare reale Teilhabe am Göttlichen durch Essen vermittelt wird, spielt bei allen Opfermahlzeiten, bei allem kultischen Essen eine Rolle bis hin zum christlichen Abendmahl[21]. Durch Ritualisierung in den Religionen wird die orale Tendenz „aufgehoben", indem sie als Bestandteil eines größeren Bedeutungszusammenhanges anerkannt wird. Der vorherrschende Gemeinschaftsgedanke der alttestamentlichen Mahlfeier überwindet die Ausgangsbasis ebenso wie die neutestamentliche Vorstellung vom eschatologischen Freudenmahl; aber eine radikale Spiritualisierung ist dadurch verwehrt, daß das geistige Erleben an das ausdrückliche Essen und Trinken gebunden bleibt.

Nun ist aber auch eine Fixierung der oralen Phase möglich, wo nämlich die übermächtige nährende Mutter auf religiöse Gegenstände oder Vorstellungen projiziert wird, sei es, daß die Sakramente im magischen Sinn leiblich mißbraucht werden, sei es, daß der Glaube als exklusiver Heilsbesitz und Siche-

---

[21] Vgl. die kleinasiatische Theologie, die das Abendmahl als „pharmakon athanasias" bezeichnete, als Heils-Substanz.

rung der eigenen Existenz verstanden oder daß die Mutter Kirche als Heilsinstanz übermächtig wird, indem sie, für den Einzelnen mehr oder weniger uneinsichtig, die heilsame Nahrung verwaltet und spendet oder auch vorenthalten kann. Die orale Abhängigkeit kann, auf das Religiöse angewandt, zu unreifem Konformismus führen, kann aber auch, als „negative Fixierung", die lebenslängliche Ablehnung jeglicher transzendentalen Abhängigkeit bedingen. Orale Fixierung liegt auch dann vor, wenn der Glaube materialisiert wird oder wenn die Jenseitshoffnung in einem materiellen Besitz ewigen Lebens gesehen wird.

Mit dem zweiten Lebensjahr, mit dem in zunehmendem Maß auch die Bedeutung des Vaters wächst, beginnt gewöhnlich die Reinlichkeitserziehung; Voraussetzung ist die sich entwickelnde Fähigkeit, die willkürliche Muskulatur zu regulieren und die Ausscheidungsvorgänge unter Kontrolle zu bringen. Die Mutter verkörpert jetzt die erste umfassende Norminstanz, die das Kind fordert, für seine Leistungen belohnt, lobt oder tadelt, die Einhaltung einer Ordnung erwartet. Es ist von der psychoanalytischen Literatur her bekannt, daß hier die Keime gelegt werden für heteronomen Gehorsam, für Willenskraft, Geiz oder Gebefreudigkeit, Besitzverhalten, Aggression, Gesetzlichkeit, Scham und Zweifel oder Selbstbewußtsein und Schöpferkraft (sprachlich symbolisiert im „Sich-ausdrücken-können")[22]. Das Maß an Starrheit bzw. Flexibilität in der Persönlichkeitsstruktur des Menschen hängt wesentlich davon ab, inwieweit ihm in der oralen und analen Phase Momente der Selbstbestimmung ermöglicht wurden oder er einem starren Schema unterworfen war. Das Kind lernt allmählich sein Gut- und Bösesein, sein Anständig- und Unanständigsein anhand der jeweils geltenden Normen zu unterscheiden, bis es im Schulalter in eine moralistische Phase gerät, in der es in Schwarz-Weiß-Malerei sich selbst und seine Mitmenschen versteht und klassifiziert. Fehlentwicklungen entstehen durch allzu starken Druck, durch Dressur, durch Verleugnung der „Leistung" des Kindes usw. Daß der Leistungsdruck, unter dem der heutige Mensch steht, korrespondierend mit dem Wasch-

[22] Neumann 1963, 28 ff.

zwang, den die Waschmittelreklame laufend anspricht, und das Problem unbewältigter Vergangenheit auf die anale Phase zurückverweisen, ist offensichtlich. Ebenso leicht sind Leistungsdenken und Schuldproblematik, Lohn und Strafe als Züge der Gesetzesreligion zu erkennen, deren mittelalterliche Ausprägung zur Reformation führte, die aber zeitlos gegenwärtig ist im Typ des Pharisäers, Skrupulanten, des Frömmlers und religiösen Zwangsneurotikers, und in der Form von Gesetzlichkeit, Heteronomie, Zwangsdenken, Skrupulosität und Aggression ihr Dasein fristet. Auch eine Überbetonung der Verbindlichkeiten von Tradition und Autorität können einer analen Problematik entspringen. Die Bewältigung der analen Konflikte ist die Voraussetzung für die Wertung der Ordnung als etwas Organischem und für das Normverhalten in autonomer Freiheit[23]. Sie bestimmt die Einstellung zur „Kooperation mit einem anderen, der mächtiger ist als man selbst", zwischen Autonomie und Selbstvertrauen einerseits, Scham und Zweifel andererseits (Erikson).
Mit dem dritten Lebensjahr beginnt die lokomotorische (Erikson) oder phallische (Freud) Phase sich anzubahnen. Hier ist vornehmlich das lokalisiert, was Freud etwas mißverständlich als kindliche Sexualität bezeichnet: die Fähigkeit des Kindes, aktiv sich seiner Umwelt zu bemächtigen, das Umherlaufen, der Entdeckungsdrang, das Bedürfnis überall einzudringen, alles zu begreifen und schließlich in universaler Zärtlichkeit Kontakt mit dem Libido-Objekt aufzunehmen. Noch immer ist das die Mutter, die sich aber nun dem universalen Zusammensein mit dem Kind entzieht: Der Vater tritt als Rivale auf (Ödipus-Komplex). Seine Machtposition erzwingt das Aufgeben des ersten Libido-Objektes[24]. Damit tritt der Vater als Stimulans in die religiöse Entwicklung ein. Es kommt zu Mangelerscheinungen der Individuation, wenn bei Waisen und Scheidungswaisen die Grunderfahrung des Männlichen und Väterlichen ausfällt. Nun ist die Beziehung zur umgreifenden Mutter-Natur und Mutter-Ordnung nicht mehr ungebrochen. Die Mutter ist nun nicht mehr für das Kind das Umgreifende selbst, sie wird im eigentlichen Sinn zum Symbol für das Um-

---

[23] Seeberger 29; Wolff 1971, 33. [24] Seeberger 30.

greifende, das anderswo hinter der Mutter gesucht werden muß, sofern nicht eben eine Fixierung der früheren Stufen diese Entwicklung blockiert. Jetzt nun, wenn dieses erste Transzendieren sich vollzieht, wird eine religiöse Erziehung wichtig, die das Ziel hat, den Heranwachsenden unter Integration der vorangegangenen Teilaspekte gegen die Fixierungen kritikfähig zu machen, d. h. sich selbst annehmen zu können und anderen gegenüber offen zu sein im Rahmen einer freien, offenen, aber keineswegs orientierungslosen Religiosität. In Analogie zur oralen und gesetzlichen Religiosität müßte hier von einer Religiosität die Rede sein, die weltoffen ist, ohne weltverfallen zu sein, und die partnerschaftlich mit anderen in der Kirche sich entfaltet, ohne sich den kirchlich-traditionellen Normen zwanghaft zu unterwerfen.

3.2 Das Urvertrauen

Als grundlegend wichtig für die personale Fundierung des Menschen hat sich besonders durch die Arbeiten E. H. Eriksons die Entwicklung des Urvertrauens erwiesen. Das Urvertrauen als Ergebnis des ersten, oral-sensorischen Kernkonflikts des Säuglings setzt ihn grundsätzlich in die Lage, die späteren Kernkonflikte zu lösen[25]. Erikson bemerkt, daß die späteren Identitätskrisen die früheren implizieren, daß also die erste die wichtigste und sich ständig wiederholende ist. Mit Urvertrauen meint Erikson ein „Sich-verlassen-Dürfen in bezug auf die Glaubwürdigkeit anderer und die Zuverlässigkeit seiner selbst"[26]. Er mißt der Religion eine unmittelbare Funktion beim Aufbau des Urvertrauens zu als „Glaube der Eltern, der das im Neugeborenen keimende Vertrauen unterstützt"[27]. Er konstatiert, daß „viele stolz sind, keine Religion zu haben, deren Kinder es sich nicht leisten können, ohne eine solche zu existieren", wie es aber andererseits viele gebe, „die einen Glauben bekennen und doch in der Praxis Mißtrauen gegen das Leben wie den Menschen ausstrahlen«. Religiosität ist also sowohl Ausdruck als auch Motiv des Urvertrauens. Daß der

---

[25] Erikson 1965, 266 ff. [26] 1953, 15. [27] 1965, 244.

Psychologe bei diesem lediglich funktionalen Religionsverständnis stehenbleiben muß, ist verständlich. „Es ist nicht die Aufgabe des Psychologen", schreibt Erikson, „zu entscheiden, welchen Wert die Existenz von Religion (bzw. von Tradition) hat und ob sie in diesen oder jenen Worten und Riten bekannt oder ausgeübt werden sollte oder nicht."[28] „Für ihn ist entscheidend, ob, oder ob nicht, Religion und Tradition lebendige psychologische Kräfte darstellen, die jene Art von Vertrauen und Überzeugung in der Persönlichkeit der Eltern schaffen, die dann das Urvertrauen des Kindes in die Zuverlässigkeit der Welt stärken können." „Wer also behauptet, Religion zu haben, muß imstande sein, einen Glauben daraus zu entnehmen, den er seinen Kindern in der Form von Vertrauen weitergeben kann; wer behauptet, keine Religion nötig zu haben, muß diesen Glauben aus anderen Quellen beziehen."

Den ersten kritischen Moment für die Entwicklung der kindlichen Persönlichkeit, an dem gegebenenfalls ein Ursprungstrauma entstehen kann, sieht Erikson in der Entwöhnung als einer ersten Erfahrung des Verlassenseins, der Versagung des bisherigen Nahrungs- und Lebensstroms. Aus dieser Erfahrung bleibt ein „Bodensatz von Urmißtrauen" zurück, ein „oraler Pessimismus", der sich lebenslang als Furcht des Leerseins und Zu-nichts-gut-seins auswirken kann, wenn er nicht durch das aus der Erfahrung der mütterlichen Pflege gewonnene gegenläufige Urvertrauen kompensiert wird. Das Urvertrauen muß grundsätzlich um einige Grade stärker sein, um die ersten Frustrationen verarbeiten zu können.

Dieser erste Konflikt der erwachenden Persönlichkeit wird durch das Verhalten der Mutter entschieden. Die mütterliche Pflegehaltung erweckt ein Gefühl des Angenommenseins und der Geborgenheit, das die negativen Erfahrungen an der Mutter überstrahlt. Es entsteht eine Vertrauenshaltung, die hinter die gelegentlichen Frustrationen zurückreicht und die lebensnotwendige Frustrationstoleranz aufbaut. Während der erste „Weltentwurf" des Kindes in der Mutter das Gute schlechthin repräsentiert sieht und alles außerhalb der Mutter als das die Mutterbeziehung Störende und damit als das Nicht-Gute empfindet[29], muß nun das Negative, Sich-Versagende als Teil des

[28] 1953, 22.

[29] Seeberger 28.

guten Objekts erfahren werden und damit die Fixierung auf ein ursprüngliches Freund-Feind-Schema im Keim korrigiert werden. Es kann auch dahin führen, daß die Außenwelt grundsätzlich als gefährlich und negativ, die Innerlichkeit grundsätzlich als gut erlebt wird, eine Haltung, die in der Geschichte der Frömmigkeit vielfach Gestalt gewonnen hat. Freud spricht in diesem Zusammenhang von der Konkurrenz zwischen Realitätsprinzip und Lustprinzip. Während das Kind zuerst narzißtisch reagiert, d. h. als einzige Norm seines Verhaltens die Befriedigung seiner Libido kennt, bedarf es nun, um faktisch lebensfähig zu werden, der allmählichen Anpassung an die Realität; nur in Abstimmung der beiden Prinzipien aufeinander ist ein befriedigendes reales Leben möglich. Das Urvertrauen muß daher dem Realitätsprinzip gerecht werden können. Erikson bezeichnet es als „erste soziale Leistung des Kindes", wenn es die Mutter aus seinem Gesichtskreis zu entlassen vermag, ohne in Angst und Zorn zu geraten, „weil die Mutter inzwischen außer einer zuverlässig zu erwartenden äußeren Erscheinung auch zu einer inneren Gewißheit geworden ist"[30]. Praktiker der Erziehung kennen die Schwierigkeiten, die entstehen, wenn Kinder nicht allein sein mögen oder nicht allein sein können, wenn sie die Mutter in Sichtweite haben wollen; sie kennen die Beliebtheit des Versteckspielens, wenn das Kind immer und immer wieder unermüdlich jauchzt, sobald das bekannte Gesicht erscheint: Es übt sich darin, den Schrecken des Verlassenseins zu ertragen und die Freude des Wiedererscheinens auszukosten, bis die Gewißheit stabilisiert ist, daß es auch bei optischer Abwesenheit der Mutter geborgen ist. Die Toleranzweite läßt sich allmählich vergrößern, von der Rufnähe (das Kind schreit, um zu sehen, ob die Mutter wirklich erscheint) bis hin zur Erklärung der Mutter, zu einer bestimmten Zeit (wenn der Zeiger der Uhr da und da ist, wenn es dunkel wird usw.) wieder da zu sein. Absolute Ehrlichkeit ist dabei Voraussetzung; ein Sich-Verlassen des Kindes auf die Mutter würde sonst zum Erlebnis des Verlassenseins führen. Nicht die verbale Beruhigung (ich bin gleich wieder da) ist entscheidend, sondern die Verläßlichkeit. Ein Kind, das von

[30] 1965, 241.

der Mutter enttäuscht wird, vermag Gott nicht viel Besseres zuzutrauen, weil es grundlegend entsprechend strukturiert wurde.

Erikson sieht in der traditionsgebundenen Kinderpflege ein Plus für die Vertrauensbildung, für die Bildung fester, konstanter Verhaltensmuster[31], die mit einem Vertrauen in sich selbst, mit einem beginnenden Selbstwertgefühl verbunden ist. Gemeint ist damit eine Abgrenzung gegen das Laissez-faire-System, das u. U. schon früh angewandt wird und das Kind möglichst weitgehend sich selbst und der Befriedigung seiner spontanen Bedürfnisse überläßt (vgl. o. S. 37). Die Bedeutung des Stillverhaltens für die Ichentwicklung ist bekannt. Auch hier wird es darauf ankommen, zwischen einem übermäßig strikten Verhalten (Triebbeherrschung) und totaler Regellosigkeit (vorbehaltlose Triebbefriedigung) eine verantwortungsbewußte führende Flexibilität (Triebformung) zu entwikkeln[32].

Das Ausbleiben der Vertrauensfundierung mittels Nötigung zu einer gewissen Ordnung führt zu schizophrenen und depressiven Charakterzügen, deren Korrektur je später, desto schwieriger ist. Eine traditionelle religiöse Erziehung, die mit dem Verweis auf das Geborgensein bei Gott eine kindliche Mißtrauenshaltung meint korrigieren zu können, wird wenig erfolgreich sein; diese Hilfe ist nur möglich, wenn Vertrauenshaltung potentiell, als Verhaltensmöglichkeit im Kind vorhanden ist. Der bloße Appell, die bloße Konfrontation etwa mit entsprechenden biblischen Stoffen ist sinnlos, weil das Gott-

---

[31] 1953, 21.

[32] Oerter 1970, 77; A. Flitner warnt berechtigterweise davor, ethnologische (z. B. aus den Arbeiten M. Meads bekannte und vielzitierte) Kenntnisse anderer Erziehungspraktiken aus dem Zusammenhang zu lösen und in unseren gesellschaftlichen Kontext zu übertragen. Wenn anderswo „Kinder ganz ohne Druck, ohne Verbote und ohne Strafen aufgezogen werden können, so ist der Vergleich erst sinnvoll, wenn man sich weitere Lebensbedingungen dieser Stämme klarmacht: daß nämlich von den Kindern dort auch keine Verkehrsdisziplin, kein Abc und überhaupt keine Leistung verlangt zu werden braucht; die nicht vom physischen Hunger, vom Schutzbedürfnis oder vom Lebensritual des Stammes selber eingetrieben wird", 1972, 13. Vgl. auch Bittner 1970, 93 ff.

vertrauen-können eben die Haltungsstruktur des Urvertrauens voraussetzt.
Damit ist der andere Aspekt berührt: War oben die Rede davon, daß die religiöse Haltung der Eltern die Vertrauensvermittlung bedingen kann, so gilt nun auch das andere, daß das frühkindlich erworbene Urvertrauen die religiöse Haltung bedingt. Leicht vermag man in frühkindlichen Problemsituationen spätere religiöse Problematik wiederzuerkennen. Die Mutter in ihrer umgreifenden liebevollen Fürsorge legt den Kern für eine solche Lebenshaltung, die der Grundhaltung der christlichen Frömmigkeit entspricht. Denn Gottvertrauen kann nichts anderes meinen als ein solches Urvertrauen, ein vertrauensvolles Offensein also, das die kontingenten Beziehungen, Ereignisse und Personen umfaßt und transzendiert. Hier sind es die Frustrationen, die zum Transzendieren nötigen. Man denke an die Grenzmöglichkeit eines zu frühen Verlustes der Mutter, wo das Urvertrauen, wenn es nicht scheitern soll, die Fundierung in einem weiteren Bezugsrahmen suchen muß. Ein Kind, das die Entwöhnungskrise ohne Komplikationen durchlaufen, Frustrationstoleranz aufgebaut und einen entsprechenden Realitätssinn entwickelt hat, wird später leichter mit dem Gedanken fertig werden, daß es in Gott auch dann geborgen ist, wenn es diesen sinnlich, d. h. vor allem optisch nicht wahrzunehmen vermag — ein Kind dagegen, das die Mutter niemals ohne krisenhafte Auswirkung aus dem Gesichtskreis entlassen kann, wird mit der Nähe des Unsichtbaren nicht viel anzufangen wissen. Spätere kognitive Frage- und Denkprozesse um die Gegenwart und Unsichtbarkeit Gottes basieren auf der affektiven Einstellung zur Vertrauenswürdigkeit der Bezugsperson[33].
Die spätere Einstellung gegenüber der „Verborgenheit des Ratschlusses Gottes" wird wesentlich davon abhängen, ob die Sinnhaftigkeit des elterlichen Tuns in dem beschriebenen Maß internalisiert ist. Die Mutter handelt — im Sinn Luthers — an Gottes Statt, sie ist Stellvertreterin Gottes, wie denn auch die Urerfahrung mütterlicher Fürsorge zum Bild für Gottes Handeln werden kann: „Ich will euch trösten, wie einen seine Mut-

[33] Erikson 1965, 243.

ter tröstet" (Jes. 66,13). Wenn aber das Kind mitmenschliches (mutterbezogenes) Vertrauen auf Gott transponiert hat, wird es auch als Erwachsener bei menschlichen Vertrauenskrisen und -brüchen nicht so schnell verzweifeln, weil eben sein Vertrauen ein transzendentales geworden ist, unabhängig von den zufälligen, wechselnden innerweltlichen Bezugspersonen. Ob sich das in christlichem Gottvertrauen, Vertrauen in die Welt und Natur oder in unreflektiertem Optimismus äußert, ist vom affektiven Bezugsrahmen her sekundär.

Die Reflexion muß später hinzutreten, um einen personalen Selbst- und Weltentwurf zu ermöglichen. Deshalb ist das Urvertrauen noch nicht material mit dem Gottvertrauen identisch, wohl aber strukturell. Urvertrauen setzt die kritische Ablösung, setzt Entwöhnung und den Aufbau von Frustrationstoleranz voraus; ein vorkritisches Übertragen auf Gott entspricht der oralen bzw. analen Fixierung. Gerade hier hat die religiöse Erziehung vielfach Fehler begangen, indem sie ein naives unkritisches Vertrauen zu Gott intendierte und dann an den Enttäuschungserlebnissen des Kindes scheiterte. Das billige Vertrauen im Sinn der „kindgemäßen" Umdeutung des 23. Psalmes ist von Übel: „Unter seinem sanften Stab geh ich aus und ein und hab unaussprechlich süße Weide, daß ich keinen Mangel leide; und so oft ich durstig bin, führt er mich zum Brunnquell hin."

Der 23. Psalm heißt aber anders: „Und ob ich schon wanderte im finstern Tal . . ." Kritisches Vertrauen ist nicht das Vertrauen auf das durch Gott garantierte Wohlergehen, sondern auf das auch im Nicht-Wohlergehen bestehende und sich bewährende Gottesverhältnis. Bonhoeffers Vers „Von guten Mächten wunderbar geborgen erwarten wir getrost, was kommen mag" ist Ausdruck dieses Vertrauens in das Ur-Angenommensein, das im Umgang mit der Mutter zuerst eingeübt wird. Urvertrauen hat mit Illusionismus nichts zu tun. Entwöhnung, Auseinandersetzung mit dem Realitätsprinzip, Aufbau von Frustrationstoleranz und spätere realistische religiöse Erziehung liegen auf einer Linie. Es ist offensichtlich, daß ungemein häufig ein (allerdings oberflächlicher und niemals recht erwachsen gewesener) Glaube an der Erfahrung scheitert, daß Gott dem Lustprinzip zuwiderhandelt (Frage: Wie konnte Gott das zulassen?). Ob es sich dabei um ehemals verwöhnte Kinder handelt oder um stark frustrierte, die in Gott eine Instanz der Ersatzbefriedigung für ihre Frustrationen zu sehen gelernt haben, läßt sich dabei nicht von vornherein sagen.

Das gewonnene Urvertrauen hat sich im Bereich der analen Problematik erneut zu bewähren: Auf der Basis des unbedingten Angenommenseins vermag das Kind die fordernde, Ordnung repräsentierende Mutter zu akzeptieren. Hier sei noch einmal auf den Zusammenhang von Gabe und Aufgabe verwiesen (vgl. o. S. 47): Es ist die Gabe des Angenommenseins, die zur Aufgabe aktiver Lebensführung befähigt. So wie die Mutter dem Kind liebevoll und fürsorgend begegnet, bevor sie (in der Entwöhnungsphase, in der analen Phase) mit Versagungen und Forderungen an es herantritt, so muß Gott zunächst als der Liebende, Leben Spendende, Verheißende erfahren sein, ehe er als Forderer und Garant des Rechts in den Blick des Kindes kommen darf. Es verbietet sich grundsätzlich, Gott als Erziehungsmittel zu mißbrauchen, als den, der aufpaßt, wenn die Mutter aus dem Zimmer geht, als den, der straft. Vor der Forderung steht das Urvertrauen, vor der Aufgabe die Gabe, vor dem Gebot die Verheißung, vor dem Gesetz das Evangelium (wie immer theologisch über die Reihenfolge zu urteilen sein wird, im Bereich der Erziehung kann darüber kein Zweifel bestehen), vor den zumutbaren Frustrationen die Erfahrung des Angenommenseins, vor der Zuwendung zur Welt die Wendung nach innen. Immer wieder wendet das Kind sich nach innen, es liebt die Höhlenspiele im Zelt, unter dem Tisch, in einer dunklen Ecke, im Gitterbett als Symbolen des Mutterschoßes. Dunkle Kirchengewölbe mögen auch den heutigen Erwachsenen in dieser Hinsicht bisweilen unbewußt stärker ansprechen als die modernen Bauten aus Beton und Glas. Das Kind liebt es, auf dem Schoß zu sitzen. Die Bibel spricht von Abrahams Schoß als dem Ort der Geborgenheit im Tod. In einer stark verunsichernden Welt, in der der Mensch sich gegenüber der Natur und dem Kosmos exponiert und der meisten der früheren Entlastungssysteme beraubt ist, in der der Einzelne ständig zu wirtschaftlichem, gesellschaftlichem, politischem Einsatz gefordert ist, wird es um so mehr darauf ankommen, Urvertrauen als Voraussetzung für ein umgreifendes

Gottvertrauen zu vermitteln. Das erste Reden von Gott wird sich dann auf Hinweise beschränken, die Gottes Fürsorge verdeutlichen und die die entsprechende Haltung der Eltern zum Ausdruck bringen. Wenn das Kind spürt, daß es nicht nur Vertrauen zu den Eltern haben darf, sondern daß die Eltern selbst in einer entsprechenden größeren, weitergreifenden Vertrauensbeziehung stehen, die die augenscheinliche Distanz zu überwinden vermag, wird das spätere realistische Gottvertrauen am sinnvollsten und einprägsamsten strukturell vorbereitet.

Es bleibt nun aber eine Frage: Was wird mit dem Menschen, dessen Mutter Urvertrauen nicht im ausreichenden Maß zu vermitteln vermochte? Grundsätzlich gilt, daß die Psychologie keine biographischen Prognosen erlaubt, da sie mit zu vielen Imponderabilien und Variablen zu rechnen hat. Der Betreffende kann also keineswegs als religiös negativ determiniert gelten. Wohl aber kann die Psychologie Zusammenhänge anamnestisch-diagnostisch aufdecken. Die Verkündigung vermag dem psychisch Geschädigten nicht eine Kompensation seiner Fehlentwicklung zu bieten, sofern ihr subjektives Verständnis selbst dieser Fehlstrukturierung unterworfen ist. Die Therapie der Persönlichkeit kann nicht Sache der Verkündigung sein. Wohl aber kann die Theorie der religiösen Erziehung im vorhinein darauf hinweisen, daß die Religiosität des Erwachsenen in hohem Maß von seinen frühkindlichen Erfahrungen geprägt ist; denn in dem Maß, in dem das Kind die Mutterlibido transzendiert, transzendiert es das mutterbezogene Urvertrauen bzw. Urmißtrauen. Es gilt also auch hier, das Transzendieren auf den Weg zu bringen, Fixierungen zu vermeiden oder zu überwinden, es gilt aber vor allem zunächst, die zwischenmenschlichen Voraussetzungen zu schaffen; denn es gibt keine Religiosität ohne diese zwischenmenschliche Vermittlung.

3.3 Die Du-Beziehung

Das christliche Glaubensverständnis ist — im Gegensatz zu Natur- oder Vernunftreligion — historisch begründet und daher auf Verkündigung angewiesen, auf Vermittlung der Kunde im Spannungsfeld von Reden und Hören; im mitmenschlichen

Bereich, in einem Gruppenprozeß, gewinnt dieser Glaube Gestalt, indem er die Gemeinschaft der Glaubenden stiftet. Das Glaubensverständnis selbst ist zutiefst geprägt von dem gemeinschaftstiftenden Handeln Gottes am Menschen. Dieses Interpretationsschema hat die Gestalt eines sozialen Feldes; in ihm kann Gott (als „das, was mich unbedingt angeht“) nicht anders als sozial bzw. personal verstanden werden[34]. Das heißt nicht, daß Gott als eine Person (unter anderen) gedacht ist, sondern daß Personalität als Gottessymbol zu gelten hat. Von daher werden Bildung und Vollzug der Personalität innerhalb der ersten Objektbeziehung des Menschen zwischen Mutter und Kind theologisch relevant. In engem Zusammenhang mit dem voranstehenden Abschnitt muß jetzt also nach der Entwicklung der personalen Struktur des Kindes gefragt werden.

Auf diesem Gebiet sind die Arbeiten von R. Spitz weithin populär geworden[35]. Spitz bewegt sich auf der Linie Freuds, wenn er das psychische Leben als Triebleben beschreibt, dessen Objekte grundsätzlich austauschbar sind.

Der Ausgangszustand des Neugeborenen ist ein Stadium der Undifferenziertheit, dem ein Objekt noch nicht eigentlich gegeben ist; der psychische Apparat ist also noch funktionslos. Die psychischen Funktionen entwickeln sich aus den Triebregungen heraus im Lust-Unlust-Schema, ihr Gegenstand ist die nahrungspendende Mutter. Die Vorstufe einer Objektbeziehung ist erreicht, wenn das Kind auf das Lächeln der Mutter mit Lächeln antwortet (Spitz spricht von „sozialem Lächeln“). Vom zweiten Monat ab begegnet das Kind auf diese Weise jedem frontal sich ihm zuwendenden, sich bewegenden Gesicht — es sieht noch nicht den bekannten Partner, sondern

---

[34] Vgl. die Argumentation H. Gollwitzers in seiner Auseinandersetzung mit H. Braun.

[35] Vgl. Anm. 6; ferner ders. 1967; außerdem Bowlby, Dührssen, Hellbrügge u. a. Wenn Spitz die Kind-Mutter-Beziehung als „Objektbeziehung“ bezeichnet, so scheint das dem personalistischen Denken zu widersprechen, das im Anschluß an E. Grisebach und M. Buber die Ich-Du-Beziehung nun gerade vom Subjekt-Objekt-Schema abheben will. Dabei ist aber ein geistiges Subjekt vorausgesetzt, dessen Zustandekommen aus den anfänglichen Triebregungen heraus hier gerade erst aufgezeigt werden soll.

zunächst ein Gestaltsymbol. Die affektive Haltung der Mutter stiftet Urvertrauen bzw. hemmt die Ausbildung von Urvertrauen. Durch Zurückbleiben von Gedächtnisspuren bildet sich im dritten Monat ein Resonanzzentrum, ein erstes rudimentäres Ich. Gerade die unbewußten Einstellungen der Mutter, die sich im affektiv-unterbewußten Bereich übertragen, konstituieren die Grundstrukturen dieses Resonanzzentrums. So entwickelt sich ein erstes Kommunikationssystem zwischen Mutter und Kind, das den rationalen sprachlich-logischen Möglichkeiten vorangeht, aber in Gestalt der „Körpersprache" deutlich Dialog-Charakter trägt[36]. Grunderfahrung ist die orale Lusterfahrung des Mundes, der sich die Brustwarze einverleibt, wobei der Blick auf die Mutter gerichtet ist — eine Tatwahrnehmung totaler körperlicher Berührung, die mit der optischen Fernwahrnehmung gekoppelt ist und damit eine die äußere Distanz überwindende Ich-Du-Beziehung konditioniert.

Der westliche Durchschnittserwachsene, so erklärt Spitz, ist sich der Körpervorgänge kaum noch bewußt, des Gleichgewichts, der inneren Spannungen, der Temperatur, Vibration usw.; an die Stelle der „Tiefensensibilität" tritt bei ihm die diakritische Wahrnehmung. Zwischen Mutter und Kind dagegen herrscht noch das ganzheitlich-körperliche Kommunikationsschema und Reaktionssystem, das im Volksmund als die übernatürliche Kraft der Mutterliebe bezeichnet wird, nämlich die Reaktion der schlafenden Mutter etwa auf die geringste körperliche Störung des Säuglings, während sie sonst viel massivere Störungen überschläft. Dem fernöstlichen Menschen sind diese Möglichkeiten weithin vertraut geblieben. Dabei ist für den vorliegenden Zusammenhang vor allem eines festzuhalten: Die Mutter repräsentiert die Umwelt, die dem Kind zunächst allein in dieser personalen Vermittlung begegnet (s. o. S. 92). Welt wird vom Neugeborenen ausschließlich im Medium personaler Zuwendung erfahren — die Urerfahrung des Menschen, das Ur-Gegenüber trägt personalen Charakter. „Die Tatsache", schreibt Spitz, „daß die erste im Leben des Säuglings hergestellte Beziehung einem menschlichen Partner gilt, ist von besonderer Bedeutung. Die gesamte spätere soziale

[36] Spitz 1957 b, 39.

Entwicklung des Kindes wird davon beeinflußt. Hier haben wir den Beginn einer Entwicklung vor uns, die das Kind schließlich dahin führen wird, ein Mensch, ein Sozialwesen, ein ‚zōon politikón' zu werden."[37]
Damit ist eine im sozialen Schema sich verstehende Religiosität impliziert: Die Urerfahrung des ersten Gegenüber konditioniert den personalen Charakter religiöser Vorstellungen. Die Mutter als erste Bezugsperson wird später durch andere Partner ergänzt und ersetzt, die Struktur der Muttererziehung aber ist grundlegend. Indem die Objekte bzw. Partner grundsätzlich austauschbar sind, werden sie relativiert und damit auf die noch ausstehenden Möglichkeiten personalen Bezugs bzw. auf ihren Grund hin transzendiert. Darin eben drückt sich die Beziehung auf das Unbedingte aus, das im Seinshorizont des Säuglings von der Mutter repräsentiert wird. Als Aufgabe der religiösen Erziehung deutet sich auch hier die Ablösung von Fixierungen und das Transzendieren an, das mitmenschliche Beziehungen als Verkörperungen der Gottesbeziehung zu erleben und in der transzendentalen Gottesbeziehung die Ermöglichung umfassender (und nicht subjektiv fixierter) mitmenschlicher Beziehungen zu sehen vermag. Vorerst aber kommt es darauf an, das Kind überhaupt zu soziabilisieren, d. h. es beziehungsfähig zu machen.
Die spätere Fähigkeit zu sozialen Kontakten hängt also von der frühkindlichen Mutterbeziehung, genauer vom „Maß affektiver Zufuhr" in den ersten drei Lebensjahren ab; die Persönlichkeit ist das „Spiegelbild der erlebten Sozialstruktur"[38]. Ein Ausbleiben dieser affektiven Zufuhr führt nach Spitz zu Hospitalismus-Erscheinungen: Um den sechsten Lebensmonat wird die Synthese der positiven und negativen Wahrnehmungselemente in der Mutter vollzogen, es bildet sich auf der einen Seite ein deutliches Subjekt, das Ich, auf der anderen Seite ein Objekt, das beide Triebrichtungen auf sich zieht und integriert. Bei Ermangelung einer Bezugsperson aber ist diese Triebmischung verhindert, vielmehr tritt eine entgegengesetzte Triebentmischung ein, die vorhandene Aggressivität (als Antwortverhalten auf die negativen, sich versagenden Elemente)

[37] Ebd. 44.

[38] Claessens 1962, 85.

kann nicht sublimiert, aufgearbeitet, abgeleitet werden und richtet sich in destruktivem Sinn auf die eigene Person, zumal die konstruktive Libido sich im Dienst der Lebenserhaltung im primären Narzißmus (auf der objektlosen Stufe)[39] verbraucht hat. Es tritt eine Regression ein, die in dem noch wenig differenzierten Stadium des Säuglings im Extremfall den Tod bedeuten kann.

Der notwendige Integrationsvorgang basiert auf drei Voraussetzungen: 1. einem gesicherten, gefahrenfreien, affektiven Klima im Bezug auf das Liebesobjekt, 2. der Möglichkeit, die aggressiven und libidinösen Strebungen im Affekt und Handlungsaustausch mit dem Objekt abreagieren zu können[40] und 3. der weiteren Möglichkeit, nach der Ich-Konstituierung eine Wechselbeziehung der seelischen Prozesse innerhalb eines gesicherten affektiven Klimas zu vollziehen. Analog zur Konsti-

---

[39] Der Begriff Narzißmus ist insofern mißverständlich, als er ein noch nicht vorhandenes Subjekt vorauszusetzen scheint.

[40] Affektabfuhr ist ein notwendiger Bestandteil der psychischen Hygiene, vgl. Mitscherlich 1963, 34 ff. Es geht beispielsweise um die Erfahrung, daß in der Liebesbeziehung des Kindes zu den Eltern auch Haßelemente, Todeswünsche usw. enthalten sein können, die nicht einer moralischen Wertung unterzogen werden dürfen; eine entsprechende Gewissensbelastung würde entweder zur Verdrängung der aggressiven Elemente, oder aber zu massiven Schuldkomplexen führen. Beim älteren Kind werden diese Zusammenhänge beim Namen genannt werden können und müssen. Hier ist Jungs Lehre vom Schatten tangiert. Der Schatten ist Bestandteil der Person, der „dunkle Bruder“, das, was der Mensch an sich nicht wahrhaben will bzw. aufgrund des internalisierten gesellschaftlichen Normsystems nicht wahrhaben darf, solange ihm die Freiheit dazu nicht ausdrücklich eingeräumt wird. Die Nähe zu Luthers Formel „simul peccator et iustus“ ist deutlich, denn auch das christliche Sündenverständnis ist keineswegs oberflächlich-moralisch, sondern vielmehr ontologisch angelegt. Einer idealistisch-optimistischen Anthropologie gegenüber bilden Tiefenpsychologie und Theologie eine Front; untereinander aber unterscheiden sie sich in der Bewertung des Bösen: Während im psychologischen Rahmen von der Person die Integration des Schattens erwartet wird, behauptet die Theologie, daß das Böse von Gott überwunden, das Gute durch die Rechtfertigung des Sünders ermöglicht werden soll. Wiewohl es auch der Theologie darum geht, daß der Mensch das Faktum des Sünderseins bekennt, d. h. sich sieht als den, der er vor Gott ist, gründet der Rechtfertigungsglaube jenseits des Programms der Individuation als Selbstverwirklichung. Zu Jungs Schatten-Lehre vgl. Jacobi; 1945.

tuierung des Urvertrauens gilt auch hier, daß das affektive Klima aller kognitiven Einsicht und allem ethischen Appell an den Willen nicht nur (selbstverständlich) zeitlich vorausgeht, sondern auch im Aufbau späterer Einsichten ebenso wie der Willensstruktur uneingeschränkte Priorität besitzt.

Es ist deshalb konsequent und sachgemäß, daß Gott dem Kind nicht zuerst in der Lehre (Dogmatik) noch im normativen Bereich (Ethik) begegnet, sondern in der Verkündigung, in der Geschichte, d. h. den mitgeteilten Erfahrungen und Erlebnissen bestimmter Menschen. Und es ist weiterhin sachgemäß, daß die früheste Gestalt dieser Verkündigung, wenn man so sagen will, im praktizierten Angenommensein, in der praktizierten affektiven Zufuhr besteht. Das „Fürchte dich nicht, siehe . . . ich habe dich bei deinem Namen gerufen" ist vorgegeben in der ersten Einübung des Kindes, sich von der Namennennung der Mutter betroffen zu fühlen, sich gemeint zu fühlen — umgekehrt, die erste Anredepraxis zwischen Mutter und Kind ermöglicht späteres Betroffensein von der biblischen Verkündigung. Deshalb sind die Primärerfahrungen des Kindes wichtig für seine spätere religiöse Einstellung. Es ist eine Frage des affektiven Klimas, ob der Heranwachsende sich einem unberechenbaren Schicksalsfaktor, einem berechenbaren Vergeltungsschema oder einer liebevollen Vertrauensinstanz konfrontiert fühlt. Die vollzogene Triebmischung von Hinwendung und Abwendung findet sich in einem integrierten Gottesbild wieder. Auf die Zweipoligkeit von Fürchten und Lieben ist oben (S. 93) verwiesen worden. Der biblische Satz, daß Furcht nicht in der Liebe sei, darf wohl nicht als Triebentmischung (als Trennung der Triebelemente) verstanden werden, denn die Furcht des Herrn ist andererseits als der Weisheit Anfang vorausgesetzt: Die Furcht ist in der Liebe aufgehoben, nicht eliminiert. Triebentmischung würde auch in der religiösen Dimension Freisetzung ungebundener Aggression bedeuten, die entweder in Gotteshaß oder in Glaubensfanatismus Gestalt gewinnt, der seine Aggressionen als gruppenbedingte Affektabfuhr gegen Andersdenkende bzw. gegen den Betreffenden selbst richtet. Beides, Glaubensfanatismus und antireligiöser Aktivismus hätten dann als Regressionserscheinungen (als Rückfall in ein früheres Entwicklungsstadium) zu gelten.

Es ist demgegenüber wichtig, daß affektive Elemente in der Gottesbeziehung einen Platz haben dürfen, haben müssen. Man denke an das Hadern der Propheten mit Gott oder an den landschaftlich erhaltenen Brauch des Trotzens (die männlichen Gemeindeglieder behalten nach einem Todesfall im Gottesdienst den Hut auf dem Kopf). Hier wird durch traditionsgebundene ritualisierte Entlastung oder Affektabfuhr ein Aggressionsstau vermieden, der sich sonst gegen das Gegenüber oder aber, sofern dies durch die Überich-Zensur unmöglich gemacht wäre, gegen das eigene Ich als Selbstentwertung oder Selbstminderung entladen müßte. Eine Frömmigkeit, die Gott niemals „die Stirn zu bieten" wagte, die nur die positiven Regungen auf die Gottesbeziehung konzentrierte, würde gleichzeitig die eigene Persönlichkeitsstruktur aggressiv destruieren. Die spätere religöse Einstellung wird in den Bahnen verlaufen, in denen das Problem der ersten Objektbeziehung bewältigt wurde.

Als letzten Gesichtspunkt muß in diesem Zusammenhang auf eine religiöse Praxis verwiesen werden, die ihren eigentlichen Ort an späterer Stelle hat: das *Gebet*. Das Gebet konkretisiert die dialogische Struktur des christlichen Glaubensverständnisses. Augustin schreibt seine Konfessionen in der Form der Anbetung zu Gott. Mit der Entscheidung für diese Darstellungsform will er ausdrücken, daß der Mensch eigentlich nicht über Gott, sondern nur zu Gott sprechen kann. Damit ist das Gebet als dialogische Haltung konstitutives Element des christlichen Glaubens, das nun wiederum mit der Duhaftigkeit aller primären Welterfahrung korrespondiert[41].

---

[41] Psychologisch gesehen kann das Gebet als der manifeste Ausdruck einer transzendental-dialogischen Selbsterfahrung gelten. Wenn heute Gebet gelegentlich als Selbstreflexion verstanden wird, so ist damit der Anspruchscharakter einer gewissen „exzentrischen Positionalität" noch keineswegs von vornherein negiert, sondern u. U. lediglich ein verfremdendes Element gegenüber einem verbreiteten supranaturalistischen Mißbrauch des Gebets eingeführt. Die Kritik an einer allzu simplen Vorstellung vom Gebet als unmittelbarem Gespräch mit einem „höheren Wesen" in der Art eines spiritistischen Verkehrs oder dergl. ist natürlich berechtigt. Eine Haltung aber, die die dialogische Struktur grundsätzlich ablehnte, erwiese sich als späte Frucht der Bewußtseinsphilosophie des 19. Jhs., die auf dem Weg von Descartes über Kant schließlich das ein-

Im vorliegenden Zusammenhang erscheint es als wichtig, daß von Anfang an mit bzw. „über" dem Kind gebetet wird: Indem das Kind in das elterliche (mütterliche) Gebet einbezogen wird, erfährt es im Entstehen erster Erinnerungsspuren Gott als das letzte, umgreifende Du hinter der Mutter. Noch bevor es nach Gott fragt, noch bevor es etwas über das Gebet hört oder beten lernt, erfährt es die mütterliche Gebetshaltung und damit Gott als den Bezugspol der Mutter. Die Vokabel „Gott" wird in der Primärerfahrung des Gebets als Vokativ internalisiert ähnlich der Vokabel „Mama", als das aller Vergegenständlichung vorausliegende Unbedingt-Angehende. Hier kann von der Mutterbeziehung des Kindes her, von seiner im Dialog mit der Mutter ermöglichten Ichwerdung her der Keim für die Fähigkeit gelegt werden, später das mütterliche Du über alle möglichen Dus hinaus auf das Du Gottes hin zu transzendieren.

In dieser beginnenden „Entmythologisierung" der Mutter liegt zugleich — am Rand — ein antiautoritärer Nebeneffekt, indem die „göttliche" Autorität der Mutterinstanz auf Gott hin relativiert wird. Deshalb ist dieser Zusammenhang besonders wichtig, weil der Vorstellungsgehalt des Gottesbildes heute häufig zugunsten einer ausschließlichen allgemeinen Mitmenschlichkeit geleugnet wird. Der christliche Humanismus unterscheidet sich aber von allen möglichen Humanismen dadurch, daß das erste Du nicht durch ein beliebiges Du (als Person oder Gruppe) letztgültig ersetzt wird, was einer Libidofixierung gleichkäme, sondern daß die erste Du-Beziehung auf das umgreifende Du hin transzendiert wird und von daher die einzelnen konkreten Du-Beziehungen umschlossen sind. Motivation für die Mitmenschlichkeit des christlichen Humanismus ist das alle Einzelerfahrungen transzendierende Bewußtsein, von Gott geliebt zu sein, das aber nicht anders als durch menschliche Liebe vermittelt wird. Im Gebet der Mutter über und mit dem Kind ist die Spannung angedeutet vom ersten bis zum letztmöglichen Bezugspol, die alle möglichen konkreten

same Subjekt im Sinn G. Benns propagiert. Dabei wäre die Interdependenz derartiger epochaltypischer philosophisch-religiöser Haltungen mit den jeweils gültigen frühkindlichen Sozialisationspraktiken als einer möglichen Determinante zu untersuchen.

Einzelpole einschließt. Aus der ersten Objektbeziehung ergeben sich die Strukturen der späteren Einzelbeziehung bis hin zur Gottesbeziehung. In der Verknüpfung beider setzt die Möglichkeit einer gezielten religiösen Erziehung ein.

3.4 Überich und Identifizierung

Als drittes Element der Persönlichkeitsstrukturierung in den ersten Lebensjahren soll die Entwicklung des Überich kurz skizziert werden. Das Hauptmotiv dieser Entwicklung sieht Freud in der Bewältigung des Ödipuskomplexes (um das fünfte Lebensjahr): Der Knabe will die Rolle des Vaters bei der Mutter spielen, aber gerade das wird ihm versagt[42]. Als Rivale des Vaters kann er nicht zur Geltung kommen; es bleibt ihm der Weg der Identifikation mit dem Vater. Er befolgt die Verbote des Vaters, er fürchtet seinen Zorn, er übernimmt schließlich seine Verhaltensnormen. Richteten sich die Aggressionen des Knaben früher gegen den Vater, so richten sie sich nun gegen das eigene Ich: Das Überich (als die verinnerlichte Vater-Norm) setzt das Ich unter Kontrolle. Die Strenge des Überich ist um so größer, je stärker die vorangehende Aggression gegen den Vater war.

Das Überich als die introjizierte Stimme des Vaters vertritt die Realität, die Außenwelt, die Norm, die moralische Tradition, die ihrerseits schon das Überich der Eltern bestimmt[43]. In der Auseinandersetzung mit dem Realitätsprinzip erfährt das Kind, daß es nur bei Einhaltung dieser Normelemente die Erwartungen erfüllt, die die Eltern ihm entgegenbringen, und daß es nur so zur höchstmöglichen Libidobefriedigung in der Geborgenheit der Gruppe gelangt.

Gegen Freuds These lassen sich Einwendungen erheben. Es ist eine Schwäche Freuds, daß dieses Modell zu stark von der

---

[42] Die Kastrationsdrohung des Vaters verwehrt es dem Knaben, sich unmittelbar gegen den Vater aufzulehnen. Das „Du darfst nicht" gilt hier in seiner ursprünglichen Wucht, als Inzest-Tabu. Eibl-Eibesfeld 1970, 185 neigt zur Gegenthese, das Inzest-Tabu sei dem Menschen angeboren. Für die hier infragestehende Entwicklung ist die Ursprungsfrage unbedeutend.

[43] Seeberger 1967, 31; Vergote 1970, 238 f.

Rolle des Mannes bzw. des Sohnes her entworfen ist, wiewohl sich für die Tochter mutatis mutandis eine Analogie konstruieren läßt[44]. Eine zweite kritische Anfrage besteht darin, ob Kastrationsangst bzw. Penisneid bei einer Frühaufklärung im Rahmen moderner Sexualerziehung noch diese tragende Bedeutung haben können. Immerhin ist in Freuds Modell wesentliches gesagt über die Auseinandersetzung mit dem Realitätsprinzip, über die Anpassung an die Erwartungshaltung der Umwelt, über die Verinnerlichung äußerer Normen.

Das Überich hat aber schon weit vorausliegende Wurzeln, einmal in der Entwöhnung, die E. Neumann als „Paradies-Verlust" auf dem Hintergrund des Kastrationskomplexes sieht[45], außerdem in den Auseinandersetzungen der analen Phase, also allgemein in den frühen Frustrationen. Aus der an der elterlichen Kontrolle gewonnenen Selbstkontrolle des Kindes entstehen Stolz und Autonomie, aus dem Verlust der Selbstkontrolle und der elterlichen Überkontrolle entstehen Scham und Zweifel[46]. Autonomie hießt hier nicht in erster Linie „wollen, was ich will", sofern das „ich" sich an dieser Problematik selbst erst entwickelt; Autonomie heißt aber im Gegensatz zum bloßen „tun, was der andere will" (nämlich aus äußerem Zwang), „wollen, was der andere will". Damit ist angedeutet, daß es nicht nur die Zwangsidentifizierung gibt, sondern auch die Liebesidentifizierung. „Im frühesten Gehorsam ist das Mittun viel mehr beteiligt — auch in der Gewohnheitsbildung — als das Anordnen von außen."[47] Im „Ur-Wir" vor dem ersten Trotzalter werden Vater und Mutter noch nicht als *heteronom* wahrgenommen[48].

---

[44] Wobei der Penisneid die Funktion der Kastrationsangst erfüllt, Sozialisation und kompens. Erz. 1969, 29.

[45] 1963, 121 ff.

[46] Erikson 1953, 25.

[47] Andre 1964, 261; vgl. auch Hansen 1965, 435, der das zielsetzende Vorwegnehmen des Handelns und die Übereinstimmung mit der Mutter als Quellen des Gewissens annimmt; ferner Oerter 1970, 12.

[48] Diese als anaklitische bezeichnete Identifikation, die in der oralen Phase beginnt, geht der Identifikation mit dem Aggressor voraus. Gewiß kann man entgegenhalten, daß Liebesentzug als „negativer Verstärker" (im Sinn der Lernpsychologie, vgl. Newcomb 1959, 98 f., 240) fungiert, wenn er eine entsprechende Haltung im Rahmen des Reiz-Reaktions-Schemas konditioniert; Liebesentzug ist aber im Gegensatz zu anderen,

Die Übernahme der Gesten des Erwachsenen bedeutet wiederum einen Autonomiezuwachs des Kindes, sofern es diese Gesten in den Dienst seiner Willensbekundung stellen kann. Die Identifikation ist nach H. Zulliger die einfachste Form von Liebe, wobei das Kind auch die moralischen Forderungen des anderen liebt[49].

Für die Überich-Bildung kommt es also darauf an, ob die Identifikation ihr Motiv mehr in der Angst oder mehr in der Liebe hat. Im ersten Fall gewinnt es zwanghafte Eigenständigkeit, im zweiten wird es flexibler sein und sich eher auf das umfassende Selbst hin ausrichten. Die Notwendigkeit, Identifikation nicht zu erzwingen, sondern durch Vertrauensbeziehung anzubieten und zu ermöglichen, gilt nicht nur für die Eltern, sondern ebenso für die später hinzutretenden Erziehungspersonen; denn wenngleich die Grundlage in der frühen Zeit gelegt ist, so bleibt das Gewissen bis zu seiner endgültigen Selbstfindung in der Pubertät doch noch korrigierbar (s.u.S. 162 f.).

So ist die Überich-Entwicklung komplexer zu sehen, als das bei Freud der Fall ist. Problematisch aber ist, wenn im Anschluß an Freud das Gewissen unmittelbar als eine der Funktionen des Überich angesehen wird[50]. Gewiß steht das Überich als interne Selbstbeobachtungsinstanz mit dem Gewissen in Zusammenhang und relativiert es in seiner metaphysischen

---

mehr äußerlichen „Strafmaßnahmen“ um so viel personnäher gelagert, daß ein qualitativer Unterschied besteht: Während andere Strafen immer eine indirekte Persönlichkeitsminderung bedeuten, ist Liebesentzug eine direkte Persönlichkeitsminderung, die ganzheitlich wahrgenommen wird (Andre). So schreibt R. Spitz über die Vorstufe, die dem eigentlichen Überich um Jahre vorausgeht: „In der nächsten Phase ergreift das Kind die Initiative; es stellt Imitationen des Verhaltens, das es an seinen libidinösen Objekten beobachtet hat, in den Dienst seiner spontanen Handlungen und Spiele, und zwar auch in Abwesenheit des betreffenden Erwachsenen. Daß es sich dabei um eigentliche Identifikationen handelt, ist offenkundig; das Kind hat Handlungen, die es beim libidinösen Objekt beobachtet hat, dem Gedächtnisapparat seines Ichs einverleibt, wodurch eine gewisse Modifikation seiner Ichstruktur eingetreten ist“, Spitz 1957 a, 41. Vgl auch Spitz 1967, 198 ff.

[49] 1968, 19.

[50] Vgl. Nipkow 1964, 285. Er verweist darauf, daß das Gewissen von Freud „in wiederholten Anläufen jeweils entsprechend dem erreichten Entwicklungsstand seiner Lehre“ interpretiert worden ist.

Ableitung (als innerer Gerichtshof mit dem Maßstab letzter, unableitbarer Normen) oder in seiner theologischen Ableitung (als Stimme Gottes)[51]. Es ist mit dem Werden der Persönlichkeit verbunden, seine Wurzeln liegen im frühkindlichen mitmenschlichen Gegenüber. Das Phänomen des Gewissens ist damit aber nicht erschöpfend erfaßt. Es ist selbst von Anhängern Freuds darauf hingewiesen worden, daß das Überich nur eine Art Dressur-Gewissen[52] oder autoritäres Gewissen[53] bezeichne und sich von der Stimme des Selbst unterscheide, das sich oft genug gerade gegen die von außen gegebenen autoritativen Normen durchsetzen muß[54]. Auch in der ethischen Praxis wird vorausgesetzt, daß die eigentliche Gewissenshaltung darin bestehen kann, das Anerzogene in Frage zu stellen, so wie man vom SS-Offizier nachträglich erwartete, daß er kraft seines eigenen Gewissens (im idealistischen Sinn einer allgemein voraussetzbaren Kenntnis des Naturrechts) die anerzogene Norm des Gehorsams mußte in Frage stellen können. Die empirische Gewissensableitung Freuds bleibt im Inhaltlichen zufällig, eine Begründung des Gewissens als inhaltlich notwendige Norm andererseits bleibt unableitbar; in dieser Hinsicht ist das Gewissen ein offenes Problem[55].

Dennoch lassen sich aus der Überich-Entwicklung einige für die religiöse Erziehung relevante Gedanken ableiten. Das Gewissen ist nicht von vornherein die „Stimme Gottes", sondern ein formales Organ. Es ist Ausdruck der Fähigkeit, sich selbst

---

[51] Ebd. 291 f.; sonst müßte alles mit gutem Gewissen Getane gut sein, und Konflikte bzw. unterschiedliche Gewissensurteile dürften nicht vorkommen.

[52] Stadter 1970, 67 f.

[53] E. Fromm 1954 unterscheidet zwischen autoritärem und humanistischem Gewissen, wobei ersteres dem Überich entspricht, während das zweite in der „Reaktion unserer Gesamtpersönlichkeit auf deren richtiges oder gestörtes Funktionieren" besteht.

[54] Vgl. auch Jung in der Darstellung Goldbrunners 1949. Das dialogische Verständnis der protestantischen Gewissensauffassung steht allerdings Freud oder dem sozialpsychologischen Ansatz formal näher, während bei Jung oder auch bei den idealistischen und katholischen Theoretikern oder modifiziert bei Heidegger oder Jaspers das Gewissen in der Übereinstimmung mit sich selbst bzw. mit dem Selbst als dem Göttlichen im Menschen besteht und damit die Norm des Guten schon beinhaltet, Gewissenserziehung also letztlich nur Freisetzung des immer schon Vorhandenen bedeutet.

[55] Vgl. auch Affemann 1955/56, 203.

zu transzendieren und sich vorwegzunehmen, sich zu entwerfen bzw. von einem Gegenüber her zu leben. Es verlegt den Dialog nach innen, macht ihn unabhängig vom zufällig anwesenden Gegenüber und weist damit auf die grundsätzliche Du-Bezogenheit des Menschen hin: Es kennzeichnet den Menschen als ein vom Du her seine Identität findendes Wesen, ein Wesen in der Antwort-Situation, in der Verantwortung, in der Offenheit zum Anderen hin. Diese Offenheit drückt sich auch darin aus, daß christlicher Glaube das Leben des Christen als ein Leben aus der Vergebung versteht, die ihm durch die Beichte zuteil und (von außen, durch einen andern) zugesprochen wird. Wenn die katholische Religionspädagogik dem Beichtunterricht eine wesentliche Funktion beimißt, so sollte ein solches Unternehmen nicht von vornherein in konfessioneller Polemik in Frage gestellt werden; auch in evangelischer Praxis muß diese Funktion erfüllt sein.

Ein Weiteres: Das Gewissen entsteht aus dem Übereinstimmungsstreben des Kindes mit der Ur-Norm heraus. Es entwickelt sich aus den intersubjektiven Beziehungen, in denen das Kind in der Familie steht. Diese Familie bildet eine umgreifende Totalität, die aber in ein Rollensystem aufgegliedert ist[56]. Die Interaktionen der Rollenträger, die auf das Kind einwirken, verlaufen nach den Gesetzen einer vorgegebenen Moral bzw. die Erziehungspraktiken richten sich nach einem Modell, das der geschichtlichen Situation der Gesellschaft und der sozialen Situation der Familie entspricht. In der Wechselwirkung zwischen Kind und Bezugspersonen geschieht also nicht nur formale Überich-Bildung (als Befähigung überhaupt nach Normen zu handeln) und Hereinnahme gesellschaftlicher Forderungen, sondern schon eine inhaltliche Strukturierung der Idee dessen, was gut ist[57]. Das Gewissen ist dann allerdings die Stimme je meines Gottes im Sinn des Luther-Wortes, daß das des Menschen Gott ist, woran er sein Herz hängt.

Wieder läuft das auf die Aufgabe des Transzendierens hinaus: So sehr das Kind einer wegweisenden Normenskala bedarf, darf es auf die frühkindlich-elterlichen Normen nicht fixiert werden. Das evangelische Gewissensverständnis sieht als Ziel

[56] S. Kap. 1, Anm. 75 (Parsons).

[57] Vgl. Huijts 1969, 52 f.

der Gewissensbildung nicht das gute Gewissen des mit der Norm übereinstimmenden Pharisäers (gewiß auch nicht das schlechte Gewissen des Zöllners; schlechtes Gewissen kann kein Erziehungsziel sein), sondern das getröstete und befreite, gleichzeitig aber betroffene und unruhig gewordene Gewissen[58]. Weder die Sicherheit des Normgemäßen, noch die Skrupulosität der scheinbaren oder die Verzweiflung der realen Normverweigerung entsprechen der evangelischen Gewissenserziehung. Das Gewissen darf nicht ruhen, solange nicht das Gute im Ganzen und als Ganzes verwirklicht ist (Gewissen hat also auch von daher immer eine gesellschaftliche Funktion); an diesem Maßstab gemessen, erkennt der Christ sich als Sünder. Er weiß sich aber zugleich im Glauben als gerechtfertigt und sein Gewissen als zum Guten befreit. Selbstwertgefühl und Sünden-(Schuld-) Bewußtsein müssen im Zusammenhang stehen.

Diese komplexe Selbsterfassung des reifen Menschen wird konditioniert durch die frühkindliche Erfahrung, unbedingt angenommen und ernst genommen zu sein. Deshalb spielt die Identifikation aus Liebe beim Aufbau des Überich eine so wesentliche Rolle.

Zwar muß das Kind das Stadium des Dressurgewissens (der Heteronomie) durchschreiten; aber der reifende Mensch muß doch in der Lage sein, hinter diese heteronome Phase zurückzugreifen auf die Erfahrung des Ur-Wir, in dem er in voller Übereinstimmung mit den geliebten Personen gelebt und gehandelt hatte[59]. J. Piaget hat darauf hingewiesen, daß schon das Einjährige zu freier „Mitarbeit" mit dem Erwachsenen fähig ist[60]. Das erschließt Möglichkeiten partnerschaftlicher Erziehung schon und gerade im Kleinkindalter, von denen man bisher nichts geahnt hatte. Hier liegt der Keim einer ursprünglichen Autonomie, die zwar des Normbewußtseins bedarf, das erst das Überich vermittelt und verkörpert, ihm aber weit vorausgeht.

Die protestantische „Unmittelbarkeit des Gewissens zu Gott" ist seit Paulus und Luther immer wieder in falsche, ungezü-

---

[58] Kümmel 1964, vor allem 273 ff.; vgl. auch u. S. 161.
[59] Andre aaO. 261. [60] 1954.

gelte Bahnen geraten, weil das jeweils herrschende Erziehungssystem überich-orientiert war und die Glaubenserkenntnis sich nicht psychologisch zu vermitteln vermochte. Gleichzeitig von der Freiheit des Gewissens zu sprechen und das Überich zu schärfen muß zu einem Widerspruch führen. Das Überich als Normbewußtsein wird sowohl getragen als auch relativiert durch die Autonomie des Selbstwertgefühls, das auf der Erfahrung basiert, daß man angenommen ist als der, der man ist, und so, wie man ist.

Urvertrauen als Lebensgrundhaltung, dialogische Persönlichkeitsstruktur, Normfähigkeit und die in allen dreien sich andeutende Tendenz zum Transzendieren bilden die Voraussetzung für die Entwicklung der Persönlichkeit und damit für die religiöse Erziehung. Deutlich ist, daß hier schon religiöse Sozialisation geschieht. Die eigentliche religiöse Erziehung wird darin bestehen, die weitere (inhaltliche) Ausprägung dieser Ansätze durch bewußte Hineinnahme in das elterliche Verhalten und durch auf das Kind gerichtete pädagogisch-didaktische Maßnahmen zu regulieren, im Fluß zu halten, Material anzureichern, Fixierungen aufzulösen, um diese Funktionen endlich in die ausschließliche Eigenverantwortung des Heranwachsenden zu überführen.

4. Religiosität und Enkulturation

Mit Vollendung des dritten Lebensjahrs beginnt eine neue Phase in der Entwicklung des Kindes, die mit Claessens als Enkulturation bezeichnet werden soll[1]. Nun wurde allerdings schon oben auf die Relativierung der Phasenlehre hingewiesen; es ist keineswegs so, daß die Übernahme der Wert- und Vorstellungswelt (des Weltbildes) deutlich abgrenzbar auf den Aufbau einer rein formalen Ichstruktur folgte. Vielmehr sind Ichstruktur und soziokulturell bedingte Wertwelt grundsätzlich eng miteinander verbunden: Immer schon vermitteln die Eltern auch ein bestimmtes Wertkonzept; andererseits wird die Ichstruktur durch neue Identifikationsangebote (Sekundärsozialisation), durch Identitätskrisen und Rollenkonflikte weiterhin gefestigt bzw. korrigiert. Die Trennung von Kap. 3 und 4 hat also nur arbeits-hypothetische Bedeutung. Mit dieser Einschränkung darf nun aber gesagt werden, daß das Kind in einem ersten Schritt schwerpunkthaft seine psychische Struktur gewonnen haben muß. Es ist nun fähig, in zunehmendem Maß seine Umwelt zu erobern und zu verarbeiten[2], es hat mit der Sprache die Voraussetzung zur Welt- und Lebensbewältigung gewonnen, es ist sozialfähig, es beginnt sein Gefühlsleben zu kanalisieren und zu differenzieren, es vermag erste vorbegriffliche Denkoperationen zu vollziehen. Die „Soziabilisierung“ bildet die Voraussetzung der Enkulturation.

Mit der Ablösung von der Mutter wendet sich das Kind der Welt, der Gesellschaft, der Kultur zu; aus dem Zerbrechen der Ureinheit von Kind und Mutter geht die Tendenz hervor, das Umgreifende nunmehr im Entwurf einer weltanschaulich-religiösen Lebensgestaltung neu zu gewinnen. Im Folgenden steht deshalb die Frage im Mittelpunkt, wie dem Kind der Ausdruckscharakter religiöser Haltung auf dem Boden der bekenntnisbezogenen Symbolwelt zu vermitteln ist.

---

[1] Claessens 1962, 23. Vgl. demgegenüber Wurzbacher 1963, 1–34, der Sozialisation, Enkulturation und Personalisation in Korrelation stellt. S. auch o. S. 87.
[2] S. o. Kap. 3.

Die beginnende Welt- und Selbstauslegung des Heranwachsenden soll in die Bahnen geleitet werden, die durch die in der christlichen Gemeinde vermittelte und von der Gemeinde in ihrer Geschichtlichkeit getragene und verbürgte Wirkung des Glaubens gewiesen sind. Das heißt zugleich, daß das Kind befähigt wird, die Ersterfahrungen und die vorschnellen Fixierungen zu transzendieren und ein Leben in Offenheit zu Gott zu gestalten.

Nun wird heute oftmals gefragt, inwiefern es denn kultisch-mythischer Handlungselemente bedarf und die religiöse Haltung sich nicht vielmehr im sozialen Bereich, in der Mitmenschlichkeit ausdrückt[3]. Tritt Religiosität damit nicht doch im Sinn der mehrfach zurückgewiesenen Sonderwirklichkeit auf?

Religiöse Haltung bedingt immer Verhalten zu sich selbst bzw. zum Mitmenschen, zur Welt, aber in der Dimension der Transzendenz. Das Gebet, als Beispiel, ist Umgang mit Umweltfaktoren oder (in der Fürbitte bzw. in der Selbstreflexion) mit dem Mitmenschen *vor* Gott. Diese Relation zu Gott bedarf des symbolischen, mythischen, kultischen Ausdrucks, dessen Transparenz dem Kind erst allmählich verständlich wird. Andererseits braucht kaum noch betont zu werden, daß auch die unmittelbar sozialen Bezüge in einem letzten Wert- und Sinnzusammenhang stehen, daß also auch die Gewöhnung an zwischenmenschliche Umgangsformen für die religiöse Erziehung relevant ist; denn man kann nicht zu religiöser Haltung erziehen wollen, gleichzeitig aber die Würde des anderen verletzen und es an gegenseitiger Wertschätzung fehlen lassen. Der soziale Faktor und der kultisch-mythische Faktor sind nur dann in ihrer Eigenbedeutung für eine religiöse Erziehung voll funktionsfähig, wenn sie streng aufeinander bezogen werden; die priesterliche und die prophetische Funktion des biblisch-christlichen Glaubens bedingen sich gegenseitig.

Der Unterschied zwischen dem Voranstehenden und dem Folgenden liegt also in der verschiedenen Situation des Kindes, das nun in der Lage ist, sich mit der Außenwelt in zunehmendem Maß auseinanderzusetzen und damit in die konkret-geschichtliche Welt der Glaubensüberlieferung (bewußt) einzutreten.

In der Sprache der Lernpsychologie läßt sich religiöse Erziehung als Konditionierung spezifischer Haltungen beschreiben, gerade dann, wenn sie über das bloße Wissen von Glaubensvorstellungen hinausführen will. Haltungen sind „erworbene Verhaltensdispositionen" (Oerter); sie setzen sich aus drei Komponenten zusammen, wobei in der Reihenfolge des Erwerbs die Handlungskomponente (die pragmatische oder psychodynamische) an erster Stelle steht, die allerdings mit der affektiven Komponente unmittelbar verbunden ist, während der dritten, der kognitiven Komponente sekundäre Bedeutung zukommt[4]. Daß auch bei Erwachsenen die Einsicht keineswegs immer das Bestimmende ist, sondern häufig im Dienst der Begründung und Rechtfertigung affektiver (Vorurteile) und pragmatischer (Gewohnheiten) Elemente steht, ist heute bekannt[5]. Der Aufbau religiöser Haltungen soll anhand dieses Schemas dargestellt werden, wiewohl die drei genannten Komponenten sich ständig überschneiden[6].

4.1 *Die Handlungskomponente religiöser Haltungen*

Verhaltensdispositionen (als Bereitschaft zu bestimmtem Verhalten) werden durch Gewöhnung auf der Basis affektiver Beziehungen erworben. Ihre Wurzel liegt in der Bereitschaft des Kindes zu Nachahmung und Identifikation[7]: Das Kind tritt als handelndes Wesen ins Leben, als „Aktor" (Claessens); es tritt in ein Feld von Rollenbeziehungen innerhalb der Familienstruktur ein (Parsons), und es internalisiert im Zusammenhang dieses sozialen Interaktionssystems seine Rollensituation mit der entsprechenden Verhaltensstruktur, d. h. es gewinnt Haltungen auf dem Weg über bestimmte Handlungsmodelle, die wiederum Ausdruck der Haltung der Bezugspersonen sind[8];

[3] Vgl. o. S. 67.
[4] Oerter 1970, 223.
[5] Vgl. dazu Festingers Begriff der kognitiven Dissonanz bei Schramm 1968, 27 ff.
[6] Vgl. die Gefahr kognitiver Einseitigkeit in der Lernzielforschung; Kap. 1, Anm. 52; in der Elementarerziehung vgl. Kap. 5, Anm. 17.
[7] Oerter aaO 257; zur Identifikation vgl. Kap. 1, Anm. 75.
[8] Zur Differenz zwischen Parsons und Habermas u. a. vgl. Krappmann aaO 168 ff.; oder Kap. 1, Anm. 75. Die in Kap. 1 entwickelte Dialektik

daß die Erwachsenen mehr durch ihre eigene Haltung als durch bewußte Maßnahmen „erziehen", wurde schon mehrfach betont. Hinsichtlich des religiösen Verhaltens schreibt Oerter: „Religiöse Bräuche, Gewohnheiten (Beten, Weihwasser nehmen, Kreuzeszeichen machen) werden als erstes nachgeahmt oder anerzogen. Zur Verhaltenskomponente tritt bald die affektive hinzu."

Im Mitvollzug von Handlungen liegt der erstmögliche Zugang zu religiöser Haltung. Angesichts eines traditionellen Verständnisses von evangelischer Freiheit, Kultkritik, Unmittelbarkeit zu Gott und Innerlichkeit des Glaubens scheint es wichtig, die psychische Notwendigkeit dieser Konkretion noch einmal zu betonen (vgl. o. S. 50 f.). Die Handlung ist der Ursprung der Haltung, so wie sie später die Erscheinungsform von Haltungen ist; denn Haltungen können nur aus dem konkreten Verhalten gefolgert, nicht unmittelbar erkannt werden. Das Kind vermag sich der Liebe seiner Eltern nicht zu vergewissern, wenn es diese Liebe nicht in Handlungen erfährt; darum ist die unmittelbare Zuwendung so wichtig, das Auf-dem-Schoß-Sitzen, das Liebkosen. Oder, um ein anderes Beispiel zu nennen, die Mitmenschlichkeit bedarf des handlungsspezifischen Ausdrucks, der konkreten Zuwendung zum konkreten Mitmenschen, um nicht eine Leerformel zu sein. Auch die Glaubenshaltung muß sich in Handlungsvollzügen konkretisieren, und zwar in Gewohnheiten, so wie sich im Umgang zwischen Eltern und Kind bestimmte Gewohnheiten, bestimmte Vorlieben ausbilden, oder wie der mitmenschliche Umgang in ritualisierte, sozial stereotypisierte Formen eingeht. Ein neues Sich-öffnen des Menschen ist entsprechenden Konflikt- und Entscheidungssituationen bzw. emotionalen Hochsituationen vorbehalten; der Alltag lebt von der ritualisierten Form ausdrucksmäßiger Zuwendung.

Die Vollzüge des Kindes sind eingebettet in ein emotional klimatisiertes Gruppenverhalten, das es nachahmt bzw. dem es sich anpaßt. Das Mitvollziehen bestimmter Verhaltensweisen, die entstehende Gewöhnung, ist als Übereinstimmung mit der Gruppennorm von positiven Emotionen begleitet und wirkt

---

zwischen Vorgabe und Aufgabe stimmt in der Intention mit Habermas überein.

darin ständig verstärkend. Sofern etwa das Tischgebet in einer Familie praktiziert wird, ist es in der Regel unnötig, das Kind dazu anzuhalten; es wird von einem bestimmten Alter an das entsprechende Verhalten der anderen Familienmitglieder stolz und freudig nachahmen — oder in der Trotzphase sich dem bewußt widersetzen, was aber den vorgegebenen Handlungsbezug auf die anderen voraussetzt. Hier bereits wird aber die Fragwürdigkeit jener Praxis deutlich, die vom Kind religiöse Vollzüge verlangt, die von den anderen nicht mitgetragen werden. Die Handlungskomponente vermittelt sensumotorische (sinnliche) Erfahrungen, denen das Kleinkind besonders aufgeschlossen ist. Katholische Frömmigkeitspraxis mit ihrem Kreuzschlagen (das übrigens auch Luther beim Morgen- und Abendgebet empfahl) und ähnlichen Bräuchen, die körperliche Akte wie Bewegung und Berührung einschließen, hat in dieser Hinsicht der evangelischen Praxisarmut viel voraus. Die Bedeutung dieses Faktors wird durch die steigende Verbreitung des Sensitivity Training unterstrichen[9].
Die aus den Handlungsvollzügen resultierenden Gewohnheiten tendieren zum Magischen: Das Kind neigt zu festen Ablaufformen bestimmter Handlungen; in der gleichen Situation wird die gleiche Verhaltens-Ablaufform gewählt[10]. Der wiederholte Zusammenhang zwischen Situation und Antwortverhalten konditioniert eine bestimmte Verhaltensweise, die nun Eigengesetzlichkeit entwickelt. Das Magische, von dem später noch zu sprechen ist, übernimmt hier die Funktion der sekundären kognitiven Begründung. Sie gründet im Orientierungsbedürfnis des Kindes, das Zusammenhänge zu konstruieren sucht, um der Verläßlichkeit des eigenen Verhaltens und des Verhaltens anderer bzw. der personifizierten Naturmächte gewiß sein zu können. Die aus dem frühkindlichen Umgang des Kindes mit der Mutter resultierende Verläßlichkeitserfahrung motiviert diese Tendenz, auch gegenständliche Umweltbezüge anthropomorph zu interpretieren und zu gestalten. Freie Verfügbarkeit internalisierter Handlungsabläufe und starre Schemata magischer Systeme konkurrieren miteinander. Die Notwendigkeit, erstarrte Schemata zu durchbrechen, darf aber das berechtigte

[9] Stollberg 1971, 21; 24.

[10] Hansen 1965, 174.

und notwendige Streben nach Verläßlichkeit nicht in Frage stellen. Am Beispiel des Gebets wird das Gesagte unmittelbar anschaulich werden.
Das Kind vollzieht diejenigen Handlungsformen mit, die es erlebt — das setzt voraus, daß die Eltern ihren eigenen Handlungsspielraum reflektieren; sie haben sich zu fragen, ob und wie sie ihrer eigenen religiösen Haltung handelnd Ausdruck geben oder geben können. Experimente sind durchaus möglich: Ehepaare können dann, wenn sie Eltern werden bzw. wenn die Kinder ein bestimmtes Alter erreicht haben, neue Handlungsmomente erproben. Bedingung ist, daß der Versuch neuer Praktiken in der Familie glaubhaft und typgemäß ist. Bei der heute vielfach herrschenden Hilflosigkeit der Eltern auf dem Gebiet religiösen Verhaltens gewinnen Kindergarten und Kindergottesdienst besondere kompensatorische Bedeutung.
Das Kind soll Verhaltensmodelle zur Bewältigung der Sinn- und Wertproblematik so erwerben, daß sie ihm jederzeit verfügbar sind. Im spielenden Nachvollzug existentieller Situationen wie Abschied und Wiederkehr, Hochzeit, Beerdigung eines toten Vogels übt es Verhalten ein, das Ausdruck einer bestimmten Bewältigung von Sinnproblematik ist. Ritualisierungen dienen der Affektabfuhr. Die Rollenspiele gewinnen über die Einübung in eine soziale Rolle hinaus den Charakter von Haltungsspielen, die eine mit der Rolle verknüpfte existentielle Situation betreffen[11]. Damit soll das Kind nicht auf bestimmte Formen fixiert werden; es soll vielmehr ein Potential entsprechender Ausdruckselemente gewinnen. Die Fähigkeit, zu späterer Zeit mit diesen Elementen frei umzugehen, hängt von dem Maß an Starrheit bzw. Flexibilität der kindlichen Persönlichkeitsstruktur ab, das wiederum das Ergebnis des elterlichen Umgangs mit dem Kind ist. Die Gefahr einer Fixierung des Kindes besteht auch dann, wenn ein äußerlich von den Eltern praktiziertes und gefordertes Verhalten nicht als Ausdruck einer entsprechenden Haltung erkenntlich ist, oder wenn die vorausgesetzte Haltung selbst zwanghafte Züge trägt und sich daher nicht variabel auszudrücken vermag. Der Ritualismus ist

[11] Vgl. die Übungs- oder die Entscheidungsspiele bei Frör 1972; Haven 1970, für Schule und Jugendgruppe, aber viel Grundsätzliches beinhaltend.

insofern als Fehlentwicklung zu bezeichnen, als er vom Ausdruckscharakter der Handlung absieht und die Handlung selbst im magischen Sinn verabsolutiert.

4.11 Das Gebet

Am Beispiel des Gebets soll das Voranstehende veranschaulicht werden, da das Kindergebet nahezu die einzige Form evangelisch-religiöser Praxis in frühkindlicher Zeit ist. Die Reflexion des Gebets hat auch im Zusammenhang des Dialogischen (o. S. 113) oder der religiösen Vorstellungen bzw. der Sprache einen logischen Platz; hier erscheint es unter dem Aspekt eines spezifischen Verhaltens. Statistisch ist erwiesen, daß das Gebet das früheste und noch immer verbreitetste Handlungselement darstellt[12] und daß es unter allen religiösen Erziehungsmaßnahmen den stärksten und nachhaltigsten Eindruck hinterläßt. In welchem Maß in neuester Zeit dieser Einfluß schwindet, läßt sich kaum feststellen; es dürfte aber noch immer viele Mütter geben, die — aus welchen Motiven immer — mit ihrem Kind zu beten versuchen (selbstverständlich müssen es nicht die Mütter sein; daß in unserem Kulturbereich die frühkindlich-religiöse Erziehung im wesentlichen von der Mutter bzw. der mütterlichen Pflegeperson geleistet wird, unterstreicht den Zusammenhang zwischen Muttererfahrung und Religiosität).
Es ist nicht zu leugnen, daß das Kindergebet Probleme in sich birgt. Am stärksten fallen die Gefahren der magischen, der egozentrischen, der kultischen und der theistischen Fixierung ins Auge. Die *magische Fixierung* macht das Gebet zu einer Zauberformel, einer Beschwörung, deren Unwirksamkeit mit einem Fehler im formalen Vollzug begründet wird: Das Kind meint dann, es habe nicht richtig oder nicht genügend gebetet. Es macht zunächst die Erfahrung, daß Sprache eine Art von Machtausübung darstellt (jemanden beim Namen nennen, vgl. Rumpelstilzchen; die Dinge benennen können, vgl. Schöp-

[12] Neidhardt 1967, 45 berichtet, daß Schüler angeben, über ihr Gebetsleben nicht zu sprechen.

fungsgeschichte), und es ist durchaus normal, wenn es diese Macht auch am ungeeigneten Objekt einzusetzen sucht. In welchem Maß das Kind der magischen Fixierung zuneigt, hängt wesentlich von seiner Erfahrung mit den ersten Bezugspersonen ab, ob sie üblicherweise unberechenbar und willkürlich bzw. unflexibel reagieren oder aber in variabler und doch kontinuierlicher Zuwendung dem Kind begegnen. Die Erwartungshaltung gegenüber den Bezugspersonen wird auf die Gottesbeziehung übertragen. Das Magische zeigt sich darin, daß das Kind vielleicht endlos betet, daß es unnatürlich hohen Wert auf eine festgelegte Sprach- oder Ablaufform oder auf bestimmte Begleitumstände legt. Eine vorbeugende Gegenwirkung besteht in der Flexibilität der Gebetspraxis: Das Kind bedarf der Wiederholung, der Wiederkehr bekannter Formulierungen, zugleich aber auch der Abwechslung. Vor allem soll es zu freiem Gebet angeleitet werden, zur freien Exploration vor Gott. Bekannte Formen, in denen das Kind heimisch ist, Lieblingstexte und freie Gestaltung müssen ein ausgewogenes Verhältnis ergeben[13].

Die *egozentrische Fixierung* läßt das Gebet als Mittel der eigenen Triebbefriedigung erscheinen. Nun ist es aber keineswegs Ausdruck moralischer Verderbtheit, wenn das Denken des Kindes um seine eigene Person kreist[14]; es entspricht vielmehr seiner psychischen Situation, die Dimension des anderen erst allmählich entdecken zu müssen. Der egozentrischen Fixierung wirkt einmal die reifungsabhängige Tendenz zur Sozialfähigkeit entgegen, die aber durch entsprechende Hinweise mit der religiösen Praxis zu verknüpfen ist. Die Anleitung zur Fürbitte bringt den Anderen in die Sicht des Kindes. Dabei ist zweierlei zu beachten: Der Erlebnisradius des Kindes reicht noch nicht weit; es kann zunächst nur an die von ihm emotional besetzten Beziehungen denken, seine unmittelbaren Ange-

---

[13] Angebote für zeitgemäße Kindergebete bringen Pioch 1968; Zink 1969; Vonhoff 1962 u. a.

[14] So z. B. Hurlock 1970, 520: Die kindliche Einstellung gegenüber der Religion ist „egozentrisch und eigennützig. Für das kleine Kind sind Gebete und Gottesdienste Mittel, ein kindliches Verlangen erfüllt zu bekommen. . ."; der moralisch abwertende Unterton ist nicht zu überhören.

hörigen, seinen Hund, seinen Teddi, später an Menschen und Tiere, denen es vorher begegnet ist und die ihm Eindruck gemacht haben. Die Hungernden und Notleidenden in der Welt stehen ihm zunächst völlig fern. Das konsequent institutionalisierte Sozialwesen wirkt sich darin als Nachteil aus, daß der unmittelbare Erlebnisbezug zum Hilfsbedürftigen weithin wegfällt (der — echte! — Bettler an der Tür, der verkrüppelte Kranke, der mit in der Familie lebt, die ältesten Glieder der Großfamilie usw.).

Das Kind muß aber auch lernen, daß Gott nicht um Dinge gebeten sein will, die der Mensch selbst tun kann und tun soll. Es liegt am Wortlaut, in dem die Erwachsenen das Kind führen, und zugleich an der Glaubwürdigkeit ihrer sozialen Haltung, daß Bitte und Fürbitte nicht dazu dienen, Aufgaben an Gott zu delegieren, sondern daß sie in die Aufarbeitung der Erfahrungen in der Welt, der Emotionen, der eigenen Aufgaben vor Gott einführen. Das Kind hat aus sich selbst durchaus die Neigung, Gott einfach etwas zu erzählen — ein Ansatz, der unbedingt gefördert werden sollte[15]. Damit ist zugleich die Gefahr vermieden, Gott nur die „hoffnungslosen Fälle" von Krankheit und Schicksalsschlägen zuzuweisen, an denen menschliche Hilfe versagt, die aber auch weithin zur Enttäuschung an Gott führen müssen.

Das Zweite: Man wird durch das eigene Beispiel, durch die eigene Praxis, in die es hineingenommen ist, die Sicht des Kindes weiten können, aber man darf es nicht überfordern. Das Kind darf eigene Bedürfnisse haben, und es darf den Wunsch haben, sie zu befriedigen. Schließlich soll es lernen den Nächsten zu lieben „wie sich selbst". Selbstverleugnung in dem radikalen Sinn der Verleugnung zentraler Bedürfnisse ist eine psychisch gefährliche christlich-traditionelle Pseudo-Tugend. Es ist schlechterdings unverantwortlich, vom Kind zu verlangen, daß „niemand" in seinem Herzen wohnen soll als „Jesus allein". Auch der Wunsch „in den Himmel zu kommen" setzt eine psychisch anormale Weltabgewandtheit voraus. Für das psychisch robuste Kind bleibt bei solcher Praxis dann nur

[15] Als Anregung für freies Beten vgl. die Psalmenliteratur; für Kinder vgl. Leist 1967; Betz 1967; Albrecht/le Scanff 1967.

die zweifelhafte Hoffnung auf Gedankenlosigkeit; für das sensible Kind bedeutet es akute Gefährdung. Triebregulierung, Überformung, Sublimierung sind Aufgaben, die vom Kind erst mit der Zeit und unter entsprechender Anleitung bewältigt werden können, und die auch dann keineswegs mit Triebverleugnung gleichzusetzen sind. Der Aufbau von Frustrationstoleranz und Ich-Identität wird es mit der Zeit ermöglichen, Triebwünsche im Gebet vorbringen zu können, ohne auf ihrer geradlinigen Erfüllung bestehen zu müssen; der Aufbau einer Wertwelt ermöglicht schließlich die Verknüpfung von Triebstruktur und sozialem bzw. ethischem Bereich der Selbstverwirklichung.

Die *kultische Fixierung* besteht darin, das Gebet zu einer Pflichtübung, zu einer Leistung werden zu lassen. Wenn das Zweijährige wieder und wieder die Hände faltet und „Amen" ruft, dann ist das nichts anderes als Freude über eine neugewonnene Geste. Wenn aber in einer Familie zu viel gebetet wird, dann kann sich das später als kultischer Zwang auswirken. Man wirkt dem entgegen, indem man nicht zu häufig betet und die Teilnahme der (älteren) Kinder freistellt. Niemals darf es heißen: Du sollst jetzt beten! Wir beten, sagen die Eltern bzw. Bezugspersonen, womit das kleinere Kind sich eingeschlossen weiß, während es aber die Freiheit haben muß, sich ohne Diskriminierung nach Bedürfnis passiv zu verhalten. Keinesfalls dürfen aus der Nichtteilnahme oder dem Versäumnis des Gebets Schuldgefühle erwachsen. Falls es dazu käme, müßte man diese Schuldgefühle als Symptome einer tieferen Individuationsstörung (einer Störung des Selbstwerdungsprozesses) auf ihre Ursache hin befragen. Gebetstexte, die das Kind in seiner Kindlichkeit behaften (Ich bin klein . . .) verbieten sich in ihrem aus der Gemeinschaft ausgliedernden Charakter von selbst. Daß das Vorbeten (Zeig der Tante, wie schön Du betest) jeglicher verantwortungsbewußter Praxis widerspricht, braucht nicht betont zu werden. Das Gebet muß selbstverständlich auch ausgelassen werden können, und zwar dann, wenn eine aufgeregt-unkonzentrierte oder aber eine gereizte Stimmung die Gemeinsamkeit des Gebets unglaubwürdig erscheinen läßt. Jeweils ist der Erwachsene dem Kind eine Erklärung schuldig, denn es darf den Vollzug religiöser

Handlungen nicht der scheinbaren Unberechenbarkeit des Erwachsenen überlassen sehen. Im gemeinsamen Vollzug der Handlung überträgt sich die Haltung des Erwachsenen auf das Kind; das bedeutet für den Erwachsenen die Notwendigkeit der Ehrlichkeit, die dem Kind nichts „vorzumachen" sucht.

Die *theistische Fixierung* schließlich setzt ein unmittelbares Gegenüber voraus, in dem die Personalität der Gottesbeziehung im Bild eines göttlichen „Wesens" fixiert wird: Gott, thronend auf seinem Stuhl, die Bittsteller anhörend. Damit ist die Frage der Gottesvorstellung berührt (s. u. S. 179 ff.). Vorläufig genügt es, auf den Gemeinschaftscharakter des frühkindlichen Gebets zu verweisen: Das Kind betet mit der Mutter, mit den anderen; es betet *zu* Gott, indem es in der Gemeinschaft *vor* Gott steht. Die emotionale Bindung, die das Kind im Gebet entwickelt, die Vertrauenshaltung richtet sich nicht eigentlich auf Gott, sondern auf die Mutter, auf die Gruppe. Die Beobachtung von Ruth Robinson, daß Kinder, die mit der Mutter selbstverständlich beten, kaum auf den Gedanken kommen, allein zu beten, stimmt damit überein[16]. Das individuelle Gebet setzt erst ein, wenn die Ablösung von der Mutter vollzogen ist. Das heißt nicht, daß die Mutter durch ein fixiertes Gottesbild ersetzt wird; wenn das geschieht, dann ist der Prozeß des Transzendierens gerade nicht in Gang gekommen, dann ist Gott lediglich Ersatzobjekt unbefriedigter frühkindlicher Bedürfnisse. Die Weiterentwicklung hängt wesentlich von der kognitiven Ausgestaltung der Religiosität ab. Vorbeugende Maßnahmen, die theistische Fixierung zu vermeiden, bestehen also darin, daß das Kind im gemeinschaftlichen Gebet emotionale Beziehungen entwickeln kann, die die Gottesbeziehung vertreten, daß das Reden der Erwachsenen von Gott und ihre eigene Glaubenshaltung supranaturale Konkretisierung vermeiden, und daß das Kind im Umgang mit den Bezugspersonen gewöhnt ist, sich selbst, seine Erfahrungen, seine Probleme auszusprechen. Das Gespräch zwischen Kind und Bezugsperson übt die Fähigkeit, sein Leben aus einem Sinnzusammenhang heraus zu entwerfen und auszulegen. Gerade darin besteht die später mögliche Gebetshaltung,

---

[16] Robinson 1966, 141 f.

die sich wohl in den ritualisierten Kirchen- und Privatgebeten manifestiert, aber weit über sie hinausgeht.

Das Kindergebet als Mitvollzug mütterlichen bzw. familialen Betens wird sich also in der Regel auf die geordneten Gelegenheiten und Formen beschränken. Dabei ist der äußere Rahmen durchaus von Bedeutung. Konzentration und innere Ordnung setzt auch äußere Ordnung voraus; ein wüstes, unaufgeräumtes Spielzimmer wird eher ablenken und die erwünschte Haltung erschweren. M. Leist weist auf die Bedeutung der Körperstellung hin: Das (im evangelischen Bereich kaum gebräuchliche) Beten im Knien ist stärker Ausdruck einer Forderung, eines Dienens und Gehorchens; das Beten im Bett angesichts der Mutter, die sich liebevoll herabbeugt und vielleicht die Hände des Kindes umfaßt, vermittelt Wärme und Geborgenheit[17].

Zentrale Bedeutung in der religiösen Praxis dürfte dem Abendgebet zukommen, weil die Mutter dann in der Regel am ehesten Zeit hat, und weil das Zu-Bett-Bringen an sich schon Stillsein, Rückblick und Ausblick auf den kommenden Tag nahelegt. Das Morgengebet ist im Tagesablauf der Durchschnittsfamilie schwieriger zu praktizieren, das Tischgebet ist weithin ausgestorben, wiewohl gerade die religiöse Vertiefung der Mahlgemeinschaft im Zusammenhang der zentralen oralen Bedürfnisse theologisches Gewicht hat. Hausandachten in der herkömmlichen Form erscheinen selten als angebracht, moderne Angebote sind kaum vorhanden. Nun ist keinesfalls die Quantität oder ein bestimmter Stil religiöser Praxis ausschlaggebend; es kommt lediglich darauf an, daß dem Kind aus der familiären Praxis heraus die Übernahme von Handlungselementen angeboten wird, die ihm selbst zum modellhaften Grundbestand späterer Verhaltensformen werden können. Für moderne Eltern bedeutet das die Notwendigkeit, selbst kreativ zu sein und dort, wo keine vorgegebenen Formen vorhanden sind, um des Kindes willen praktikable und für sie selbst vertretbare Elemente von Gebet und Andacht zu entwickeln.

---

[17] Leist aaO 36 f.

4.12 Feste und Feiern

Eine wichtige Funktion des tageszeitlich ebenso wie des kirchenjahreszeitlich orientierten Gebets besteht darin, den Zeitablauf im Rahmen eines die Empirie übersteigenden Sinnzusammenhanges zu strukturieren. Es entspricht menschlicher Grundfähigkeit und menschlichem Grundbedürfnis, Lebensgeschichte und Weltgeschichte gliedern und damit zugleich sinnhaft deuten zu können. Der christliche Glaube wird dem gerecht kraft seiner heilsgeschichtlichen Struktur, die immer wieder zu schematischen Einteilungen der Weltgeschichte Anlaß gegeben hat; fragwürdig wurden solche Versuche nur dann, wenn sie ihren Entwurf-Charakter verloren und historistische Gesetzlichkeit beanspruchten. Mit psychologischer Notwendigkeit mündet die linear-eschatologische Zielrichtung des heilsgeschichtlichen Denkens doch wieder in den Zyklus kultischer Wiederholbarkeit ein, um das große Deutungsschema auch auf den kleineren Zeitabschnitt zu übertragen und damit dem Menschen seine Lebensgeschichte strukturierbar werden zu lassen: Alle Jahre wieder ...

Das Kind, das dem Zeitablauf zunächst verständnislos ausgesetzt ist, hat ein starkes Bedürfnis nach Orientierung, nach Wiederholung, aber auch einen unmittelbaren Zugang zu solcher kreativen, durch Erwartung motivierten Zeitdeutung. Es lebt von der Erwartung, von Höhepunkt zu Höhepunkt in der Vorfreude aufgrund des Bekannten, der feststehenden Ordnungen und Gebräuche. Abgesehen von den täglichen Ereignissen, die jeweils Höhepunkt-Charakter annehmen können, ist das kindliche Jahr zunächst gewöhnlich durch zwei Akzente gekennzeichnet: den Geburtstag und das Weihnachtsfest. Diese Mindestskala mag sich schon früh erweitern, durch Ostern, durch den gemeinsamen Familienurlaub. Damit hat der Ablauf des kindlichen Jahres eine Grundstruktur. Die Feste mit ihrer Vorbereitung, der Erwartung und dem Nachdenken regieren den Zeitablauf. Auch hier ist die Handlungskomponente das Primäre, das Medium für die begleitenden Stimmungen und Gefühle und die nachfolgende kognitive Aufarbeitung. Die Weise, wie man sich in einer Familie zum Geburtstag gratuliert, wie man den Sonntagmorgen begeht, wie man Weihnachten feiert, prägt sich ein.

Die Begehung von „Feiertagen" ist in den Familien heute zum Problem geworden, einem Problem, das sich in der Differenz zwischen „Fest" und „Feier" (Stoevesandt/Schäfer) ausdrückt[18]. Mit „Fest" ist demnach das Bacchantische, Freudig-Überschäumende bezeichnet, mit „Feier" das Besinnliche, das in den Bereich des Archetypischen verweist. Wenn es heute gelegentlich schon als Schwierigkeit erscheint, ein Fest zu gestalten (am Ende gerät es doch oft nur zu einer langweilenden Party), so ist die Kunst des Feierns nahezu abhanden gekommen. Die vielzitierte Krise des Weihnachtsfests liegt nicht zuletzt darin, daß der Fest-Charakter traditionell verankert ist, der Feier-Bezug aber weithin verlorenging. Es kommt dann zu jener kommerzialisierten und materialisierten „Absolvierung der Festtage", die selbst dem Leistungsdruck unterworfen ist, anstatt ihn zu durchbrechen, und die im Betroffenen das schale Gefühl der Leere hinterläßt.

Der Sinn der Feier besteht in der Akzentuierung und Strukturierung des Lebens durch Ruhe (Feier-Abend), Sammlung, Besinnung, Eintauchen in den Bereich des Archetypischen, aus dem der Mensch mit neuer schöpferischer Kraft hervorgeht; er besteht auch in der Muße, sich mit Gedanken und Emotionen grundsätzlicher Natur auseinandersetzen zu können, zu denen die Betriebsamkeit des Alltags keine Zeit läßt. Das Feiern protestiert gegen das Leistungsdenken, das gerade beim bloßen Fest wieder durchschlägt im Sinn einer pflichtgemäßen Darstellung des eigenen Lebensstandards.

H. Cox spricht in seiner „Theologie des Feierns" von der „beginnenden Renaissance der Phantasie und der Festlichkeit", die die Arbeit auf ihren Platz zu verweisen vermag. „Wir bedürfen fester Zeiten, an denen wir nicht arbeiten, als Erinnerung daran, daß kein noch so astronomisch-hohes Bruttosozialprodukt und keine Vollbeschäftigung einem Volk das Heil beschaffen können." Hier liegt der Ansatz für eine zeitgemäße Askese, eine Konsum-Askese, die sich schöpferisch auszuwirken vermag im „Bereich der Phantasie und der Sozialkritik".

[18] Stoevesandt/Schäfer 1969, 7.

Denn Festlichkeit ist ein Feld freier Phantasietätigkeit, eine „menschliche Form des Spiels, durch die der Mensch ein weites Feld des Lebens einschließlich der Vergangenheit in die eigene Erfahrungswelt integriert“[19].

Das, was das Fest der Oberflächlichkeit entnimmt und zur Feier werden läßt, ist seine religiöse Symbolik. Entzünden und Verlöschen der Kerze, Ausschmückung der Wohnung mit Tannen- oder Birkengrün sprechen das Kind unmittelbar an. Die herkömmliche katholische Wohnung mit ihrem Herrgottswinkel bietet hier wiederum Möglichkeiten, die der evangelischen Familie fehlen[20]. Der Archetyp des göttlichen Kindes[21], der in der Weihnachtstypologie Gestalt gewinnt, läßt den üblichen familien- bzw. gesellschafts- und kulturspezifischen Ablauf von Weihnachten zu der Bedeutung gelangen, die dieses Fest für viele Erwachsene im Zusammenhang ihrer Kindheitserinnerung besitzt. Mag dieser Urbezug von Kommerzialität oder von Sentimentalität überlagert sein, so muß man zunächst doch von der Voraussetzung ausgehen, daß das Bild der Gottesgeburt den Menschen unmittelbar anspricht und auch im Mißbrauch immer wieder durchschlägt.

Dort, wo man feiert, wird die religiöse Disposition des Kindes gefördert: Die Feier transzendiert die unmittelbaren Gegebenheiten auf das — zunächst, in den Augen des Kindes — ganz allgemein Hintergründige hin, sie signalisiert einen die Erfahrung überschreitenden Sinnzusammenhang, an dem sie durch ihren Vollzugscharakter Anteil vermittelt. Das gilt nicht nur für die „großen“ Feste, sondern auch für den Sonntag, sofern er nicht in der Hetze des Freizeitstreß völlig untergeht, oder für andere Feste, die spontan aus bestimmten Situationen und Erlebnissen heraus entstehen[22]. Auch nichtkirchliche Feste vermögen das Kind, sofern sie die Oberflächlichkeit der täglichen

---

[19] Cox 1970, 15. Zur Theologie des Spiels vgl. auch Moltmann 1972.

[20] Böckenförde 1949, 156 ff. Stoevesandt/Schäfer stellen im Sinn der religiösen Symbolik Weihnachten oder Ostern in Gegensatz zu Sylvester oder Fasching. Gewiß heben sich die kirchlichen Feste von den anderen ab, aber auch Sylvester und Fasching beinhalten in ihren spezifischen Bräuchen religiöse Symbolik, die man in dem Maß „aufforsten“ sollte, wie das als realitätsgerecht erscheint.

[21] Jung/Kerényi 1951.

[22] Stoevesandt/Schäfer 10.

Erfahrung durchstoßen, auf Offenheit gegen die kirchliche Symbolik hin zu disponieren. Dort, wo Traditionen folkloristischer bzw. familiärer Natur vorliegen, sollten sie deshalb beachtet werden. Die ersteren sind allerdings kaum wiederzubeleben, wenn sie einmal abgestorben sind; Familientraditionen aber entwickeln sich aus dem Wiederholungsbedürfnis des Kindes heraus sehr schnell. Gemeinsames religiöses Handeln setzt eine gemeinsame weltanschauliche Basis voraus und wird durch die Pluralisierung der Gesellschaft begrenzt. Die Zugehörigkeit zur Kirchengemeinde bildet kein ausreichendes Gegengewicht, sofern sie für den Betreffenden nur einen Rollenbezug neben anderen darstellt; die Familie als kleinste soziologische Einheit ist dann das Feld, das dem gemeinsamen religiösen Handeln einen den Lebensstil prägenden Einfluß verschaffen kann. Wenn junge Ehepaare und Eltern infolge von Frühehe und Kleinfamilie häufig unter dem Mangel an Familientradition leiden und ihren Festen keine rechte Gestalt zu geben vermögen oder aber — aus welchen Gründen immer — mit dem Vorgefundenen brechen, so bedarf es der helfenden Anleitung durch (kirchliche) Elternarbeit und des Erfahrungsaustauschs, aber auch des persönlichen Mutes und der Bereitschaft zur Konsum-Askese. Die Einsicht in die psychologischen Zusammenhänge wird manche Hemmungen und Aversionen überwinden helfen. Die Frage nach dem ursprünglichen oder dem möglichen Sinn des Festes hilft seine Gestaltung sinngemäß zu planen.

Wiewohl die Feste vom Kind her in stark affektiver Beteiligung erlebt werden, erfährt es auch hier zuerst die Handlungskomponente. Handlungselemente liegen vor allem in der Vorbereitung (jede Mutter weiß, daß das gemeinsame Plätzchen-Backen vor Weihnachten für das Kind aufregender ist als das spätere Verzehren). Musizieren, Schmücken, Spielen sind wichtige Elemente des Feierns. Das Gespräch tritt hinzu, aber zunächst noch keineswegs in seiner kognitiven Bedeutung, sondern im Vollzug des ernst nehmenden Miteinander-Sprechens (auch das Erzählen besitzt seine eigenen rituellen Ablaufgesetze, deren Bedeutung für das Kind dem Inhalt des Erzählten weit vorausliegt). In eigenen Vorschlägen zur Gestaltung und in eigenem Tun entfaltet das Kind seine Kreativität; es ist selbstverständlich, daß diese Beiträge vom Erwachsenen positiv gewürdigt werden müssen. Cox vergleicht die freie Entfaltung der Kreativität innerhalb eines vorgegebenen Rahmens einleuchtend mit einer Combo oder einem Dixieland-Orchester: „Ein befreiendes Ritual liefert die Formalstruktur, in der Freiheit und Phantasie sich tummeln und wenden können. Es bietet dem Menschen eine Reihe von Bewegungen, durch die er Zugang zu einem ungeheuren Reichtum menschlicher Empfindungen erhält. Aber diese Empfindungen werden nun zum Material seiner eigenen Eskapaden der Kreativität."[23]

Kult, Ritus, Liturgie verweisen in ihrem Zusammenhang mit Tanz, Reigen und Prozession unmittelbar auf das Spiel. Die religiöse Funktion des Spiels besteht in seinem zweckfreien „eschatologischen" Charakter. So wie B. Maurer diese religiöse Funktion einzelner bekannter Kinderspiele aufzeigen konnte[24], so ist umgekehrt echtes religiöses Verhalten in gewissem Sinn zweckfrei-spielerisch. „Das Spiel vergegenwärtigt einen letzten Endzweck: Lob, Freude, Dank im Geben und Nehmen. Darum führt es in die Freiheit, in die Selbstfindung und in das rechte Verständnis der vom Sieg Gottes überholten Welt des Todes" (Maurer).

Besondere Beachtung hinsichtlich ihrer Verknüpfung mit den ursprünglichsten, nämlich den oralen Bedürfnissen des Menschen, verdient die Mahlgemeinschaft. Jedes Fest zeichnet sich durch ein Festmahl aus. Der festlich gedeckte Tisch, Kerze, Blume, Tischgebet, familienspezifische Tischsitten, das Austeilen des Essens sind einerseits bedingt durch soziokulturelle (schichtspezifische) Verhaltensnormen und zugleich Ausdrucksmomente der in diesen wurzelnden elterlichen Haltung. Die Nähe der gemeinsamen Mahlzeit zur biblisch-eschatologischen Mahlgemeinschaft ist offensichtlich. Gäbe es im evangelischen Bereich eine pointierte Sakramentserziehung, so müßte sie hier anknüpfen. Dabei sollte man sich auf das landschaftlich bedingte Angebot symbolischer Speisen besinnen, deren Gestalt und Austeilung wieder den Bereich des Archetypischen

[23] AaO 101.

[24] Maurer 1968, besonders 298 ff. Für den umgekehrten Aspekt vgl. Guardini 1918, 58 ff.

tangiert[25]. Die weithin verschüttete Beziehung zwischen Gestalt und archetypischem Sinngehalt kann über ihre unbewußte Wirkung hinaus durch Hinweise auf Herkunft und Bedeutung solcher „Tradition" zur Geltung gebracht werden (diese Wirkung besteht darin, daß und sofern es sich gerade nicht um Traditionen handelt, die nicht mehr zeitgemäß sind, sondern um zeitlos-unmittelbare Anspielungen im Symbolisch-Archetypischen).

Der Festkreis des Kirchenjahres bietet dem Kind den Einstieg in die spezifisch christliche Tradition, in die biblische Geschichte. Die Erstbegegnung mit dem Kirchenjahres-Geschehen liegt wiederum in den Handlungselementen: im Aufstellen und Umgruppieren der Krippenfiguren im Sinn der einzelnen Szenen der biblischen Geschichte, im Fortschreiten des Adventkalenders, im Auswechseln von Bildern und häuslichem Schmuck, im Aufmerken auf die liturgischen Veränderungen beim Kirchenbesuch zwischen Advent und Weihnacht oder zwischen Karfreitag und Ostern. Wenn sich aus diesen Erlebnissen Fragen des Kindes ergeben, setzt die Möglichkeit der kognitiven Weiterführung ein. Während das Weihnachtskerygma am ehesten dem Kind auch kognitiv zugänglich ist (eben auf dem Boden seiner affektiven Zugänglichkeit), wird man sich bei den anderen Festen um so mehr zunächst auf den affektiv besetzten Handlungsaspekt beschränken müssen und die kognitive Komponente auf sehr viel später vertagen. Das Pfingstgeschehen ist unkindgemäß und unanschaulich, solange man nicht auf den »Geburtstag der Kirche« rekurrieren will; die Passion dem Kind ausführlich nahezubringen verbietet sich von selbst, und das Osterereignis setzt die Kenntnis des Todes überhaupt und der Kreuzigung Jesu voraus. Andererseits vermag das Kind auf dem Weg des Mitvollzugs von Handlungen unter affektiv-archetypischem Einfluß sehr früh Haltungen zu internalisieren, noch lange bevor die kognitive Verarbeitung des Sinngehalts möglich wird. Dabei hat das Erwachen der Natur im Zusammenhang mit der Ostersymbolik und dem liturgischen Jubel

---

[25] Vgl. Hauschild, in: Stollberg 1970, bes. 263 ff. Zu „Speisen" vgl. das Material (im katholischen Zusammenhang) bei Stoevesandt/Schäfer oder, wenngleich in stark erbaulich-deutender Einkleidung, in den Schriften von H. Hilger.

beim Kirchenbesuch eine symbolische Bedeutung, die Hinweischarakter zu tragen vermag und nicht von vornherein als bloße Naturreligiosität zu verdächtigen ist. Ähnliches gilt für das Pfingstfest: Es mag gewagt werden, den Frühjahrsputz der Hausfrau, die strahlende Frische der Wohnung, den Blumenschmuck im Zusammenhang mit der birkengeschmückten Kirche, der Begegnung mit fremden festtäglich gestimmten Menschen, dem Gemeindegesang in der Kirche und natürlich einer entsprechenden elterlichen Haltung als den allerersten dem Kind zugänglichen, aber durchaus grundlegenden Ausdruck der erneuernden und Gemeinschaft stiftenden Kraft des heiligen Geistes zu interpretieren — Erfahrungen also, die für das Verständnis der späteren theologischen Sinngebung prädisponieren. Eine Basismotivation für spätere kognitive Erarbeitung zu geben hat den unbedingten Vorzug vor der frühkindlichen kognitiven Überfütterung mit dem Effekt von Verständnislosigkeit, Ermüdung und dualistischer Wirklichkeitsdeutung. Die geringe Wirkung biblischer Verkündigung beim Erwachsenen mag unter anderem auch darin ihren Grund haben, daß in der herkömmlichen religiösen Erziehung die Vermittlung biblischer Geschichten von klein auf überbetont war und im Lauf der Durchführung eines geschlossenen Erziehungsprogramms bis zur Konfirmation zum Informationstod führte[26], während die Motivation für ihre Verarbeitung und ihre psychische Verklammerung nicht reflektiert wurden, so daß beim Erwachsenen nur vage inhaltliche Erinnerungen, zugleich aber das Gefühl frühkindlichen Überfordertseins zurückblieben. Daß das Erzählen biblischer Geschichten nicht nur kognitive, sondern auch archetypische Relevanz besitzt, wird später noch darzustellen sein.

---

[26] Zum Informationstod vgl. Lorey 1970, 69: „Nach dem kybernetischen Gesetz der Entropie wird das Wirkungsquant einer Information um so schwächer, je mehr sich die Neuigkeit, die Aktualität der Mitteilung mindert. Ist eine Mitteilung erst selbstverständlich und allgemein bekannt geworden, ist sie von ihrer kommunikativen Wirkung her gesehen tot."

4.13 Das umstrittene Brauchtum

Unter umstrittenem Brauchtum verstehen wir die Themen Nikolaus, Christkind/Weihnachtsmann, Geschenke, Tannenbaum, Osterhase, Ostereier usw. Mit ihnen ist die Grenze zum Affektiven und Kognitiven vollends überschritten; dennoch bildet auch hier die Handlungskomponente den primären Zugang. Grundsätzlich sollte beachtet werden, daß Brauchtum als gesellschaftlicher Niederschlag von Gemütshaltungen einen Wert darstellt. Gerade deshalb fühlen sich viele verunsichert, wenn sie den unsachgemäßen, sentimentalen, kitschigen Charakter vieler Bräuche durchschauen; sie geraten leicht in einen rationalen Rigorismus, der mit den Fehlformen die Gemütskräfte selbst über Bord wirft und eine nahezu unmenschliche, jedenfalls unkindgemäße Nüchternheit propagiert. Herkömmliches Brauchtum wird heute mit zweierlei Begründung in Frage gestellt. Einmal ist es die vielbeschworene Gefahr der Kommerzialisierung: Der Nikolaus-Brauch hat sich zu einer Art von Gewerbe ausgebildet, das den Sinngehalt mehr und mehr an bloße Äußerlichkeit preisgibt. Eine Protesthaltung, die ihren Gefühlsbezug lieber leugnet als ihn zu verkaufen, ist verständlich. Ebenso verständlich ist der theologische Einspruch, um der Reinheit und Strenge des heilsgeschichtlichen Kerygmas willen sollten die Feste des Kirchenjahres von allem „Firlefanz" befreit werden. Der oben angedeutete Radikalismus muß aber zu psychischer Verarmung führen. Die Bereitwilligkeit, mit der Kinder in einem entsprechenden Alter märchenhafte Gestalten akzeptieren oder mit der sie im Widerstand gegen Neuerungstendenzen der Eltern an Familientraditionen festzuhalten geneigt sind, bedeutet keineswegs, daß solche Kinder so rasch wie möglich aus ihrer vermeintlichen emotionalen Primitivität zu befreien wären. In einer derartigen Haltung des Kindes kann sich ein Bedürfnis aussprechen, das nicht durch pseudoaufklärerische Tendenzen des Erwachsenen weggedeutet werden darf. Radikale Nüchternheit in der frühen Kindheit um der theologischen Klarheit willen dürfte einer späteren sinnvollen Glaubenshaltung eher hinderlich sein. Die Erfahrung des Symbolischen, des Mysterienhaften, des Nicht-ganz-

Aufklärbaren ist für die Entwicklung der vollen Persönlichkeit konstitutiv.
Der Nikolausbrauch geht auf eine historische Gestalt zurück und hat von daher am ehesten Daseinsrecht, sofern er nicht als angsteinflößendes Erziehungsmittel mißbraucht wird. Die Begegnung mit dem Nikolaus sollte einen fröhlichen Charakter tragen; aber auch für die Erfahrung des Numinosen, Geheimnisvollen bietet sich hier ein kontrollierter und kanalisierter Zugang, in dem das archetypische Bild des Alten Weisen aktualisiert werden kann, der Sinn und Ganzheit verbürgt. Im Blick auf das Gottesbild des Kindes wird damit mehr ausgelöst, als konkret erlebt wird. Der Nikolaus sollte deshalb kein beliebiger sein, sondern von einer Person mit pädagogischer Verantwortung dargestellt werden. Angesichts des vorweihnachtlichen Straßenbildes unserer Großstädte kann man allerdings nur versuchen, das Schlimmste zu verhüten.
Viel komplizierter und doch viel eindeutiger liegen die Dinge beim Christkind. Es ist ein pädagogisch gefährlicher und theologisch unangemessener Gedanke, das Christkind in Zusammenhang zu bringen mit den Weihnachtsgeschenken und der darin sich wiederspiegelnden sozialen Ungerechtigkeit[27]. Diese Konstellation sollte auf jeden Fall vermieden werden, wiewohl sie durch die Umwelt und die geläufigen nichtkirchlichen Weihnachtslieder kaum konsequent vom Kind fernzuhalten ist. Grundsätzlich erscheint es deshalb als angebracht, im Zusammenhang der Weihnachtsgeschichte in angemessener Haltung des Erwachsenen vom „Christus-Kind" zu sprechen, um durch solcherart Verfremdung eine Distanz zur verniedlichten Christkindlein-Vorstellung zu errichten. Die märchenhafte Gestalt des Weihnachtsmanns kann sich davon um so deutlicher absetzen. „Der Weihnachtsmann" schreibt Christa Meves, „ist eine dem magischen Denken des Kleinkindes entsprechende Symbolisierung eines göttlichen Boten. Am Beginn des Schulalters, wenn das Kind die Stufe des naiven Realismus erreicht hat und Außenwelt und Phantasiewelt zu unterscheiden beginnt, ist es sinnvoll, die Vorstellungen vom Weihnachtsmann aufzugeben. Diese Entzauberung gehört zu den notwendigen Durchgangs-

[27] Köck 1971, 153.

stadien in der kindlichen Entwicklung. Sie ist eine Bedingung für ein bewußtes Verständnis vom eigentlichen Sinn des Weihnachtsfestes."[28] Weder wird ein Kind Schaden leiden, wenn es in einem frühen Stadium von der Gestalt des Nikolaus oder Weihnachtsmanns fasziniert war, noch, wenn es darauf verzichten mußte. Wohl aber kann es Schaden nehmen, wenn durch verantwortungslose Überbetonung dieser Gestalten oder durch autoritären Mißbrauch eine falsche Akzentuierung des Festinhalts geschehen ist, wenn die Erwachsenen selbst aus ihrer unbewältigten Sentimentalität heraus sich eine kindliche Scheinwelt aufbauen, an die sie die Kinder ersatzweise fixieren wollen, ebenso aber auch, wenn ihm die Imagination im Bereich des Mythisch-Mysteriösen grundsätzlich versagt wurde. Alles Glanzvolle, Geheimnisvolle, Unerklärliche kann kindgemäßes Interpretament sein für das „ganz Andere", das das Kind ahnt, aber noch nicht begrifflich zu fassen vermag. Durch begleitende Gespräche, durch Basteln und Aufstellen einer Krippe, durch Betrachten von Bildern und Symbolen, durch Interpretation der Liedtexte (die kirchlichen Lieder müssen die weltlichen nicht ausschließen, aber sie sollten um ihrer theologischen Bedeutung und um ihres archetypischen Bilderreichtums willen im Mittelpunkt stehen), durch die Kerzensymbolik und durch den Kirchenbesuch kann die rechte Akzentuierung angebahnt werden.

Das Beschenken soll, auch am Geburtstag, seinen Geschenkcharakter bewahren und nicht als Lohn für Bravsein, gutes Verhalten und dergleichen dargestellt werden. In diesem affektiv hochbesetzten Zusammenhang, dessen religiöse Dimension dem Kind von vornherein unbewußt gegenwärtig ist, soll dem Kind deutlich werden, daß sein Wert nicht überall und immer nach dem Leistungsprinzip gemessen wird, sondern daß es „ohne Verdienst und Würdigkeit" angenommen und beschenkt wird von denjenigen, denen es sich unmittelbar anvertraut weiß. Daraus gewinnt es die Motivation, auch anderen ohne deren Vorleistung Freude zu machen, die frühzeitig aufgegriffen und gefördert werden sollte, ihrerseits aber schon auf die

[28] Meves 1971a, 101. Anregungen für die evangel. Familienweihnacht gibt Bohl 1972; Kirchenjahr und Naturjahr (in kathol. Sicht) vor allem für den KGD vgl. bei Quadflieg 1970.

frühesten Erfahrungen, vor allem in der analen Phase (s. o. S. 98) zurückverweist. Es ist häufig zu beobachten, daß Menschen nicht wirklich schenken können, ebensowenig aber auch sich beschenken lassen. Sie leben nach dem Prinzip von Anspruch und Abgeltung; sie können nicht ertragen, ein Geschenk zu erhalten, sie lassen sich nichts vergeben, sie vermögen ihre Existenz nicht als eine „sich verdankende" Existenz zu begreifen. Schenken und sich beschenken lassen bedingen sich gegenseitig und werden als Fähigkeiten in den frühkindlichen Erfahrungen von Zwang, Freiheit und bedingungslosem Angenommensein erworben.

Um ein weiteres problematischer ist die Gestalt des Osterhasen. Allerdings bedarf gerade der unkindgemäß-abstrakte Gehalt dieses Festes einer gewissen Farbigkeit, um für das Kind erlebnisfähig zu werden. Es ist dem theologisch reflektierenden Erwachsenen zu empfehlen, daß er den heute kaum noch bekannten christlich-religiösen Sinn des Oster-Brauchtums anhand der einschlägigen Literatur sich neu vergegenwärtigt[29]. Auch der Osterhase ist für die Entwicklung des christlichen Bewußtseins gänzlich unschädlich, wenn er bewußt scherzhaft-spielerisch eingeführt wird. Das Kind wird bei Gelegenheit selbst Osterhase spielen und, sobald es die Sache durchschaut hat, mit der gleichen Begeisterung für die kleineren Geschwister Osterhase sein. Der Vollzugscharakter steht tatsächlich vor der kognitiven Bedeutung. Dabei muß ihm deutlich werden, daß all das Scherzhaft-Fröhliche Ausdruck einer Freude ist, auf deren Ursache es in zunehmendem Maß neugierig werden soll.

Im Einzelfall wird die Praxis vom jeweiligen geographischen Brauchtum abhängen; wichtig ist allein die Abgrenzung: Eine Überentwicklung der Äußerlichkeiten, die nicht mehr Ausdruck der religiösen Haltung der Erwachsenen ist, und eine Fixierung des Kindes auf märchenhafte Züge, deren Hinweischarakter nicht mehr bewußt ist, ist ebenso gefährlich wie eine negativ aufklärende, das Kind überfordernde und seine Bedürfnisse frustrierende Ernüchterungstendenz. Der propädeutisch prägende Charakter des Brauchtums gerade in seiner Handlungs-

---

[29] Stoevesandt/Schäfer 97 ff.

komponente darf nicht unterschätzt werden, um so weniger, als der evangelischen Praxis kirchlich integrierte Ausdrucksmodelle der Frömmigkeit weithin fehlen.

4.2 *Die affektive Komponente religiöser Haltungen*

Die dargestellte Handlungskomponente religiöser Haltungen ist immer zugleich affektiv besetzt. Der affektive Bezug zur Mutter ist es, der in der Frühphase die Identifikation bzw. die Lernmotivation bestimmt[30]. Im Gegensatz zu dem erst allmählich sich entwickelnden Gegenstandsbewußtsein lebt das Kind zunächst im Zustandsbewußtsein, d. h. im affektiven Eingebettetsein in das mütterliche bzw. familiale Umgreifende. Von nichts anderem war die Rede, wenn in Anlehnung an R. Spitz von der Notwendigkeit affektiver Zuwendung, von der Entstehung des Urvertrauens, vom emotionalen Klima in der Mutterbeziehung gesprochen wurde, das sich ebenfalls jeweils im Verhalten der Mutter, in Handlungselementen manifestierte. Deshalb kommt es jetzt darauf an, die Entfaltung der Stimmungen und Gefühle, des Gemüts, den Erwerb einer Wertskala und eines Wertbewußtseins und schließlich die inhaltliche Präzisierung des Gewissens und die Anbahnung von Gesinnung ins Auge zu fassen.

Nach Freud besteht die Triebintentionalität in der Polarität von Lust und Unlust. Man kann bestreiten, daß Lust und Unlust als die „gemeinsame Grundqualität aller Gefühle" anzusehen sind[31]; jedenfalls wird man aber nicht leugnen können, daß der libidinöse Gehalt (der Energiecharakter) der Gefühle entweder positiv oder negativ „geladen" ist. Keilhacker unterscheidet funktionale Gefühle und Umweltgefühle, und unter diesen Affekte, soziale, Ich- und Selbstgefühle und geistige Gefühle (darunter intellektuelle, ästhetische, sittliche, religiöse). Er schreitet damit die verschiedenen möglichen Erlebnisbereiche ab. Dem steht das Urteil Ph. Lerschs gegenüber, daß „die klassifikatorische Ordnung der Gefühlsregungen eines

[30] Hansen aaO 173: „Schon im zweiten Lebensalter lassen Kinder sich durch Gefühlsübertragung in ihrer Einstellung zu Dingen und Vorgängen stark bestimmen."

[31] Keilhacker 1950, 12.

der umstrittensten Kapitel der Psychologie" darstellt[32]. Besonders erscheint es als problematisch, wenn den religiösen Gefühlen eine bestimmte, wenngleich die höchste Rang- und Entwicklungsstufe zugemessen wird. Keilhacker nahestehend urteilt M. Langeveld, „religiös" seien die Gefühle erst dadurch, „daß entweder der Erzieher ihnen zu einem anderen Inhalt verhilft, oder das Kind selbst sie unter dem Einfluß anderer Ideen und Erfahrungen ausdeutet"[33]. In der Sicht Langevelds könnte das Vorschulkind keine religiösen Gefühle haben bzw. seine Gefühle könnten von Natur aus nicht religiös sein. Keilhacker verweist hier zu Recht auf den jeweils vorausgesetzten Religionsbegriff: „In welchem Alter die ersten religiösen Gefühle auftreten, ist schon aus dem Grund schwer zu sagen, weil der Begriff des Religiösen selbst vielfach sehr verschieden gefaßt wird. Bezeichnet man Religion als Bindung an ein Überirdisches, über alle menschliche Kraft und Erfahrung Hinausgehendes, so sind Kinder erst vom Reifungsalter an religiöser Gefühle fähig, da eine entscheidende Lösung vom Sichtbaren und Gegenwärtigen vorher gar nicht möglich ist. Ansätze zu religiösen Gefühlen werden wir aber, ähnlich wie bei den intellektuellen und ästhetischen Gefühlen, doch schon im früheren Kindesalter annehmen können, da den Kindern vielfach die Erwachsenen, vor allem die Eltern und Lehrer oder sonstige ‚Respektspersonen' als Vertreter und Verkörperer von Wissen und Macht erscheinen, die für sie über alles Erfahrbare hinausliegen. Vor allem werden primitive soziale Gefühle, aufgrund der Belehrung durch Erwachsene in kindlicher Weise auf das Verhältnis zu Gott übertragen, den Ausgangspunkt für religiöse Gefühle im Kindesalter bilden, Gefühle der Anhänglichkeit und Geborgenheit, der Furcht und magischen Wunderglaubens, auf alle Fälle Gefühle, die noch triebgebunden im Erlebnis des persönlichen Bedrohtseins beschlossen sind."[34] Hier klingt der dimensionale Charakter des Religiösen immerhin an, scheint aber dann doch auf einen inhaltlich theistischen Bezug beschränkt zu bleiben.

Wenn Religiosität den Menschen als Person betrifft und nicht auf einen übernatürlichen Sonderbereich bezogen sein soll

[32] Lersch 1966, 97 ff. [33] Langeveld 1967, 108. [34] AaO 48 f.

(s. o. S. 67), dann besteht »das Religiöse« eines Gefühls nicht in seinem Gehalt, sondern in der besonderen Ausprägung. Religiös werden Gefühle nicht erst durch einen bestimmten Gegenstand; religiös sind sie, sofern sie kraft eines unbedingten Anspruchs den Menschen auf ein umgreifendes Gegenüber verweisen. Gerade auch Schleiermachers „Gefühl schlechthinniger Abhängigkeit" ist nicht als ein mögliches Gefühl unter anderen, sondern als Grundbefindlichkeit zu verstehen und ist insofern das „Religiöse" am Gefühl überhaupt. Jede Lust und jede Unlust transzendiert die augenblickliche Situation und zielt auf den Bereich des Unbedingten, denn „alle Lust will Ewigkeit" (Nietzsche). Insofern ist R. Otto gegen Langeveld Recht zu geben, wenn er im Numinosen, im Fascinans und Tremendum (s. o. S. 75) vom Begriff her das Irrationale enthalten sieht, wiewohl eben das Numinose an allen konkreten Inhalten erfahren werden kann[35]. Unlustbetonte Gefühle spiegeln die schlechthinnige Abhängigkeit, die Endlichkeit und Unzulänglichkeit, lustbetonte Gefühle spiegeln die schlechthinnige Geborgenheit oder aber die im Rausch als schlechthinnig erlebte Freiheit wieder. Erst in der Deutung dieser Schlechthinnigkeit oder Unbedingtheit tritt die religiöse Symbolik hinzu; sie stellt das Gefühl in den Zusammenhang religiöser Inhalte, die das im Gefühl sich ausdrückende „Ergriffensein von dem, was mich unbedingt angeht", bildhaft interpretieren. Auch das wird bei Schleiermacher deutlich, der den Gottesbegriff erst mit der Frage nach dem Woher der Abhängigkeit reflektiert. Diese kognitive Komponente spielt sich beim Kind erst später ein, aber der Zeitpunkt für das Auftreten „religiöser Gefühle" läßt sich davon nicht abhängig machen.

Was demgegenüber landläufig als religiöses Gefühl gilt, steht meist der Naturästhetik, gelegentlich den sozialen Gefühlen oder aber dem Pathologischen nahe, sofern nämlich inhaltliche Teilbereiche unbedingte Geltung erhalten und damit zur Fixierung der Religiosität führen[36]. So gilt der Grundsatz der In-

---

[35] Langeveld 108; Otto 1947, 30; vgl. weiter Potempa 1958, 40 ff.

[36] Religiosität und Erotik vgl. bei Trillhaas 1953, 185 ff.; Vergote 1970, 70; Religiosität und Ästhetik vgl. bei Mareck 1931, 52 u. ö.; Trillhaas 183.

klusivität auch hier: Die Gefühlserziehung als solche ist religionspädagogisch relevant, keineswegs nur ein einzelner inhaltlicher Sektor.

4.21 Die Stimmungen

Die Stimmungen sind der „tragende Lebensuntergrund"[37]. Sie bilden diejenige Schicht des Affektiven, die noch diesseits der Subjekt-Objekt-Trennung in der Einheit von Welt und Selbst liegt, sind Ausdruck einer vor- und unterbewußten Welt- und (vitalen) Selbstorientierung. „In der Stimmung wird somit die vorprädikative, vorintentionale Einheit von Subjekt und Objekt Erlebnis."[38] Das mittlere Niveau der Stimmung läßt sich als Klima, Sphäre oder Atmosphäre beschreiben[39]. Das Kind tritt in eine spezifische Atmosphäre ein, es wächst in einer bestimmenden Atmosphäre auf. Atmosphäre bestimmt die manifeste Stimmung, und diese bedingt die Handlungsbereitschaft. Lernprozesse werden durch die Atmosphäre stimuliert, die Motivation des Kindes ist das Produkt affektiver Übertragung. So „lernt" es nicht nur Heiterkeit, Liebenswürdigkeit, Mitleid, Ruhe, Konzentration oder aber Hektik, Unfreundlichkeit, Düsterkeit usw., es lernt auch zu lernen, zu beobachten, nachzuahmen dadurch, daß es in die Stimmung der Bezugspersonen hineingenommen ist, die es nachahmt und mit denen es sich identifiziert. Anders gesagt: Nicht nur was gelernt wird, auch in welchem Maß gelernt wird, hängt von der Umweltatmosphäre ab. Die ersten Grundlagen für den Umgang mit sich selbst, mit Mitmensch und Umwelt werden auf diesem Weg angeeignet[40].

Es ist beispielsweise abwegig, von einem Kind in einer hektischen, zerfahrenen Familie so etwas wie Andacht, Gebetshal-

[37] Bollnow 1956, 20; der Sozialisationsfaktor ist von Bollnow noch nicht reflektiert. [38] Strasser 1956, 117; Huijts 1969, 55 ff.

[39] Begriffliche Differenzierungen bei Huijts 54 sind hier belanglos.

[40] Huijts 57: „In der Gefühlsatmosphäre des Heims wird die erste moralische Abschätzung der Welt bestimmt. Bei der Erziehung verwenden wir – bewußt oder unbewußt – Stimmung, Sphäre, um unsere Ergebnisse zu erhöhen."

tung, ruhevolle Stimmung zu erwarten. Zumal für das Großstadtkind ist es wichtig, atmosphärische Erlebnisse der Ruhe, des Gesammeltseins in der Natur zu gewinnen, ohne die Stille sofort durch lautes Rufen, Singen usw. zu zerstören (in diesem Zusammenhang sei an die Lausche-Übungen und das Leise-Spiel Maria Montessoris erinnert), oder die Jahreszeiten in der Natur zu beobachten, das Wachstum, die Veränderungen einer bestimmten Landschaft, die man wiederholt besuchen kann.

Der Kirchenraum ist besonders geeignet, mittels seines spezifischen Raumerlebnisses Stimmungen zu wecken, die den Alltag transzendieren. So wenig in Ausnahmesituationen (Gefangenschaft, Nachkriegszeit, Diaspora) besondere Sakralräume als Voraussetzung für ein gottesdienstliches Erleben empfunden werden (das fehlende Element wird dort durch situativ verstärktes Gruppenerlebnis bzw. die durch die Notlage bedingte verstärkte innere Anteilnahme ersetzt), so sehr ist im Normalfall die allgemeine Gestimmtheit, die ihrerseits die Lernbereitschaft bzw. die Anteilnahme an dem Sich-Ereignenden motiviert, durch das Erleben des Raumes und der Raumgestaltung mitbestimmt. In der Familie oder in der Klasse ist es nicht anders: Die Raumgestaltung drückt eine Grundgestimmtheit weitgehend durch die vorgefundenen Raumverhältnisse aus; umgekehrt ist diese Grundgestimmtheit weitgehend durch die vorgefundenen Raumverhältnisse bedingt. Positive Atmosphäre ist die Voraussetzung jeglicher Kommunikation. Im mitmenschlichen Bereich ist es nur allzu deutlich, wie viele Beziehungen durch ungünstige Raum- und Wohnverhältnisse und das entsprechende negative soziale Klima zerbrechen. „Noch in jüngster Zeit“, schreibt Huijts, „war manches Sprechzimmer für Ordensfrauen ein Ort, wo jeder spontane Dialog durch die ärmliche Sauberkeit der Ausstattung gehemmt wurde.“[41]

Die verschiedenen Stilformen des Kirchenbaus (wie entsprechend auch des Schul- und Wohnungsbaus, der Industriebauten usw.) lösen unterschiedliche Wirkungen aus, indem sie verschiedene archetypische Strukturen affizieren: Die Glas-

[41] Ebd. 54.

Aluminium-Konstruktion, die den Blick auf eine Parklandschaft freigibt, wird eher zur Kontemplation führen, die gleiche Fensterseite vor einem verkehrsreichen Platz wird zerstreuend, aber auch weltbezogen, aktivierend wirken; die mysteriöse Dunkelheit eines romanischen Baus vermag mittels ihrer Mutterschoß-Symbolik Geborgenheit zu vermitteln usw. Für das Kind ist es deshalb wichtig, verschiedene Kirchen kennenzulernen und auf die stimmungstiftenden Elemente hingewiesen zu werden. Es wird sich bald eine Lieblingsbeziehung zu einem bestimmten Kirchenraum herausbilden, die sowohl eine legitime Hilfsfunktion innerhalb der Identitätsfindung haben kann, wie sie aber auch bestimmte Fluchttendenzen signalisieren kann (prinzipielles Flüchten in die bergende Dunkelheit kann u. U. ebenso verdächtig sein wie ängstliches Vermeiden; denn Religiosität kann sowohl Entlastungsstreben infolge mangelnder Weltbewältigung als Weltflucht andeuten, wie andererseits krankhafter Aktivismus ein Nichtertragen und Nichtbewältigenkönnen der Sinnfrage zum Ausdruck bringen kann). Damit ist nicht gesagt, daß dem Kind jeweils ein voller Gottesdienstbesuch zugemutet werden soll. Ein Spaziergang zur Kirche, ein kurzes Verweilen bei der Durchfahrt oder bei einer Wanderung mit Vater und Mutter können für das Kind sehr viel mehr Bedeutung haben. Daß die Konfessionalität der Kirche dabei keine Rolle spielt, dürfte selbstverständlich sein. Noch einmal sei auf die Handlungskomponente zurückverwiesen: So, wie der Mitvollzug von Handlungen durch das Kind unter starker affektiver Beteiligung geschieht, so sind umgekehrt die Handlungselemente die Träger von Stimmungen. Fest-Stimmung kommt auch dem Erwachsenen vielfach erst mit den entsprechenden Vorbereitungsakten. Zusammenfassend kommt es darauf an, dem Kind eine Vielfalt motivierender Stimmungen als Potential differenzierter Aktionsbasen zu erschließen.

4.22 Die Gefühle

Im Gegensatz zur Stimmung ist das Gefühl streng auf die Situation bezogen[42]. Die Ausbildung des Gefühlslebens, die

[42] Langeveld aaO 112.

Spannweite der Gefühlsskala ist soziokulturell bedingt. Es gibt beispielsweise Epochen, in denen Furcht unpopulär ist, in denen Scham schwindet, in denen Ehrfurcht nicht verstanden wird. Es gibt gesellschafts-, familien-, altersspezifische Gefühle[43]. Das Gefühl der Reue ist heute angesichts der verbreiteten Schadenverhütungsmoral weithin unbekannt. Gefühle werden im Sozialisationsprozeß vermittelt, und diese Vermittlung hängt von ihrem jeweiligen Stellenwert in der gesellschaftlichen Praxis ab[44].

Der Grundvermittlungsmodus für Gefühle besteht in ihrem „Ansteckungscharakter" (Scheler). Angst oder Haß oder auch Frohsinn usw. können sich verbreiten ohne Argumentation oder spezifische Erlebnisse, allein durch Teilhabe an der entsprechenden Gruppensituation; auf diese Weise entstehen Vorurteile. Nun ist der emotionale Aspekt der Erziehung gegenüber dem kognitiven in jüngerer Zeit häufig vernachlässigt worden[45]. Gerade weil aber Erziehung selbst immer schon ein emotional bedingter Vorgang ist, ist die emotionale Erziehung eine ebenso schwierige wie wichtige Aufgabe. „Die Kultur der Affekte ist das eigentlich schwerste Bildungsziel" (Mitscherlich). Die Erziehungsaufgabe besteht darin, dem Kind zur Kultivierung und Bewußtwerdung seines Gefühlslebens zu verhelfen. Die negativen Gefühle wie Zorn, Haß, Aggressivität dürfen nicht mittels moralischer Abwertung verdrängt werden; sie sind bewußt zu machen, zur Sprache zu bringen und in angemessener Weise abzureagieren[46]. Indem die Fähigkeit des Kindes angestrebt wird, die gesellschaftliche Kanalisierung von Gefühlen durchbrechen und eine eigenbestimmte Gefühlsskala entfalten zu können, gewinnt die Gefühlserziehung eine emanzipatorische Tendenz. Gerade auf diesem Gebiet ist die Selbstreflexion des Erziehers besonders wichtig. Er vermag nur wei-

---

[43] Altersspezifische „Moden" vgl. ebd. 107.

[44] Vgl. dazu die Vererbungs- bzw. die Schichtentheorie: Lersch 1966 setzt an die Stelle der prozessualen Ausdifferenzierung der Gefühle den vorgegebenen geschichteten Aufbau.

[45] Vgl. u. S. 213.

[46] S. o. S. 110 f. Auch „negative" Gefühle sind als unbedingte religiös, vgl. Glaubensfanatismus, Gotteshaß usw. Zu „negativen" werden sie im Kontext aller Faktoren der entsprechenden Religiosität, hier also im Kontext der Selbstauslegung des christlichen Glaubens im ethischen Bereich.

terzugeben, was er selbst erworben hat, und hat sich die Gefühle bewußt zu machen, die er auf das Kind überträgt, und die er beim Kind auslöst. Auch ein Vater muß es wagen, seine Gefühle zur Sprache zu bringen.

Die Kultivierung des Gefühlslebens erfolgt nach Langeveld unter den drei Prinzipien der Lokalisierung, Differenzierung und Benennung der Gefühle[47]. Durch Lokalisierung werden Zusammenhänge zwischen Gefühlen und entsprechenden Situationen hergestellt. „Man fühlt gerade *dies* (z. B. Entrüstung), weil man in seinem Milieu gelernt hat, in einer bestimmten Situation dieses Gefühl zu haben" (Langeveld). Das Kind „lernt" das Gefühl in einem bestimmten Zusammenhang, an einem bestimmten Ort; es wird konditioniert, in der bestimmten Situation das bestimmte Gefühl zu empfinden. Damit gewinnt es eine Orientierungshilfe, Situationen auf (gesellschaftlich) erprobte Weise zu beantworten. Beim Schlafengehen, beim Sonnenuntergang, bei einem Verkehrsunfall, bei der Begegnung mit einem Kranken usw. werden auf gesellschaftlich stereotypisierte Weise Libido-Elemente in sublimierten Gefühlsäußerungen abreagiert. Die Bezugsperson muß das Kind entsprechende Situationen erleben lassen, und ihre gefühlsmäßige Beantwortung mitvollziehen, um seine Gefühlsskala zu erweitern. Parsival erlebt in seiner ersten Begegnung mit dem leidenden Amfortas die Mitleid-Situation, vermag aber die Gefühls-Antwort nicht zu geben; so verläuft diese erste Begegnung ergebnislos. Erst nach weiterer Lebenserfahrung verbindet er die Leidenssituation des anderen mit dem nun erworbenen Mitleid-Gefühl und erwirkt damit die Erlösung des Amfortas.

Die Lokalisierung von Gefühlen kann allerdings zu negativen Auswüchsen führen: Kinder können überdurchschnittlich „religiös" erscheinen, weil sie in besonderem Maß gelernt haben, situationsbezogene Gefühle zu entwickeln (man denke an die typischen „Religionsantworten" im RU, an die veränderte Haltung des Kindes dem Pfarrer gegenüber usw.). Man wird derartige Gefühlshaltungen nicht als Schmeichelei diffamieren dürfen, sondern als durchaus echt, wiewohl in überhöhtem

[47] AaO 113 ff.

Maß verselbständigt beurteilen müssen. Hier deutet sich die Gefahr der inhaltlichen Fixierung von Gefühlen an, die zur geistlich-weltlichen Zweigleisigkeit der Lebensführung entarten kann. Man wird dem entgegenwirken, indem die Bezugspersonen eine integrative Haltung praktizieren und das Kind in diese Haltung hineinnehmen bzw. die Vereinseitigungen des Kindes in gemeinsamem Gespräch aufzuarbeiten suchen.

Die Differenzierung der Gefühle wird zur vordringlichen Aufgabe in affektiv unterkühlten Epochen. Das Kind reagiert zunächst mit Lust- und Unlustregungen, ohne das jeweilige Warum angeben zu können; das Gefühl bleibt dumpf und undifferenziert, es kann nicht in Aktion umgesetzt werden, wirkt unterschwellig, wird verdrängt. Vielfach werden auch beim Erwachsenen zwischenmenschliche Beziehungen belastet oder kommen gar nicht zustande, weil die Einstellungen nicht präzise bewußt werden. Differenzierung und Benennung stehen dabei in unmittelbarem Zusammenhang. Wenn, in Anlehnung an Langeveld, der Erzieher etwa sagt: Bereust du das?, dann will er nicht ein Reuebekenntnis hören, das eine Definition von Reue auf seiten des Kindes schon voraussetzen würde, sondern dann will er dem Kind den Hinweis geben: Was du jetzt empfindest, dieses unbestimmte Gefühl, das ist Reue. „Im Gesamt eines wenig oder nicht differenzierten Gefühls — z. B. der Freude —", sagt Langeveld, „wird dem Kind eine Spezifikation des Anlasses gegeben, die sagen will: ‚Diese Freude, die du jetzt empfindest, enthält auch die Dankbarkeit'."[48] Das Gefühl wird differenziert oder nuanciert, indem es assoziativ mit einer bestimmten Situation verbunden (lokalisiert) und benannt wird. Benennung heißt aber zugleich Bewußtmachung.

Damit werden Gefühlsbarrieren zum Sprachproblem. „Je differenzierter die Sprache, desto differenzierter ist auch das Gefühlserleben. Nur wer einen Namen für eine bestimmte emotionale Erregung erworben hat, kann sie von anderen Erregungen differenzieren."[49] Gegebenenfalls ist dann auch die entgegengesetzte, einschränkende Aufklärung nötig: „Es ist überhaupt nicht wahr, daß du Reue empfindest. Was du getan

---

[48] Ebd.

[49] Oerter 1971, 443.

hast, tut dir nur deshalb leid, weil du Pech gehabt hast und ertappt worden bist."[50] Im Maß des kognitiven und sprachlichen Zuwachses kann die Gefühlsbildung geübt werden durch Rollenspiele (s. o. S. 127), durch intensive Identifikation mit bestimmten Figuren (im Kasperl-Theater), durch vorgestellte Situationen. Gerade das Kind vermag, kraft seiner Imaginationsfähigkeit, in hohem Maß auf bloße Vorstellung hin Gefühle existentiell echt zu erleben.

Die religiöse Erziehung hat ein Doppeltes zu beachten: Sie hat einerseits in Ausübung einer kompensatorischen Funktion das Gefühlsleben des Kindes zu bilden, andererseits jede unechte oder unklare Gefühligkeit zu vermeiden. Gerade aus der kognitiven Verleugnung heraus gelangt das Affektive zu unkontrolliertem Einfluß auf Urteilsbildung und Verhalten. Durch die genannten Prinzipien des Differenzierens, Lokalisierens und Benennens werden Voraussetzungen geschaffen, den affektiven Bereich in zunehmendem Maß bewußt zu machen und persönlich aufzuarbeiten.

Auf der anderen Seite geht es auch hier darum, Fixierungen zu vermeiden. Im Pathos, im Klischee, in der forcierten Gefühligkeit wird das Gefühl zum Selbstzweck, es wird aus dem personalen Zusammenhang herausgelöst, isoliert, verabsolutiert; der Betreffende beginnt an sein Gefühl zu glauben. In pietistischer oder romantischer Atmosphäre besteht die Gefahr der Wucherung von Gefühlen, die um so schneller absterben, sobald die Atmosphäre sich ändert, oder die mit dem Wechsel der Gruppenzugehörigkeit abgelegt werden. Eine Erziehungspraxis, die Zerknirschungsgefühle als Glaubensmotivation mißbraucht, hat trotz ihrer möglichen Bekehrungserfolge mit echter Religiosität nichts zu tun. Suggestion führt zu Imitation, nicht zu Identifikation.

Damit erfährt die zumindest früher verbreitete Pubertätsreligiosität eine angemessene Relativierung, aber auch die neue Jesus-Frömmigkeit ist im Einzelfall daraufhin zu prüfen, inwieweit sie auf jugendbewegten Gruppenerlebnissen, auf Grenzerlebnissen (vermittels Psychedelika, die die Ich-Kontrolle teilweise aufheben und dadurch neue Erlebnisdimensionen er-

[50] Langeveld 113.

schließen, die nicht von vornherein abgewertet, aber auch nicht als typisch religiös überbewertet werden dürfen), oder auf Ekel-Gefühlen im Bereich des bürgerlichen Lebens beruhen, und inwieweit sie als echt zu bezeichnen sind nach dem Maßstab der personalen Integriertheit, die die kognitive und die Handlungskomponente mit einschließt. Gefühlsmäßige Unterernährung in früher Kindheit kann spätere Anfälligkeit für Fehlbildungen bedingen, wie andererseits eine frühkindlich überhitzte Gefühlsatmosphäre zur grundsätzlichen Ernüchterung und Verdrängung des Gefühlslebens führen kann, sobald die Distanzierung von der erstvermittelten Wertordnung erfolgt.

Neben der Explikation des vorhandenen Gefühlspotentials sieht O. F. Bollnow eine Möglichkeit, neue Gefühle spontan aufkommen zu lassen, in ihrer „Stiftung". Demnach kann der Erzieher beispielsweise Ehrfurcht dadurch wecken, daß er sich selbst der Ehrfurchtslosigkeit preisgibt[51]. Die spontane Kombination von Einzelelementen zu einer neuen Gefühlsqualität setzt aber eine gewisse Fülle von Lebenserfahrungen und damit ein bestimmtes Stadium des Individuationsprozesses, d. h. ein späteres Alter voraus. Ehrfurcht ist ein Ausdruck der Selbstrelativierung: Der Mensch empfindet Ehrfurcht vor dem Ganz-Anderen, vor dem Leben, dem alten Menschen, dem Kind, dem Menschen überhaupt. Es ist nach Scheler die „Haltung, in der man noch etwas hinzu wahrnimmt, das der Ehrfurchtslose nicht sieht und für das gerade er blind ist: das Geheimnis der Dinge und die Werttiefe ihrer Existenz"[52]. Aus der Ehrfurcht erwachsen Toleranz und Respektierung der Intimsphäre des anderen. Das Kind ist eines solchen Maßes an Distanz noch nicht fähig; es vermag daher auch, gerade auf religiösem Gebiet, die Gefühle des Erwachsenen zu verletzen (es kann mit sakralen Gegenständen spielen oder sakrale Handlungen im Spiel abwandeln, es kann in scheinbar despektierlicher Weise von Gott

[51] Bollnow 1958, 80; Langeveld 109. Der Erzieher muß gegebenenfalls „seine Intimsphäre für den noch unreifen anderen Menschen öffnen, weil das der einzige Weg sein kann, den Zögling in diesen Bereich hineinzuführen", Bucher 1968, 63. Das gilt – mutatis mutandis – schon für die Eltern.

[52] Ges. W. III, 1955[4], 26.

sprechen usw.), ohne daß es darin nach dem Maßstab des Erwachsenen gemessen werden darf.
Gefühle zu stiften ist selbstverständlich methodisch nicht verfügbar. Eine propädeutische Erziehung ist dennoch möglich dadurch, daß das Kind an der distanzierenden Haltung des Erwachsenen partizipiert, noch bevor es zu eigener Distanzierung fähig ist. Th. Bucher sieht die Wurzeln der Ehrfurcht in der sprachlichen und ästhetischen Erziehung, in Sammlung, Stille, Schweigen, Scheu, Staunen, im Sinn für die Geheimnisse der Natur und des menschlichen Geistes, der Kultur und des sittlichen Handelns (neben der Heldenverehrung hat hier auch die recht praktizierte katholische Heiligenverehrung ihren relativen Platz), in der Ordnung und im Abstand der Sachlichkeit: eine Blume zu betrachten, ohne sie zu pflücken; ein Tier zu beobachten, ohne es anzufassen (womit andererseits die Berührungslust nicht verdrängt werden darf). Bucher spricht sehr schön von der Askese des Urteils, das auch im bösen Menschen gute Eigenschaften findet, das nur Eigenschaften oder Taten als böse verwirft, nicht aber die Person des anderen. Die spätere Anwendung des Schwarz-Weiß-Schemas auf Menschen hat ihre Vorläufer nach Bucher in der Einteilung des pflanzlichen und tierischen Bereichs in Nutzpflanzen und Unkraut, in nützliche und schädliche Tiere; man darf hier nicht anerziehen, was man dort vermeiden will. (Das Gut-Böse-Schema der Märchenfiguren ist eine notwendige, aber doch zu überwindende Orientierungshilfe; das Kind weiß sehr wohl, daß die realen Menschen mit den Märchen-Figuren nicht identisch sind; weiß, daß es selbst sowohl — das eine Mal — gut, als auch — ein anderes Mal — böse sein kann.)
Soziale Gefühle wie Dankbarkeit, Ehrfurcht, Mitleid sind in der Industriekultur schwerer zu verwirklichen und zu vermitteln, weil der Mensch die Elemente seiner Lebensfristung und Lebensgestaltung weniger von Personen empfängt als von Institutionen, durch die er dann auch wieder zu anonymer Hilfe, zu anonymem Opfer aufgerufen ist. Es ist zu beobachten, daß diejenigen Hilfsaktionen den größten Erfolg haben, die zur Hilfe in einem bestimmten Fall auffordern und Kommunikation zwischen dem Aufgerufenen und dem zu Helfenden ermöglichen (s. o. S. 129). Die transzendentale Dankbarkeit ge-

gen Gott ist die unbedingte Entschränkung zwischenmenschlicher Dankbarkeit; deshalb ist dem Kind noch im frühkindlichen unmittelbaren Bezug zu seinen Kontaktpersonen, in denen es noch alles aus den Händen von Mutter und Vater empfängt, Dankbarkeit als Grundgefühl zu vermitteln. Zur pragmatischen Komponente hin verbindet sich diese Aufgabe mit der Gewöhnung an entsprechende Umgangsformen (Gesten, Worte und Taten des Bittens und Dankens), die kognitive Komponente ergänzt durch Bewußtmachen von Gedankenlosigkeit, durch Wecken von Freude an kleinen Dingen, von Wertempfinden, Gerechtigkeitsempfinden, Uneigennützigkeit, Hilfsbereitschaft.

4.23 Das Gemüt

Aus dem Zusammenwirken von Stimmungen, Gefühlen und geistiger Gestaltungskraft (integrierendem Ich-Bewußtsein) bildet sich als Ausdruck der Personganzheit das Gemüt. H. Friedmann verweist auf den Zusammenhang von Gemüt und Gestalt: „Überall da, wo dem Menschen ‚Gestalt' gegenübertritt, entspringt im Innern des Menschen ‚Gemüt'." Umgekehrt stellt er fest, daß „überall da, wo Gestalt verschwindet, wo unsere Umwelt, unser Zeitalter gestaltenarm, schließlich gestaltenlos, ‚leer' wird, auch das Gemüt arm, leidend, krank wird, schwindet, und der einsam gewordene Mensch der Hand anheimfällt, die aus dem Nichts nach ihm greift und sein Wesen auflöst[53]". Gestalterfahrung ist Sinnerfahrung; insofern ist das Gemüt in besonderem Maß Ausdruck der Religiosität des Menschen[54].
Die hier vorgetragene Auffassung vom Gemüt darf nicht als unrealistisches „Heile-Welt-Spiel" verkannt werden[55]. Es geht

[53] Friedmann 1956, 17 ff.
[54] Hollenbach 1965, 373 vergleicht treffend: „Was im leib-seelischen Erlebnis die ästhetische Freude an der äußeren Gestalt ist, das ist bei der geist-seelischen Erfahrung die Freude am Sinnzusammenhang..." Er begründet das Gemüt allerdings metaphysisch in der Sehnsucht der Seele nach Unendlichkeit.
[55] So etwa Gerke, in: Arbeitskreis Grundschule 1972, 79.

vielmehr um das Kernstück christlicher Religiosität: Lebensgestaltung aus dem Glauben an Christus, d. h. an das Christusgeschehen als Antizipation eschatologischer Ganzheit[56]. Weil die Vollendung noch aussteht, führt dieses Ganzheitserlebnis nicht zum Quietismus, sondern zur Hoffnung als Motivation eigenen Handelns[57]. Damit ist das andere gegeben: Gemüt entspringt nicht nur aus der Gestalt, sondern es schafft auch Gestalt. Der vorherrschende Trend einer naturwissenschaftlich-technischen Weltorientierung zielt auf Differenzierung, Vergegenständlichung und Vereinzelung. Die Gefahr des Humanitätsverlustes liegt nahe. Gemütsbildung hat eine wichtige kompensatorische Funktion, sofern sie auf den Zusammenhang, auf das Ganze, auf die Gestalt zielt. Der biblische Schöpfungsgedanke bringt den eschatologischen Schöpfungswillen Gottes zum Ausdruck, dessen diabolische Gegenwirkung das Chaos ist, die Auflösung von Gestalt. Der Mensch ist an der Schöpfung beteiligt, indem er beauftragt ist, den Gestaltungswillen fortzusetzen, in seinem Individuationsprozeß als seiner ureigensten Aufgabe ebenso wie in der Gestaltung seiner Lebensverhältnisse.

Der Sinn für Gestalt, die Gemütskraft also, liegt dem Kind nahe. Sie drückt sich im Spiel aus, in der Imagination (in der Märchenwelt), in der Kreativität. Dem Kind müssen Gelegenheiten zu gestaltendem Tun gegeben werden (im Kneten, Basteln, Malen, Ordnen und Zuordnen usw., im Gestalten freier Melodien, innerer Bilder). Das gemeinsame Spiel zwischen Kind und Erwachsenem ist nach Hollenbach von besonderer Bedeutung. Das Kind muß aufmerksam werden auf die Gestalt einer Landschaft (Hollenbach verweist auf die Bedeutung von Natur- und Kulturfilmen), einer Architektur, eines Musikstückes. Es soll sich am gedeckten Tisch freuen, bevor es den Löffel zur Hand nimmt; es soll die Ganzheit des Kuchens bestaunen, bevor es sich daranmacht. Selbstverständlich ist es wichtig, daß das Ausmaß der Gestalt dem kindlichen Erleben angemessen ist. Der Sternenhimmel oder eine Sinfonie beein-

[56] Pannenberg 1962, 45; 101 ff.

[57] Zur Hoffnung vgl. o. S. 33. Zum Zusammenhang von Hoffnung und Motivation vgl. Oerter 1970, 91; ferner Nagel in: Hundertmarck/Ulshoefer 1972, II, 121.

drucken erst in späterem Alter, ebenso aber auch mikroskopisch wahrnehmbare Strukturen. Hollenbach meint mit Recht, daß anstelle des „entmythisierten" Naturerlebnisses heute das Selbsterleben als Wurzel der Gemütsbildung fungiert. Von der Gestaltung der Zeit und des eigenen Lebensablaufs war oben die Rede. Der Wortstamm von Gemüt weist auf Mut, Ermutigung zurück, und damit auf die frühkindliche affektive Zufuhr, den Aufbau der Ichidentität. Die Gemütskraft ist eine Kraft der voll entwickelten Persönlichkeit; Ganzheitserleben muß in der eigenen Ichfindung real sein.

Das Christusgeschehen als Vorwegnahme der zu erwartenden Ganzheit vermag sich motivational auszuwirken, es gibt dem Selbstverwirklichungstrieb entsprechende Impulse; allerdings wird es für das Kind nur in der Realvermittlung relevant, das heißt in symbolischer Teilhabe an der Lebenspraxis seiner Bezugspersonen. Hier ist wiederum die Brücke zur kognitiven Komponente deutlich, sofern die Haltung spezifisch christlicher Religiosität bzw. die aus ihr resultierenden Tendenzen der Weltgestaltung später vom historisch vermittelten Christuszeugnis abgeleitet und an ihm gemessen werden sollen.

4.24 Die Werte

Werte sind „jene Kriterien . . ., nach denen die Gruppe oder Gesellschaft die Wichtigkeit von Personen, Verhaltensmustern, Zielsetzungen und anderen soziokulturellen Objekten beurteilt"[58]. Die Funktion der Werte besteht darin, daß sie Beurteilungsmaßstäbe für eigenes und Fremdverhalten bereitstellen, ideale Denk- und Verhaltensweisen anbieten, als Wegweiser sozialer Rollen fungieren, aufmerksam machen auf wünschenswerte und für nützlich gehaltene Kulturgüter, Mittel sozialer Kontrolle und Solidarität darstellen[59]. Wertskalen werden im Sozialisationsprozeß mit dem Aufbau normkonformen Verhaltens übernommen, und zwar auf dem Weg des Mitvollzugs von Verhaltensweisen bzw. Handlungselementen (Handlungskomponente), der Koppelung von Gewohnheiten

[58] Fichter 1968, 174. [59] Ebd.

mit Gefühlszuständen (affektive Komponente) und der später hinzutretenden Reflexion. „Wertbegriffe sind im Gegensatz zu sachlich-logischen Begriffen durch persönliches Engagement und affektive Besetzung fixiert."[60] Vordringliche Aufgabe ist also wiederum, daß sich die Bezugspersonen dessen bewußt werden, was in der Erziehung ständig geschieht. „Jeweils mit der Geburt eines Kindes in der Kernfamilie wird der Prozeß der Tradierung von kulturellen Werten neu in Gang gesetzt. Eingebettet in jede Nuance des Verhaltens der Pflegepersonen fließen ständig Werthaltungen in den ‚Erziehung' genannten Prozeß ein, die vom Nachwuchs übernommen werden."[61] Die Identifikation ermöglicht dem Kind, in seiner Auseinandersetzung zwischen Triebwerten (dem Es-Bereich) und kulturellen Werten (dem Überich-Bereich) diejenige Position zu gewinnen, die ihm durch die gesellschaftliche Umschlagstelle seiner Familie angeboten wird. So wird etwa der Triebwert rascher Sättigung durch die jeweiligen kulturellen Werte der Tischsitten kompensiert. In der pluralistisch-fluktuierenden Gesellschaft muß es nahezu unvermeidlich zu Normenkonflikten des Kindes kommen, die sich als Rollen- oder Identitätskonflikte auswirken (s. u. S. 235).

Die Beantwortung der Frage nach dem Beginn moralischen Verhaltens und dem prämoralischen Verhalten in den ersten drei Lebensjahren hängt von der Definition des Moralischen ab[62]. Wenn man davon ausgeht, daß Werterleben und entsprechendes Verhalten in der frühkindlichen Mutter-Beziehung enthalten sind, kann von einem fixierbaren Beginn keine Rede sein[63]. Am Anfang stehen Gewohnheitsbildungen auf der Basis positiver affektiver Zuwendung. „Mit dem Träger der Autorität", schreibt Kroh, „ist das Kind durch Liebe, Verehrung und Dankbarkeit verbunden. Ihm zuliebe das sittliche Gebot erfüllen, bedeutet Eingliederung des Gebotes in die festesten und innerlichsten Beziehungen des jungen Menschen, gibt seinem Verhalten zugleich eine sozialethische Beigabe."[64] Auf dem „ihm zuliebe" liegt der entscheidende Akzent. Das Maß

---

[60] Oerter 1971, 448. [61] Claessens 1962, 45. [62] Huijts 1969, 217.
[63] Dann gehört das Überich zur „Grundausstattung" des Menschen, Affemann 1955/56, 203. [64] 1931, 121.

der Zuwendungsidentifikation entscheidet darüber, ob die entstehenden Gewohnheiten lediglich Grundlage des Dressurgewissens sind, oder ob sie auch schon den Raum für freiheitliche Entfaltung abstecken. In dem Maß, in dem dem Kind in der frühesten (oralen, analen, genitalen) Phase Selbstbestimmung eingeräumt wurde, unterscheidet sich die Übernahme der Wertskala von bloßer „Anpassungsethik" des „verbürgerlichten Menschen" (Huijts) und kann keineswegs im Sinn eines bloßen Konformismus disqualifiziert werden. „Die Standards werden vom Kind vielmehr je nach der Stufe seiner intellektuellen Entwicklung erarbeitet und in einem Assimilationsprozeß seinem Verständnis entsprechend transformiert. Das Kind ist aktiver Partner der Interaktion."[65]
Das dreijährige Kind beginnt autonomes Regelbewußtsein und Respekt vor den Regeln der Gruppe[66] zu entwickeln. Die mit dem ersten Trotzalter verbundene neue Selbstwertschätzung stellt die religiöse Erziehung vor eine grundsätzliche Schwierigkeit. Ihr Zielbild steht, theologisch gesehen, zwischen Pharisäer und Zöllner, psychologisch zwischen zu hohem und zu niedrigem Selbstwertgefühl. Um die rechte Selbstbeurteilung zu finden, muß das Kind Schuld- und Unvollkommenheitserfahrungen machen, die aber sein Selbstwertgefühl nicht in Frage stellen dürfen. Hinzu tritt, daß das Schuldgefühl zunächst nur ein punktuelles ist (im Sinn aktualer Gebotserfüllung bzw. -übertretung) und auch später, in der Zeit des Moralismus um das zehnte Lebensjahr noch nach dem Schadensprinzip und nicht nach dem eigentlich ethischen Verschuldensprinzip ausgerichtet ist. Das Kind muß Gelegenheit haben, „sittlich relevante Handlungen mitzuerleben" (Hansen). Es muß sein Verschulden erleben, auch einsehen und zugeben können; es darf aber nicht gedemütigt werden, sondern muß sich zugleich als Person angenommen wissen. Vergebung, Barmherzigkeit, Gerechtigkeit vermag der Mensch nur zu praktizieren, wenn er sie wenigstens grundsätzlich an sich selbst kennengelernt hat. Insofern ist die christliche Botschaft von der Barmherzigkeit Gottes, der aus Gnade mit dem schuldhaft ent-

[65] Nunner-Winkler/Rolff 191 ff.; vgl. Kap. 3, Anm. 1.
[66] Piaget nach Huijts 220.

fremdeten Menschen kommuniziert, eine das christliche Gewissen konstituierende Grunderfahrung, die dem Kind durch die Barmherzigkeit derer vermittelt wird, die ihrerseits sich von der Barmherzigkeit Gottes gehalten wissen. Vergeben kann sehr wohl zum Mittel der Demütigung werden, sofern nicht der Erzieher selbst in einem ausgeglichenen Verhältnis von theologischem Schuldbewußtsein (dem Wissen um die Gebrochenheit der eigenen Existenz, das ständige Schuldigbleiben am Maßstab des Soll-Zustandes), nicht nur im moralischen, sondern im umfassend existentiellen Sinn und Selbstwertgefühl lebt. In der sehr zögernden und allmählich einsetzenden Verbindung von Werterfahrung und Schulderfahrung[67] kommt die „moralische Gesinnung" in Sicht[68].

Mit der Liebesidentifikation als primärer Form der Identifikation erscheint der alte Konflikt zwischen Heteronomie, Autonomie und Theonomie in einem neuen Licht. Wenn Kant der religiös-theologischen Ethik Heteronomie vorwarf, weil sie zu tun verlangt, was Gott will, so bezieht sich dieser Vorwurf auf eine zwanghafte Form ethischen Verhaltens, die keineswegs die einzigmögliche Form der Übernahme vorgegebener Normen darstellt. Bereits Augustin forderte den Übergang vom „*Tun*, was Gott will" zum „*Wollen*, was Gott will". Das Handeln aus Pflicht steht in diesem Zusammenhang der Heteronomie näher als das Handeln aus Neigung. Mit dem „Wollen, was Gott will" ist die Ausgangsbasis (*wollen*, was die Eltern wollen, was die Gesellschaft will) auf das Unbedingte hin transzendiert; es ist eine autonome Haltung, in der der Mensch sich als Mensch Gottes erfaßt.

Auch die als „Wille Gottes" bezeichneten Normen der christlichen Ethik sind von ihrem Wesen her soziokulturell bedingt und bedürfen personaler Vermittlung; der Wille Gottes ist dem Menschen keineswegs substantiell angeboren. Das entspricht durchaus dem Gedanken der geschichtlichen Offenbarung, wie denn einzelne Gebote (z. B. das Gebot der Sabbatheiligung) in der Geschichte der christlichen Ethik als der neuen Situation nicht mehr angemessen umgedeutet werden konnten. Damit ist ein weiteres Problem berührt: Um überleben zu kön-

[67] Nipkow 1964, 292 ff. [68] Huijts 124.

nen, bedarf der Mensch eines festen Wertbesitzes, muß aber zugleich in der Lage sein, diesen Wertbesitz zu modifizieren bzw. aus kritischer Distanz zu betrachten; Elastizität in der Spannung von Bindung und Freiheit wird selbst zur grundlegenden Norm. Dem entsprechen die biblische Exodus-Thematik oder die Ethik der Bergpredigt in ihrer ständigen Relativierung der geltenden Werte. Auch hier sind die Fähigkeit zu transzendieren und der Abbau von Fixierungen oberstes Ziel. Der Erzieher muß selbst Flexibilität praktizieren bei gleichzeitiger geordneter Wertwelt, so wie das Kleinkind beim Aufbau seiner Ichstruktur gleichzeitig der Ordnung *und* der Freiheit zur Selbstbestimmung bedurfte.

Huijts spricht mit Recht von der Situationsethik des Kindes: „Die Familie wird vom Kind als eine umhüllende Situation erfahren, eine Einheit in Affektivität trotz der Vielfalt von Verhaltensmodellen. Die festen Verhaltensformen begleiten die wechselseitige Zuneigung. Es entsteht ein variierter Reichtum von Beziehungen, Umgangsformen im Verkehr untereinander und gemeinsamen Interessen. Sie machen die Moral des Kindes aus. Sie sind die ersten Normierungen für das Leben des Kindes. Sie bilden die Basis einer gesunden ‚Situationsethik'. Das Kind lernt ja, in diesen Beziehungen bleibende Grundsituationen zu entdecken, wodurch seine Konnaturalität hinsichtlich des Guten in Gang gesetzt wird. Das ständige Wiederkehren dieser Grundsituationen ermöglicht weitere Strukturierung des moralischen Lebens."[69]

Diesem Ansatz gemäß sind auch noch dem Grundschulkind konkrete Situationsdarstellungen für ethische Entscheidungen angemessener als etwa die apodiktische Form des Dekalogs[70]. Mit der Schulreife wird das Kind fähig, aus der Übereinstimmung mit dem Liebesobjekt heraus dessen „Anordnungen in seine Handlungsvorwegnahmen hinein"-zunehmen und damit auch „Gebote und Verbote, die ihm von Autoritätspersonen gestellt werden, zu Zielen und Maßstäben seines Handelns zu machen"[71]. Die zunehmende kognitive Durchdringung führt zur Fähigkeit, die biblischen Grundnormen selbständig interpretieren und anwenden zu können.

---

[69] Ebd. 52 f. [70] Hansen 1965, 432. [71] Ebd. 431.

Abschließend ist in diesem Zusammenhang ein Wort zur Sexualerziehung zu sagen. Dabei geht es hier nicht um die konkreten Einzelfragen, für die eine Anzahl brauchbarer Anleitungen vorliegt[72]. Es soll hier lediglich auf den Zusammenhang zwischen Sexualität, Erotik[73] und Religiosität hingewiesen werden, der sich unter anderem in der Austauschbarkeit der Tabu-Funktion zeigt[74]. In der Emanzipation des Sex sind durchaus urchristliche biblisch-anthropologische Grundsätze wiederentdeckt: Leibfreundlichkeit, Lustfreundlichkeit, Freiheit vom Gesetz. Diese Freiheit vom Gesetz ist aber in der christlichen Ethik an die Liebe gebunden, d. h. sie ist in die Zuwendung zum Anderen eingebunden. Die frühkindliche Erziehung wird den Bereich des Sexuellen (Nacktheit, Geschlechtsorgane) nicht tabuisieren, sondern offen und natürlich zu betrachten lehren, ohne der gängigen Überbetonung zu verfallen. Das ethische Problem beginnt erst mit dem Erwachen der genitalen Sexualität, also nach der Latenzperiode, in der Hinwendung zum konkreten Anderen. Aber die Norm für späteres Sexualverhalten wird wiederum jetzt schon keimhaft vermittelt durch das beispielhafte, auf die Personalität des Anderen abgestimmte Verhalten des Erwachsenen. Daß Intimbereich und Würde des Anderen respektiert werden, daß der Mensch nicht als Sache mißbraucht wird, daß Verantwortung für den Anderen oberste Norm ist — das alles sind Kriterien, für die der Sexualbereich nur ein Anwendungsfeld neben anderen darstellt. Psychische Hygiene und Askese (das Aufschieben oder Sublimieren von Lustbefriedigung zugunsten mitmenschlicher Werte) bilden Maßnahmen vorbereitenden Charakters.

4.3 Die kognitive Komponente der religiösen Haltung

Wer heute Gemütsbildung in dem Maß propagiert, wie das oben geschehen ist, macht sich leicht der Intellektfeindlichkeit

---

[72] Thiersch in: Hundertmarck/Ulshoefer 1972, I, 161 ff.; Ziebeil-Luttmer 1972; Herrmann 1971 u. a.

[73] Vgl. Anm. 36.

[74] Zum Zusammenhang von Sexualität, Gesellschaft und Kirche vgl. zuletzt Knoll 1972; Pfürtner 1972.

verdächtig. Nun war aber die These vorangestellt worden, daß christliche Religiosität heute vorherrschend in der distanzierten Form der Reflexion auftritt, d. h. daß gerade die sekundäre kognitive Komponente religiöser Haltungen sowohl im individuellen Lebensbild als auch im gesellschaftlichen Gesamtbild die integrierende ist. Die kognitive Komponente tritt erst allmählich zur pragmatischen und affektiven hinzu und bringt damit die Möglichkeit ein, Distanz zu gewinnen, den Sozialisationsprozeß bewußt zu machen und kritisch aufzuarbeiten. Oerter spricht von einem neben der Übernahme der religiösen Überlieferung auf dem Weg sozialen Lernens separaten zweiten Ansatz der Religiosität: „Schon das Kind mit fünf, sechs Jahren beginnt nach dem Woher und Wohin zu fragen. Diese Fragen heben sich deutlich von dem bereits vorhandenen religiösen Wissen ab und scheinen auch dann aufzutauchen, wenn das Kind ohne religiöse Beeinflussung aufwächst."[75] Die mit den kognitiven Regungen um das sechste Lebensjahr beginnende Fragehaltung setzt entsprechende Grundfähigkeiten, Sprachfähigkeit, eine erste Lebens- und Welterfahrung bzw. eine erste Phase individueller Lerngeschichte voraus. Sie reflektiert die unumgänglichen Grenzerfahrungen des Menschen, sie stößt auf die Sinnfrage sowie auf die soziokulturellen Formen der Beantwortung dieser Frage, auf Kirche, Gemeinde, andere Weltanschauungsgruppen. Sie kulminiert herkömmlicherweise in der Pubertät; aber die ältere Entwicklungspsychologie ist heute durch die Erkenntnis relativiert, daß die Entwicklung der kognitiven Fähigkeiten vom Lernangebot der Umwelt abhängt. Die Reifungsvorgänge der Jugendzeit bringen allerdings im Zusammenhang mit spezifischem Erfahrungszuwachs neue Impulse. Wenn Oerter die kognitive Aktivität als von der vorangegangenen religiösen Sozialisation weithin unabhängig bezeichnet, so kann das als Beleg für die Ideologiebedürftigkeit des Menschen gelten (s. o. S. 35). Daß die existentiellen Grundfragen nach dem 14./15. Lebensjahr kaum noch unmittelbar religiös beantwortet werden[76], läßt sich lernpsychologisch daraus erklären, daß die Orientierung der das Leben des Ju-

[75] 1970, 288 f; ebenso Hunger 1960, 140; Pohl 1968, 29.

[76] Oerter aaO; Becker 1969, 26 ff.; der Jugendliche hat keine diesbezüglichen Erfolgserlebnisse.

gendlichen bestimmenden Gruppen und deren Weltbild und Sprache eine solche Haltung nicht verstärken, daß für religiöse Werte keine Erlebnisbasis vorhanden ist und daß religiöse Praxis keine Erfolgserlebnisse vermittelt. Dennoch bleibt die Fragestellung, auch wenn sie immanent-relativ beantwortet wird, im hier vorausgesetzten weiten Sinn religiös. In dem Maß, in dem die Erziehung die voraufgehenden Ansätze (es wurde oben ständig auf die Erziehungsaufgabe der Bewußtmachung, der Benennung von Gefühlen und Stimmungen, der Erklärung von Handlungen und überhaupt auf die Notwendigkeit des Gesprächs hingewiesen) reflektierend aufnimmt, dürfte der Bruch, der sich in Oerters Darstellung andeutet, überbrückbar sein: Von vornherein wird sie den affektiven und den psychomotorischen Bereich als weltbild-bildendes Material in die umfassende Reflexion überführen und umgekehrt, mit entsprechender affektiver Verankerung, die Reflexion selbst zur integrierenden Haltung gestalten.

4.31 Religiöse Erziehung und Sprache

„Die Grenzen meiner Sprache", sagt Wittgenstein, „sind die Grenzen meiner Welt."[77] Der Erfahrungsradius korrespondiert mit der sprachlichen Weltbemächtigung; Unbenennbares bleibt im dumpfen Ahnen. Umgekehrt kann Unerfahrenes nicht benannt werden. Sprache wird nur richtig verstanden und angeeignet als Niederschlag von Erfahrungen geistiger, seelischer und vor allem sozialer Art[78]. Darin liegt ein Problem für die Religiosität, deren Erfahrungskrise zugleich eine Sprachkrise ist. Der durch Industrialisierung und Automatisierung bedingte Lebensstil hat es mit sich gebracht, daß im Wort-

[77] Tractatus logico-philosophicus 5.6.

[78] Vgl. Glinz 1968, 198 ff. Zur Erfahrungsferne der bibl. Sprache vgl. die Begriffe Kriegsleute statt Soldaten, Mohren statt Neger, Sünde im Zusammenhang von Verkehrssünder, Buße als Bußgeld usw. Zur Kirchensprache der Gegenwart vgl. Schmidt 1966. Nach Piaget sind allerdings Denken und Sprache nicht kausal verknüpft, sondern die Denkkategorien werden im Umgang mit der physischen Umwelt vermittelt gesehen, Nunner-Winkler/Rolff 189. In jedem Fall aber ist Sprache das „Medium der Selbstrepräsentation und der Selbstreflexion", ebd.

schatz und der Sprachweise des Menschen die Bereiche des Technischen, des „Zuhandenen", des „Zeughaften" im Sinn Heideggers vorherrschen. Schon sehr früh vermag der Bub Einzelheiten des Autos oder einzelne Autotypen sachgemäß zu benennen; die Bereiche der Innerlichkeit treten demgemäß zurück. P. M. Roeder schildert ein in diesem Sinn extremes, dennoch auch über das spezifische Milieu hinaus grundsätzlich zeittypisches Sprachverhalten: „Eine Familie der Unterschicht in beengten Wohnverhältnissen mit überdurchschnittlicher Kinderzahl, niedrigem, oft unsicherem Einkommen. Die Tätigkeit des Vaters besteht wesentlich im Umgang mit Dingen, sprachliche Kommunikation spielt für sie nur eine geringe Rolle. Die Mutter arbeitet gelegentlich ... Gedanken an und Planung für einen möglichen Aufstieg beschränken sich auf den wöchentlichen Obulus fürs Lotto. Der Anteil an der Kultur der Gesellschaft ist eingeengt auf deren restringierteste Manipulationsinstrumente: Boulevard-Blätter und Produkte der Traumfabriken ... Es ist eine Welt, in der sich Individuelles nicht ausdrücken kann ..."[79]
Ein Zweites kommt hinzu: die bereits genannte Tabuisierung des religiösen Bereichs. Während man früher in maßlos übersteigerter Prüderie einen Bereich des „Unaussprechlichen" aus dem Sprachfeld ausgrenzte, sich aber mit Selbstverständlichkeit in den gesellschaftlich sanktionierten Bahnen religiöser Gefühle und entsprechender sprachlicher Äußerungen erging, ist das heute umgekehrt. Abgesehen von Randerscheinungen (Jesus-people, Sekten usw.) sind religiöse Themen tabu (man mag gern über Jesu sozialrevolutionäre Bedeutung oder über bestimmte Praktiken der Kirchen sprechen, hat damit aber kein im eigentlichen Sinn religiöses, d. h. existentiell-verbindliches Thema gewählt); der Unbedingtheit persönlichen Ergriffenseins wird kaum Ausdruck gegeben. Die Erwachsenen mögen vielleicht mehr Religiosität realisieren, als nach außen in Erscheinung tritt; aber sie werden sich hüten, dies vor den Kindern — oder auch nur voreinander — zuzugeben, wobei allerdings eine gewisse sachliche Unsicherheit, ein Gefühl der Inkompetenz und damit die Gefahr der Blamage hinzutreten.

[79] 1968, 54.

So kann H. Gloy in seiner Untersuchung über die religiöse Ansprechbarkeit Jugendlicher konstatieren: „Weil im Wirklichkeitsverhältnis und -bewußtsein des durchschnittlichen berufstätigen Jugendlichen nur selten Motive der Verheißung, des Utopischen und Unbedingten wirksam geschweige denn ergriffen sind, darum bleibt sein Verhalten zur Welt und zu sich selbst stagnativ und gegenwartsbefangen, darum bleibt sein Transzendieren unklar, ungerichtet und beliebig, kommt einerseits nicht über Nächstliegendes hinaus und droht andererseits der Illusion zu verfallen."[80]

Das Sprachproblem zeigt sich also an den kultur- und schichtenspezifischen Sprachbarrieren (B. Bernstein), zweitens an der Tabuisierung des Religiösen und drittens an dem durch beide bedingten Erfahrungsverlust. Begrenzte Sprachstruktur, begrenzter Wortschatz, mangelhaftes sprachliches Differenzierungsvermögen, mangelnde Fähigkeit, Gefühle und Haltungen des Transzendierens sprachlich auszudrücken, sprachliche Hilflosigkeit und Resignation gegenüber Glaubensfragen sind das Resultat. Zentrale biblisch-christliche Begriffsinhalte werden nicht aufgenommen, weil die Begriffe unverstanden bleiben[81].

Dieses Problem bahnt sich in der frühen Kindheit an. Der Wortschatz, der Sprachgebrauch des Kindes entspricht dem, was es hört. Daß man über gewisse Dinge nicht spricht, erfährt und lernt das Kind, wenn es die ersten noch wenig artikulierten Fragen stellt und die ersten frustrierenden Antworten empfängt. Sprache und affektives Klima des Elternhauses verbinden sich zum Medium der Vorurteilsübertragung, wenn etwa mit dem entsprechenden Unterton von den „Roten", den „Kapitalisten", den „Pfaffen" usw. die Rede ist (Langeveld). Die Worte erhalten ihre affektive Bedeutung, noch bevor die semantische Bedeutung dem Kind zugänglich ist. Neben dem

---

[80] 1969, 240.

[81] Des weiteren ist hinzuweisen auf die Veränderung der Denkstruktur durch die Totalität des Bildes (Fernsehen): Die Sprachlogik wird durch die Bildlogik, die lineare Denkform durch die intuitiv-ganzheitliche, das Lesen durch das Schauen, die Denklogik durch die Affekt- und intuitive Gedankenlogik ersetzt, die Welt wird als Prozeß erfahren, der Konkretismus der „konkretistischen Generation" (Schelsky) setzt sich fort, vgl. Zöchbauer 1969.

sprachlichen Aussparen gewisser Erfahrungsbereiche der institutionalisierten Religion überhaupt im Sprachschatz steht also die entsprechende positive oder negative affektive Besetzung dessen, worüber gesprochen wird. Ob im Spracherlebnis Schimpfworte vorherrschen, ob man zärtliche Zuwendungen artikuliert (gegebenenfalls auch unecht-übertrieben), ob Gefühle ignoriert oder auch von den Eltern eingestanden werden — alles das prägt den sprachlichen Erfahrungshorizont des Kindes. Noch einmal: Die geistig-weltanschauliche Orientierung der Familie drückt sich in einer familienspezifischen Sprache als individueller Ausprägung einer Gruppensprache (pietistische Kerngemeinde, antireligiöses Proletariat, pseudochristliches Bürgertum usw.) aus und hat mit dieser Anteil an einem gruppenübergreifenden zeitspezifischen Sprachschicksal. Die Theorie der Vorschulerziehung hat im Abbau von Sprachbarrieren eine wichtige pädagogische Aufgabe erkannt; die Religionspädagogik kann sich dem unmittelbar anschließen. Umfassende Sprachförderung entspricht ihrem Anliegen, und die Erzieher sollten wissen, daß die Relevanz für die religiöse Bildung im Bereich der Kinderliteratur sich nicht auf die biblischen Geschichten beschränkt, sondern das gesamte Angebot an kindlicher Sprach- und Ausdrucksförderung umfaßt. Die Eltern sollten mittels entsprechender Sprachspiele den Kindern den höchstmöglichen Sprachradius vermitteln. Sie sollten darauf achten, daß der Wirklichkeitsbereich, der darin erfaßt ist, nicht an den Grenzen des Oberflächlich-Konkreten haltmacht, sondern den Bereich der Sinn- und Werterfahrungen, der Affekte, des Gemüts mit einschließt. Vorliegende Sprachschul-Materialien sollten unter diesem Gesichtspunkt kritisch überprüft werden. Andererseits sollte die als Religionsbuch ausgewiesene Kinderliteratur daran gemessen werden, daß sie die Lebenswelt des Kindes in ihrer religiösen Dimension darstellt und nicht eine heile Pseudowelt oder eine längst verlassene Agrarkultur[82]. Das häufige geduldige Sprechen mit dem Kind,

[82] Zur Bedeutung des Bilderbuchs Beitl 1971, 194 ff.; zur Sprache im Kinderbuch Weisgerber 1971. Als Beispiel guter religiöser Kinderbuchliteratur vgl. Bibl. Geschichten von Cocagnac/le Scanff, Patmos Verlag; Herrmann, König, Wiemer u. a. im Gütersloher Verlagshaus Mohn; die Reihe der Niederländ. Bibelgesellschaft Amsterdam „Was uns die Bibel

die kindgemäße Unterhaltung führt zur Horizonterweiterung. Ausdrucksübungen anhand von Bildbetrachtungen[83] (Was mag die Frau auf dem Bild denken? Warum mögen die Kinder so traurig aussehen?) oder Umwelteindrücken (das Aufmerksammachen, das Beobachten transzendierender Gegenstände und Ereignisse wie Naturereignisse, Erscheinungsformen kirchlichen Lebens, Entdeckungen sozialer Bezüge und Konflikte, eigene Körperempfindungen usw.) gehören ebenso hierher wie das Erzählen von Märchen, biblischen Geschichten (s. u.), eigenen Erlebnissen und Erfahrungen. Das Kind muß sich in jeder von ihm gewünschten Richtung vortasten können; ein abruptes Abbrechen im Sinn des „darüber spricht man nicht" darf grundsätzlich nicht erfahren werden. Das Kind muß auch diese Erfahrung machen, daß der Erwachsene mit ihm glaubwürdig und ernsthaft über seine, des Erwachsenen Erfahrungen, Gefühle, Hoffnungen, Befürchtungen in angemessenem Rahmen spricht. (Das heißt natürlich nicht, daß das Kind etwa die Probleme der alleinstehenden Mutter mittragen soll oder in irgendeiner Weise die Abladestelle für die unverarbeiteten Affekte des Erwachsenen sein darf[84].) Affekte, Handlungsweisen, Verhalten innerhalb der Familie, zwischen Eltern und Kind, müssen reichlich diskutiert werden. Das Kind muß schließlich die Möglichkeit haben, sich religiöse Begriffe anzueignen und damit umzugehen. Der Erwachsene wird sich unter Umständen selbst dem Lernprozeß unterziehen müssen, seinen religiösen Gedanken und Gefühlen, seiner religiösen Haltung Ausdruck zu geben, selbst wenn er zunächst gewisse Hemmungen emp-

---

erzählt", hg. v. d. Württ. Bibelanstalt Stuttgart, die Bilderbibel von Hoffmann/le Saussure Lahr; de Vries, Die Kinderbibel, Konstanz, vgl. auch Kap. 5, Anm. 35; u. a.

[83] Beitl 201. Die Bildlogik ist komplexer als die Sprachlogik. Im Bild vernimmt das Kind Farbtöne, Licht und Dunkel usw., die in einer Erklärung des Erwachsenen so nicht ausgedrückt werden können. Dabei erscheint es als wichtig, daß man bei symbolischen Inhalten das Kind nicht auf eine Darstellung fixiert. Durch Angebot und späteren Vergleich verschiedener Darstellungen des gleichen Inhalts wird die Transparenz offengehalten. Daß das Kind Vorlieben entwickelt, ist damit nicht ausgeschlossen; die subjektive Auswahl einer Darstellung ist grundsätzlich von der durch die Autorität des Erwachsenen bedingten Bindung an einen Typ zu unterscheiden.

[84] Vgl. Richter 1971, 16.

findet. Übermaß solcher Äußerung ist allerdings fehl am Platz, wirkt befremdend, lächerlich, abstoßend. Hilfen findet der Erwachsene in modernen Meditationen (beispielsweise M. Quoist) oder in entsprechenden Kindergebeten, mit denen er sich inhaltlich identifizieren kann, die ihm aber zunächst die Pflicht der Formulierung abnehmen[85].

Das entscheidende Kriterium religiöser Reflexion ist die Erfahrbarkeit des Ausgesagten. Der Erwachsene darf nicht im dualistischen Sinn ein Glaubensgebäude neben den konkreten Bereich der Lebenswirklichkeit stellen und dem Kind womöglich überzustülpen suchen. Er darf nicht mit Begriffen umgehen, unter denen das Kind sich kraft seiner Assoziationskraft durchaus etwas vorstellt, naturgemäß aber etwas Falsches (es denkt bei „Laster“ an LKW, es hört vom „Heizplan“ Gottes anstatt vom Heilsplan, es betet: Breit aus die Flügelbeine usw.). Keineswegs darf sprachlich eine supranaturale Sonderwelt aufgebaut werden. Es geht auch hier nicht um einen inhaltlichen Sonderbezirk, sondern um die religiöse Dimension der *einen* Wirklichkeit, die aber auch sprachlich ihren Ausdruck finden muß. Nicht bei der dogmatischen Heilslehre, sondern bei der Heilsbedürftigkeit des Kindes hat die Rede einzusetzen und bei der Heilsgewißheit, die der Glaube stiftet. Es ist eine realistische Rede vom Gegebenen, vom Familienleben, den Familienbeziehungen, den täglichen Erfahrungen in ihren verschiedenen Zusammenhängen und auch in ihren Hintergründigkeiten und Nöten. Von Gott soll gesprochen werden nicht im banalen Sinn, so daß „Gott“ zur Floskel wird, wohl aber im alltäglichen Sinn, überall dort, wo im Konkreten der hintergründige Sinnzusammenhang als notvoll-abwesend oder als in der Glaubensgewißheit gegenwärtig erfahren wird. Das Kind erfährt, daß es manchmal ist, wie es nicht sein möchte; daß auch die Eltern ihre Stimmungen haben und gelegentlich etwas bereuen; daß alle Menschen sich ängstigen, wenn sie ganz allein sind, und daß es darum gut ist, nie ganz allein zu sein. Das Kind kann es erfahren und hat es erfahren, daß es angenommen ist; daß Vater und Mutter es liebhaben, auch wo es ihnen keine Freude gemacht hat. Es kann auf dieser Basis von

[85] Vgl. Anm. 15.

seinem Erfahrungspotential her verstehen, daß auch Vater und Mutter von jemandem angenommen und gehalten sind, daß es jemanden geben muß, der alle liebhat, auch diejenigen, die keinen Menschen haben, und daß wir gerade darum uns auch um die Einsamen kümmern sollen ... Die traditionellen Begriffe kirchlichen Redens sind demgegenüber weithin Leerformeln und Worthülsen, die selbst der Erwachsene nicht auf Anhieb mit einem bestimmten Inhalt zu füllen vermag; sie können erst in einer fortgeschrittenen Phase des RUs reflexiv aufgearbeitet werden.

4.32 Die Imaginationskraft

Das Kind denkt bis zum dritten/vierten Lebensjahr in Bildern und Symbolen, seine Logik ist die Bildlogik. Auch im anschließenden Abschnitt bis zum siebenten Jahr ist das Denken anschaulich bestimmt, wiewohl die Anschaulichkeit nicht letzte Norm für Begriffsbildung sein kann und darf[86]. Dennoch steht vor dem Gottesgedanken das Gottesbild. Wenn O. Kroh sagt, kein Kind erfinde Gott, aber jedes sei bereit, an ihn zu glauben, so ist dieser Satz zumindest mißverständlich. Denn einmal liegt eine Prädisposition des Kindes vor, die über das „Bereitsein zum Glauben" hinausgeht. Damit ist nicht die religiöse Anlage rehabilitiert, es ist nicht ein angeborenes Gottesbild gemeint, wohl aber eine immer schon vorhandene Beziehung auf Gott in der Gestalt des jeweils erlebten Umgreifenden. In Kapitel 3 wurde dargestellt, daß die Mutter das erste Symbol ist, in dem das Kind das Umgreifende erfährt. Wenn dann die Muttererfahrung durch die Realitätskontrolle relativiert wird, wenn die Ablösephase von der Mutter beginnt, wird die religiöse (ideologiebildende) Libido frei, die zur Konstruktion neuer Vorstellungen und Bilder führt. Von daher ist es verständlich, daß Gottesbilder in der Regel den Charakter der Personalität tragen und Züge von Mütterlichkeit aufweisen,

[86] Skowronek 1968, 55 fordert für die Grundschule das Hinausgehen über die anschaulich-wahrnehmungsgebundene Stufe bei der Behandlung von funktionalen und logischen Begriffen, vgl. auch Buß, in: Hundertmarck/Ulshoefer III, 95 f.

wie das die großen Religionen der Magna Mater, aber auch die Mariologie und Ekklesiologie des Katholizismus und ebenso die Ideologisierungen von Natur (Pantheismus), Vaterland und realer Mutterschaft (Nationalsozialismus), Klasse und Partei (Kommunismus) bezeugen (s. o. S. 94).
Zum andern ist der These von Kroh entgegenzuhalten, daß Gottesbild und Gottesvorstellung durchaus eine schöpferische Eigenleistung des Kindes verkörpern. Das Kind verhält sich eben niemals nur rezeptiv, sondern ist am Aufbau seiner Ichstruktur und damit auch seiner Vorstellungswelt aktiv beteiligt. Dieser aktive Anteil des Kindes an der Vorstellungsbildung beruht auf seiner Imaginationskraft, d. h. seiner Fähigkeit, innere Bilder zu schaffen. Diese Kreativität ist eine „ichferne" Aktivität[87], die in besonderer Nähe zum Archetypisch-Unbewußten steht. Sie entspringt aus der Freiheit von Angst, Bewertungs- und Leistungsdruck als geistig-psychisches Spiel[88]. Gerade das Kind in seiner Nähe zum Unbewußten verfügt über solche kreative Möglichkeiten, die unter dem Normendruck der weiteren Entwicklung einem Verhalten weichen, das sich in zunehmendem Maß den vorgegebenen Schemata anpaßt und schließlich nurmehr das jeweils Übliche reproduziert. Die Kleinkindpädagogik sieht es deshalb als wichtige Aufgabe an, die noch unverbildete Kreativität in voller Breite zu fördern[89]. Das gilt auch für den Bereich religiöser Vorstellungen.
Im Zusammenhang mit dem Spiel, dem Feiern, dem Gestaltgeben des Zeitablaufs war schon von Kreativität die Rede und von ihrer Funktion für die Entfaltung der freien, nonkonformistischen Persönlichkeit, die die technokratisch-funktionalen Zwänge zu sprengen vermag. Hier geht es um die Imaginationskraft, die in der Gestaltung innerer Bilder wichtig ist für die psychische Hygiene. Das Kind muß mit seinen unterschwelligen, unbewußten Drängen, Trieben, Erfahrungen, Abhängigkeiten umgehen lernen, indem es sie gestaltet. Beispielhaft ist der Vorgang in der Kunst, wenn der Künstler in und mit

[87] Oerter 1971, 286 ff.; 307 ff.

[88] Oerter 396: Kreativität gegen Konformismus; 351: Kreativität und Spiel; zur Entfaltung der Kreativität vgl. Beer/Erl 1972; Nunner-Winkler/Rolff 189.

[89] Vgl. Seitz, in: Vorschulkongreß 1970, 70 ff; Belser 1972 u. a.

seinem Werk ein existentielles Problem bewältigt, indem er es sich „von der Seele schreibt". Dieses spielende Gestalten bedeutet nicht nur die Bewältigung gegenwärtiger Probleme des Kindes, sondern zugleich ein Vertrautwerden mit der Problemwelt des Menschen überhaupt, ein „Probehandeln", wie Freud in bezug auf das Denken sagt. Der Erwachsene der westlichen Welt hat dieses bildhafte, intuitive Erfassen und Gestalten aufgrund der abendländischen Tradition des diskursiven Denkens fast völlig verlernt; die Tiefenpsychologie weiß, welchen Mangel das bedeutet. Die durch das Fernsehen aufkommende Bildlogik[90] könnte diese Quellen neu beleben, wenn nicht der ständige Fluß der auf den Betrachter einströmenden Bilder die Imagination ersticken würde; gerade die Perfektion der Bildübermittlung (Farbigkeit, Exaktheit, Vollständigkeit) verhindert die Produktion innerer Bilder beim Konsumenten. Für das Kind käme es nicht nur auf die rechte Auswahl, sondern auch auf die Dosierung der Fernsehsendungen an, die nach rechtzeitigem Ausschalten eigene Bilder und Vorstellungen aufkommen läßt, bestimmte Gedanken weiter verfolgen, eine Szene weiter ausmalen läßt. Das fördernde und anregende Gespräch mit dem Erwachsenen ist dabei unabdingbar. Das bedeutet für die Mutter, daß sie nicht Freizeit gewinnt, wenn sie dem Kind den Fernseher einschaltet, sondern daß sie die Sendung selbst mit verfolgt. Für das kleinere Kind ist das statische Bilderbuch weiterhin das geeignetere Medium, die Produktivität anzuregen[91].

Die religiösen Bild- und Vorstellungselemente werden dem Kind soziokulturell, d. h. durch seine jeweilige soziale und kulturelle Umwelt vermittelt. „Alle Vorstellungen", sagt Kroh, „sind ja ihrem materialen Gehalt nach so sehr von bildnerischen Einwirkungen abhängig, daß man kaum ihren Inhalt, sondern viel eher ihre Interpretation und formale Repräsentation auf typisch kindliche Züge hin untersuchen sollte."[92] Um so mehr kommt es darauf an, der kindlichen Phantasie einen relativ großen Freiraum zu bieten, innerhalb dessen archetypische Elemente spontane Gestalt gewinnen können. Einmal darf die Phantasie nicht durch allzu früh vermittelte stereotype

---

[90] Vgl. Anm. 83. [91] Beitl 1971. [92] AaO 120.

Gottesbilder fixiert und eingeengt werden. Andererseits wäre es falsch, kindlich-anthropomorphe oder gegenständliche Gottesvorstellungen aus theologischen Gründen zurückzuweisen. Das alttestamentliche Bilderverbot richtet sich gegen Fixierungen und Vergegenständlichungen, nicht aber gegen den Gebrauch von Gottesbildern bzw. Symbolen. Die Propheten des alten Bundes, die eine starke Imaginationskraft besaßen und keineswegs davor zurückschreckten, religiöse Erfahrungen in massiven, dem theologischen Zeitgeist oftmals anstößigen Bildern darzustellen, belegen das.

Das Kind muß sich ausmalen dürfen, was es sich denkt. Daß diese Bildhaftigkeit Konkretionen annehmen kann, die dem theologischen Gewissen des Erwachsenen zuwiderlaufen, darf diesen nicht stören. Angst vor Blasphemie, Irrlehre und dergl. ist fehl am Platz. Der Erwachsene wird nicht sagen dürfen: Das kann man sich nicht vorstellen, oder gar: Deine Vorstellung ist falsch, ist Unsinn. Er wird vielmehr ermutigen: Wie denkst du denn? Wie meinst du, könnte es sein? Oder (anhand des bekannten Materials aus der Biographie G. Kellers): Gott sieht aus wie der Wetterhahn auf dem Kirchturm? Du meinst also, Gott müßte auch so strahlen wie der Hahn in der Sonne? Der Erwachsene nimmt die Vorstellung des Kindes auf, befragt sie auf ihre Motive hin und führt sie ein wenig weiter, indem er durch gezielte Gegenfragen den Denkprozeß des Kindes einleitet. Die Annahme, daß Abstraktionen der Wirklichkeit Gottes näherstünden als anthropomorphe Bilder, beruht auf einer theologischen Selbsttäuschung im Sinn Hegels, der im Begriff die Gestalt des zu sich selbst gekommenen Geistes sieht. Abstraktionen haben die Funktion des Korrektivs gegenüber fixierten Bildern; sie tragen aber selbst ebenso Symbolcharakter wie jedes massiv-anthropomorphe Bild — nur, daß ihre Symbolhaftigkeit aufgrund ihrer rationalen Gestalt schwerer zu durchschauen ist. Der heute verbreitete rationale Wahrheitsbegriff (Wahrheit im Sinn von Richtigkeit) läßt die Gefahr, in der Vorstellung die Sache selbst zu besitzen, bei rationalem Gedankenmaterial wesentlich größer erscheinen als bei imaginativem Bildmaterial. Auch das Entmythologisierungsprogramm Bultmanns täuscht zumindest den Laien leicht darüber hinweg, daß das (existenz-)philosophische Reden von Gott vielleicht zeitgemäßer, jedenfalls aber ebenso indirekt ist wie das mythologische. Bei aller berechtigten Kritik am Mythologischen bleibt doch das Mythisch-Symbolische, sofern es als solches bewußt ist, die sachgemäße religiöse Sprachform.

Damit ist der kritische Punkt erreicht, an dem die gegenläufige Bewegung in Gang zu setzen ist: Die Erziehung soll die religiöse Imaginationskraft des Kindes anregen, fördern, provozieren — unter der Voraussetzung, daß sie ihre eigenen Fixierungen zu sprengen in der Lage ist. Die Bildstruktur der Vorstellungselemente muß offen bleiben. Das Kind darf sich vorstellen, wie Gott aussieht, wo er wohnt, was er tut usw., es darf seiner Phantasie freien Lauf lassen; der Erwachsene aber darf diese Vorstellungen nicht fixieren durch sein autoritatives „Ja, so ist es." Er darf weder seine eigenen Vorstellungen noch die des Kindes oder anderer als letzte Wahrheit ausgeben, um die Ausbildung der dem Kind gemäßen Vorstellungen *und* deren Flexibilität nicht zu verhindern. Das setzt voraus, daß der Erwachsene sich des subjektiven Ausdruckscharakters seiner eigenen Vorstellungen bewußt ist, eine Haltung, die dem Typ des Orthodox-Bekenntnisgebundenen schwerfallen dürfte.

Mit dem Bewußtmachen der Subjektivität von Vorstellungen wird das ursprüngliche kindliche Erleben und Imaginieren allmählich in Reflexion übergeführt. Das geistig rege Kind wird schon bald beim Besuch verschiedener Kirchen oder beim Betrachten unterschiedlicher Bilder feststellen, daß die gleiche Gestalt (Gott-Vater, Christus) abweichend dargestellt ist. Der Erwachsene wird nun wieder die Phantasie des Kindes anregen, indem er fragt, was wohl der Maler oder Bildhauer sich dabei gedacht habe, warum der eine dies so und der andere jenes anders gestaltet habe. In der Regel wird es die Aufgabe erst des RUs sein, die Primärsozialisation, d. h. die frühkindlich-unkritische Übernahme erster Normen und Vorstellungen aufzulockern und den distanzierenden Denkprozeß in Gang zu setzen. Immerhin kann Vorarbeit geleistet und können Fehlentwicklungen vermieden werden.

So ist es denn auch gelegentlich notwendig, daß der Erwachsene unmittelbar in den Prozeß der Vorstellungsbildung eingreift. Er wird eingreifen, wenn eine Vorstellung falsch wird dadurch, daß sie nicht mehr flexibel ist, sondern die Entwicklung blockiert. Er wird also dann weiterführen müssen, wenn das Kind beispielsweise von einer gesetzlichen Gottesvorstellung nicht wegkommt oder wenn es eine Vergegenständlichung Gottes verabsolutiert. Aber da eben liegt das Problem: Durch das verbale Anbieten einer anderen Vorstellung, vielleicht das Erzählen entsprechender biblischer Geschichten wird wenig erreicht werden. Der Erwachsene wird sich vielmehr fragen müssen, ob er nicht selbst unbewußt seine eigenen Fixierungen auf das Kind übertragen hat, oder ob in seinem Umgang mit dem Kind oder in der voraufgegangenen Lebensgeschichte des Kindes die Ursachen für die Fehlhaltung liegen. Da das Gottesbild nicht rational vermittelt ist, ist es auch nicht rational korrigierbar! Eine solche Fixierung kann nur im größeren Zusammenhang aufgehoben werden[93]. Die religiöse Erziehung hat — vorbeugend — die doppelte Aufgabe, Bilder zu provozieren und zu ermöglichen und gleichzeitig den Prozeß ihres Zerbrechens und Überwindens in Gang zu halten. Sie tut dies, indem sie Anregung zur Gestaltung der Bilder gibt, zum sprachlichen Gestalten oder zum wiederholten und in der Wiederholung sich selbst korrigierenden Malen, indem sie den Erwachsenen nichts „ex cathedra" sagen läßt, was er später widerrufen müßte, indem sie das unbedingte, gegebenenfalls „respektlose" Fragen des Kindes fördert und indem sie das Kind die Distanzhaltung des Erwachsenen spüren läßt, die diesen seine Vorstellungen von dem Größeren und immer noch ganz Anderen des intendierten Inhalts unterscheiden läßt.

Daneben ist ein zweiter Zusammenhang zu nennen, in dem der Erwachsene mit inhaltlicher Korrektur eingreifen muß: Wenn er vom Kind direkt gefragt ist, wenn das Kind in Not ist, wenn in ihm ein existentielles Problem aufbricht, dann mag das spielend-probende Zurückfragen: Wie meinst Du denn? Wie könnte es denn sein? und das in der Schwebe haltende

[93] Intern verweist die Fixierung auf Stagnation des Individuationsprozesses und wird zur Wurzel krankhafter Religiosität als Ausdruck einer Störung in der psychischen Struktur; ihre Aufhebung ist daher eine therapeutische Aufgabe. Extern bedeutet Fixierung den Abbruch des Transzendierens und die Bildung eines „Götzenbildes", eines „goldenen Kalbes" und wird zur Wurzel des Aberglaubens; in dieser Hinsicht geschieht die Aufhebung durch Reflexion der religiösen Haltung der Bezugspersonen und Korrektur der religiösen Praxis.

„vielleicht" nicht mehr ausreichen; dann ist vom Erwachsenen eine konkrete, verläßliche Hilfe gefordert. Dann muß er kraft seiner Autorität und Vertrauenswürdigkeit dem Kind die schuldige Hilfe erweisen, indem er seinen Glauben, seine Überzeugung nicht mehr nur durch seine Haltung, sondern durch eine ausdrückliche Weisung ins Spiel bringt. Er kann aber dennoch den Spielraum der Subjektivität wahren, indem er nicht verhehlt, daß es sich um seine persönliche Überzeugung handelt, daß aber andere anders denken und reden. Die Grenze zwischen der notwendigen tragfähigen Festigkeit und Konkretheit der Äußerung und der Gefahr ihrer nicht mehr elastischen Fixierung kann im Einzelfall durch ein seelsorgerliches Urteil bedingt sein, das von der speziellen Situation des Kindes abhängt. Die unmittelbare, das Urvertrauen des Kindes erschütternde Begegnung mit dem Tod ist ein solcher Fall, der den Erwachsenen zu konkreten hilfreichen Äußerungen über seine — oder gegebenenfalls, sofern er nichts Hilfreiches zu sagen weiß, anderer — eschatologische Vorstellungen bewegen mag. Es kann dem Erwachsenen und dem Kind eine Hilfe sein, wenn er über sein eigenes Problematisieren hinweg darauf verweisen kann, daß die christliche Gemeinde Menschen umfaßt, die im Gegensatz zu anderen diese oder jene spezifische Glaubensvorstellung mit ihrem Leben bezeugen.

4.33 Die Bildinhalte

Wenn nun von den Bildinhalten der Imagination und von den traditionellen Vorstellungsgehalten zu sprechen ist, dann geht es um religiöse Aussagen im unmittelbaren Sinn. Damit ist nicht gemeint, daß nun doch ein Zusatz zur alltäglichen Erfahrungswelt des Kindes oder „Überbau" eingeführt werden sollte; ein solcher Supranaturalismus wurde schon mehrfach zurückgewiesen. Andererseits muß aber die religiöse Haltung, um ihre Eigentümlichkeit gegenüber anderen möglichen Haltungen ableiten und festhalten zu können, ihren Grund und ihre Herkunft in symbolischen Aussagen darstellen. In ähnlichem Sinn führt Schleiermacher den Gottesgedanken ein im Zusammenhang der Frage nach dem Woher der schlechthinnigen Abhängigkeit. Die Inhalte der christlichen Tradition gewinnen damit in dem Maß Gewicht für den heutigen Menschen, als sie kognitiv faßbarer Ausdruck seiner religiösen Haltung sind. Andererseits kann sich eine religiöse Haltung nur so lange als christlich bezeichnen, wie sie sich auf diejenigen Vorstellungen bezieht, die in der Ursprungs- und Wirkungsgeschichte des christlichen Glaubens gründen. In der Verpflichtung des heutigen Menschen zur Kontinuität mit der Tradition *und* zur Neuinterpretation und zeitgemäßen Verwirklichung wiederholt sich die anfangs dargestellte Dialektik von Vorgabe und Aufgabe. Die kognitive Komponente oder, wie es nun auch heißen kann, die Dogmatik ist deshalb unentbehrlich für den Aufbau religiöser Haltungen. Erst im Zusammenspiel der drei Komponenten kann sich die Person in ihrer Bedingtheit durch das Unbedingte erfassen. So wenig das bloße religiöse Wissen als Ausdruck religiöser Haltung gelten kann, solange es nicht im Affektiven und Psychomotorischen verankert ist, ebenso wenig verändern bloßes Gefühl oder bloße ethische Praxis die Haltung der Person, wenn sie sich nicht in entsprechenden symbolischen Vorstellungen niederschlagen. Die Einführung des Kindes in die christliche Vorstellungswelt hat also keinen Selbstzweck (verbürgt nicht als solche das Heil), ist aber auch keineswegs überflüssig, weil nur im Zusammenspiel aller Elemente Handlung und Affekt auf die Dauer vor einseitig-immanenter Fixierung bewahrt bleiben.

Die Imagination des Kindes, so wurde festgestellt, nährt sich von der Erfahrung mit den Eltern und ist deshalb sekundär nur schwer zu korrigieren. Vater und Mutter vertreten vor dem Kind zuerst das Umgreifende, die „dunklen und mächtigen Gesetze" als „Naturgesetze und Naturgewalten"[94], darum bestimmen sie die spätere Gottesvorstellung. Man könnte so sagen: Das erste Umgreifende, die erste Gottesgestalt ist für das Kind die Mutter – die letzte Mutter ist dann das Umgreifende selbst, Gott selbst.

Wenn aber die Ableitung der religiösen Libido aus der Mutterlibido stimmt, dann ist die Frage berechtigt, wie denn das *Vaterbild* in die Gottesvorstellung hineingelangt.

---

[94] Jung 1962, 5.

Vater und Mutter haben für das Kind auch in seinem psychischen Leben eine grundsätzlich verschiedene Funktion. Die Mutter ist die liebevoll bergende, nährende Betreuerin, sie verkörpert die Natur, das Dunkle, die Vergangenheit des Kindes[95]. Von ihr leiten sich die Naturreligionen mit ihren Muttergottheiten ab. Der Vater kommt vor allem bei der Überich-Bildung ins Spiel, in der erweiterten Mutter-Kind-Beziehung zum Dreiecksverhältnis von Vater, Mutter und Kind. Der Vater ist Vorbild der autoritativen Selbstbeherrschung und „Vertreter eines freien und verantwortlichen Lebensstils". Er symbolisiert, mehr extrovertiert orientiert, den Geist, die Freiheit, und führt zur Bildung der Geschichtsreligionen mit ihren Vatergottheiten[96]. In der Symbolik der Frühkulturen ist die Mutter verbunden mit den Assoziationen Weib, Erde, Fruchtbarkeit, Materie, Natur. Das Kind ist seinem Wesen nach Mutter, Natur, in das Unbewußte eingebunden. Der Vater steht im Zusammenhang mit Zeugung, Formgebung, Geist; er symbolisiert das Ich, das Sich-losringen aus dem Unbewußten, das Bewußtsein also, die Distanz zum Urgrund. Von allem, was sich von ihm unterscheidet, steht der Vater dem Menschen am nächsten.

Der Elterneinfluß der frühkindlichen Zeit greift ins Unbewußte und verbindet sich dort mit dem Archetypischen, das im kollektiven Unbewußten das Vorhandensein von Eltern repräsentiert und ihr Erfahrenwerden und mögliches Einwirken antizipiert, unabhängig davon, ob das Kind beispielsweise seinen leiblichen Vater kennt und mit ihm aufwächst. Hinter dem individuellen Vater steht der Archetyp des Vaters, „und in diesem präexistenten Typos liegt das Geheimnis der Vatergewalt" (Jung). Der Archetyp steigert die vom individuellen Vater aus-

---

[95] Klink 1971, 45; Neumann 1963, Kap. 5 u. 6; Vergote 1970, 233 ff.

[96] Das Fehlen eines väterlichen Vorbilds in der Kindheit führt zu einer Lücke im Weltbild, vgl. Benedetti 1955/56, 32; das unerfüllte, entpersonalisierte Vaterbild wird zur unpersönlichen Macht hypertrophiert. Auch Freud erwähnt den Zusammenhang, allerdings im Zeichen eines Werturteils, das die Gottesvorstellung ausschließlich als die Projektion frühkindlicher Verhältnisse erscheinen läßt, Ges. W. VIII, 195. Vgl. auch o. S. 99.
Zur unterschiedlichen Funktion der Geschlechter trotz der Emanzipation der Frau vgl. Fromm 1965.

gehende Wirkung ins Übermäßige, soweit sie sich mit ihm deckt. Dabei ist zu beachten, daß der Vater selbst archetypgebunden ist und sich unbewußt mit dem Archetyp identifizieren oder aber sich ihm widersetzen kann. So erklärt es sich, daß das Gottesbild in seinen Einzelzügen von den Eigenschaften des Vaters abweichen kann, wiewohl es durch diesen bedingt ist. Schon Langeveld weist darauf hin, daß der Eindruck, dem das Kind ausgesetzt ist, nicht allein von der Person des Vaters, sondern zugleich in sehr starkem Maß vom Gottesbild des Vaters abhängt[97]. Eine wenig eindrucksvolle Vatergestalt kann durchaus positive Wirkung ausüben und umgekehrt.

Zusammenfassend läßt sich sagen: Das Gottesbild entsteht durch Zusammenwirken des individuellen Vaters, des Gottesbildes des Vaters und der im Kind wirksamen archetypischen Strukturelemente. Dabei steht der individuelle Vater wiederum in einem Abhängigkeitsverhältnis zum gesellschaftlich vermittelten Vaterbild und zu den patriarchalischen Zügen der Gesellschaftsstruktur. Dieser Aufbau gilt auch dort, wo der personale Charakter des Gottesbildes verwischt oder aufgehoben ist, man denke an Züge von Gesetzmäßigkeit, Willkür, Ordnung usw. in den Weltanschauungen.

Im theologischen Urteil bedeutet jedes Gottesbild eine Fixierung. „Viele, die dich suchen, versuchen dich, und die, so dich finden, binden dich an Bild und Gebärde", schreibt Rilke treffend, unabhängig von seiner eigenen theologischen Intention. Jedes Gottesbild bedarf als (unbewußte) Konstruktion des Menschen der Rechtfertigung. Das Kreuz Christi als Zeichen seiner Erhöhung läßt sich dahingehend interpretieren, daß die falschen Gottesvorstellungen seiner Zeit, die ihn ans Kreuz brachten, in seinem Kreuzestod selbst durchkreuzt sind und daß dadurch die unmittelbare Gottesgemeinschaft freigesetzt wird. Der Christ wird auch weiterhin Gottesvorstellungen bilden, er wird weiterhin ein religiöses Leben nach psychologischen Gesetzmäßigkeiten führen; aber „unter dem Kreuz" ist dieses Leben nun als gerechtfertigtes möglich. Dieses Bekenntnis, daß der Mensch in seinen Gottesbildern befangen bleibt

[97] AaO 116 f.

und zur eigentlichen Gottesgemeinschaft von sich aus unfähig ist, bleibt pädagogisch unverfügbar. Die religiöse Erziehung hat aber die Möglichkeit und die Aufgabe, von Fall zu Fall die Fixierungen aufzuheben und den Prozeß des Transzendierens in Gang zu halten.

Entsprechend den drei am Gottesbild beteiligten Faktoren können auf drei Stufen Fixierungen eintreten:

1. auf der Stufe der individuell-empirischen Vatererfahrung. Wo immer der Vater als Erziehungsmittel mißbraucht wird (Warte nur, wenn Vater nach Hause kommt), besteht die Gefahr gesetzlicher Gottesvorstellung. Ein autoritärer Überdruck väterlicherseits kann zu Angst, Gesetzlichkeit, Unselbständigkeit führen, ein entsprechender Unterdruck zu Laxheit, Haltlosigkeit, mangelnder Frustrationstoleranz und der Vorstellung von der „billigen Gnade". Solcher Unterdruck provoziert oftmals das Kind, die Grenzen der väterlichen Geduld zu „erforschen". Mangelnde Vergebungsbereitschaft des Vaters vermag die Vergebung Gottes unglaubwürdig zu machen und hindert die Bewältigung von Vergangenheit. Ein launischer, unberechenbarer Vater ist das Abbild des blinden Schicksals, dämonischer Mächte und des Ausgeliefertseins des Menschen. Permanente Müdigkeit, Unlust und abweisende Haltung straft den Satz der Verkündigung Lügen, man dürfe allezeit zu Gott kommen, da Gott wie ein Vater sei . . .

2. Eng damit verbunden ist die Fixierung auf das Überich des Vaters, das selbst das entstehende Überich des Kindes bedingt. Ein Vater, der unter dem Druck traditionell-gebundener Gesetzlichkeit steht, wird in seiner Erziehungspraxis von dieser Gebundenheit her bestimmt sein und eine zwanghafte Verpflichtung gegen die Tradition aufnehmen, wenngleich er sich in seinem Privat- (oder Berufs-)Leben durch entsprechende Abwehrmechanismen davon freigemacht haben mag. Letzterer Fall führt zur Unglaubwürdigkeit des Vaters, der seinem Kind andere Normen auferlegt, als er selbst zu erfüllen bereit ist. Das sich hieraus entwickelnde Skrupulantentum des Kindes ist kein religiöses, sondern ein psychologisches Problem[98]: eine Überentwicklung des Überich (Dressurgewissen), das das

---

[98] Condrau 1964, 52 ff.

personale Selbstsein unterbindet. Gott wird zum Gesetz oder zum Buchhaltergott, der dem Menschen seine ständigen Verfehlungen nachzählt. „Klassische" religionspsychologische Beispiele sind S. Kierkegaard, der sowohl in seinem erotischen Schicksal als auch in seinen religiösen Beziehungen an seiner Vaterproblematik scheiterte oder F. Kafka, der ebenso im erotisch-sozialen wie im religiösen Bereich durch eine übermächtige Vatergestalt gehemmt war. Ähnlich und doch anders liegen die Zusammenhänge bei Luther, dessen Vatererfahrung bis an die Grenzen des Gotteshasses führt (er wurde, wie er selbst berichtet, von seinem Vater um einer Nuß willen „so sehr gestäupet, daß er ihn flohe und ihm gram ward"), der aber diese Fixierung durch seine Christuserfahrung zu transzendieren vermag und von daher schließlich auch ein neues, entschärftes Verhältnis zu seinem Vater gewinnt.
Die Schuld des Skrupulanten besteht darin, nicht schuldig sein zu können. Damit stehen wir weniger vor einem religiösen, als vor einem psychologischen Problem — der Zusammenhang von Schuld, Komplex und Neurose kann hier nicht weiter verfolgt werden[99]. Es ist aber, noch diesseits der Grenze zum Pathologischen, eine häufig auftretende Fehleinstellung von Erwachsenen, in übersteigertem Selbstwertgefühl (Angelismus) die christliche Selbsterkenntnis des Sünderseins empört von sich zu weisen. Sowohl dieser positive als auch der negative Perfektionismus (das überentwickelte Sündenbewußtsein) stellen Sicherheitsmechanismen des Gerechtigkeitsbewußtseins dar, die eine Quelle pathologischer Religiosität bilden. Ihr entspringen Intoleranz, mangelnde Vergebungsbereitschaft, nach innen gerichtete Aggressivität. Daß eine lange kirchliche Tradition diese Fehlhaltung in der frühkindlichen Erziehung mitbedingt hat, liegt auf der Hand[100]. Allgemeine Furchtkomplexe, zwanghafte Haltungen wie Beichtzwang oder Waschzwang[101]

[99] Zur krankhaften Religiosität vgl. o. S. 95 f.; Kap. 3, Anm. 19; Kap. 4, Anm. 93.

[100] Etwa im Pietismus, aber auch schon früher in Gestalt des Machtstrebens der Kirche hinsichtlich ihres Gnadenvermittlungsmonopols, vgl. die Polemik Bonhoeffers, Widerstand und Ergebung, Eintrag v. 8. 7. 1944.

[101] Niederwimmer 1968, 66 ff.; 80 ff. bezeichnet den Pharisäismus als kollektive Zwangsneurose.

oder angstneurotische Fixierung auf ein moralisches Gebiet (Unkeuschheit/Onanie) sind im historischen Rückblick keine Seltenheit.
Man darf das Kind noch keinesfalls im pietistischen Sinn mit dem Sündenbewußtsein konfrontieren („Ich bin klein, mein Herz *mach* rein"), weil eine solche Argumentation, intensiv erlebt, zu schockartiger Auswirkung kommen muß, oder aber (was noch das gesündere ist) als unverstandene Katechismusaussage gelernt wird, dann aber zu einem späteren angebrachten Zeitpunkt keinen Informationswert mehr besitzt. Die Gottesvorstellung ist also nicht von vornherein mit dem Sündenbegriff zu verknüpfen, sondern dieser ist erst aus der (reifen) Selbsterkenntnis zu gewinnen.
3. In einer dritten Form der Fixierung werden archetypische Elemente nach außen projiziert. Das noch undifferenzierte Vater-Gott-Erlebnis des Kindes stößt herkömmlicherweise zuerst auf das archetypische Bild des Zauberers. Der physisch und geistig übermächtige Vater erscheint ebenso als allmächtig, wie seine Reaktionen zunächst, den archaischen Gottesbildern entsprechend, undurchschaubar sind. Später, im Zusammenhang des sich entwickelnden Moralismus werden diese (konsequenten) Reaktionen durchsichtig; das Kind erfährt den Forderer, wie er den Israeliten in der Vermittlung der Mose-Tradition begegnete[102], in glücklicher Verbindung allerdings mit der Verheißung (Ich bin dein Gott); denn die Forderung setzt Urvertrauen voraus, das durch die vorangehende Zusage Gottes gestiftet wird. In fortgeschrittenem Stadium des Moralismus erscheint das Bild des Richters, wie denn auch in der Religionsgeschichte der apokalyptische Richter auftritt und später mit dem Christus Pantokrator identifiziert wird, während dem Gottesbild, das Jesus verkündet, der personal integrierte Vater entspricht. Ob im endgültigen Gottesbild mehr der allmächtige Wille, mehr der Richter oder der fürsorgende Vater vorherrscht, das ist eine schwerpunktmäßige archetypische Akzentuierung, wobei die archetypische Konstellation des Kindes mit dem entsprechenden Aspekt der Vater- bzw. Muttererfahrung zusammenfällt.

[102] Auch dort sind Zauberelemente noch deutlich erhalten, vgl. den Stab Moses, der zur Schlange wird, die Verwandlung des Nilwassers usw.

Erst im Jugendalter wird aus dem Gottesbild ein Gottesgedanke, der allerdings die Bildhaftigkeit im Normalfall niemals ganz verliert[103]. Die Erziehungsaufgabe besteht darin, zu einer möglichst weitgehenden Integration zu verhelfen. Das heißt, daß einmal der Vater seine Haltung reflektieren sollte; aber auch die kompensatorische Wirkung anderer Vaterfiguren auf das Kind hat ihre ausgleichende, relativierende und integrierende Bedeutung. Aus den verbalen oder zeichnerischen Äußerungen des Kindes wird ersichtlich, wo Fixierungen liegen, und in welcher Richtung das Gottesbild ergänzungsbedürftig ist. Nur-verbale Ergänzung, etwa durch Darbietung entsprechender biblischer Geschichten, erscheint allerdings als wenig hilfreich; wichtiger sind die Gottesbeziehungen, in denen die Bezugspersonen stehen, und die Erfahrungen, die das Kind im Umgang mit den Erwachsenen macht. Dabei wird allerdings eine auf bloß rationaler Korrektur beruhende absichtsvolle Haltungsänderung des Erwachsenen nicht wirklich befreiend wirken, sondern sich in Verkrampfung und Formalismus verstricken.
Durch das Ende des Patriarchats ist die Verbindung von Gottesbild und Vatererfahrung problematisch geworden. In der Alternative von „Meister-Vater" und „Temperaments-Vater" (A. Mitscherlich) erfährt das Kind heute wesentlich nur noch den Temperaments-Vater, d. h. die Vatererfahrung wird privatisiert. Durch die „Aushäusigkeit" des Meister-Vaters, durch eindruckslose Berufstätigkeit aufgrund der Automatisierung, durch die Gleichberechtigung der Frau und die damit verbundene zunehmende gesellschaftliche Vertretung der Familie durch die Mutter, durch das Verblassen des bürgerlich-patriarchalischen Leitbildes und die zunehmende Demokratisierung in allen gesellschaftlichen Bereichen ist die Bedeutung des Vaters geschmälert. Die Nicht-Erfahrung des Schöpfer-Vaters im Raum der Industrialisierung kann wohl zu Recht im Zusammenhang des Deismus gesehen werden, dessen Uhrmacher-Gott sich zurückzieht, nachdem er die Weltmaschinerie angekurbelt hat, und dessen Abwesenheit und schließlich dessen Tod erklärt werden kann in dem Maß, in dem die Söhne mündig werden.

[103] Schmid 1960.

Indem die individuelle Vatererfahrung ausfällt[104], bleibt das Archetypische gestaltloser zurück. Eine abgesicherte Prognose für die weitere Entwicklung des Gottesbildes zu geben ist unmöglich.

Folgende Konsequenzen sind denkbar:

1. Der Vater-Archetyp bleibt auch unter veränderten soziokulturellen Bedingungen wirksam und projiziert sich ersatzweise auf Vater-Figuren wie Staat, Partei, väterliches Staatsoberhaupt, die Macht (Väterchen Stalin) oder Sicherheit und Geborgenheit verkörpern (vgl. die Image-Pflege demokratischer Staatsoberhäupter) bis hin zur Beliebtheit mediengerechter Vatergestalten wie Ben Cartwright aus der Fernsehserie Bonanza. Damit bliebe das biblische Gottesbild bestehen, weil es archetypisch über den gesellschaftlichen Wandel hinaus wirksam wäre. Es kommt hinzu, daß der Vater dem Kleinkind gegenüber seine übermächtige Gestalt behalten hat, die er in dem Sinn weiterentwickeln kann, daß er sich für den Heranwachsenden zum Partner-Vater macht.

2. Der Ablösung des Patriarchats könnte eine Neubelebung des Matriarchats folgen. Das hieße, daß das Pendel über die Gleichberechtigung der Frau hinaus bis zu ihrer neuerlichen Machtstellung ausschlägt, wofür im Rahmen der Sexualpsychologie Anzeichen vorhanden sind[105]. In diesem Zusammenhang wäre zu konstatieren, daß die christlich-theologische Tradition das weibliche Element nie ganz außer acht gelassen hat (ohne daß man dabei schon an die Mariologie denken müßte); denn der fürsorgend-barmherzige Vater-Gott Jesu trägt, im Gegensatz zu Vorstufen im AT, keine geschlechtsspezifischen Züge, wie denn auch eines der archetypischen Vaterelemente, das des Zeugers und hochzeitlichen Bezwingers[106] im biblischen

[104] Es gibt Gegenstimmen, die die Bedeutung des Vaters auch heute nicht so gering einschätzen, vgl. Ammen 1968: Auch Kinder mit „aushäusigen" Vätern wissen gut über die Tätigkeit des Vaters bescheid; die mangelnde Anschauung ist durch sprachliche Kommunikation ersetzt.

[105] Zu denken ist an die sexuellen Ansprüche der Frau aufgrund der Möglichkeiten der Empfängnisverhütung als Pendant zum antiken Fruchtbarkeitskult, die allerdings vorherrschend in wissenschaftlich unmaßgeblichen Publikationsorganen hochgespielt werden, oder an im Zusammenhang der Abtreibungsdiskussion auftretende Argumentationen.

[106] Kerényi 1955, 57.

Denken nicht ausgestaltet ist, wenn man von der sekundären theologischen Interpretation des Hohenlieds und von der geistlichen Zeugung aus Wasser und Geist absieht. Die in der Kunst als auch in der kindlichen Malerei verbreitete Darstellung Gott-Vaters in hohem Alter verweist denn auch mehr auf den Archetyp des Alten Weisen, der Verkörperung der Einheit und des Sinns, in dem das Männlich- (wie auch das Weiblich-)Sexuelle in die Übergeschichtlichkeit sublimiert ist. Eine funktionale Ergänzung oder der Ersatz der Vatererfahrung durch die Frau und Mutter müßte also dem Gott-Vaterbild (das im Grund ein Gott-Elternbild ist) nicht unbedingt widersprechen.

3. Schließlich könnte das Ende des Patriarchats als gesellschaftlichen Leitbildes mit einer archetypischen Verlagerung zusammenhängen. Es wäre dann zu fragen, ob das Vater-Symbol wandlungsfähig ist auf Partnerschaft bzw. auf Geschwistergesellschaft hin. Nun zeigt das NT selbst durchaus antipaternalistische Tendenzen. Der Vater hat auch im theologischen Sinn eine zeitlich begrenzte Funktion, wie aus dem Gedanken deutlich wird, daß Christus Volljährigkeit verleiht[107]. D. Lent sieht einen neuen Archetyp heraufkommen und sich durchsetzen, den Archetyp des Paares, der Polarität[108].Damit würde der Vater-Archetyp nicht negiert, sondern in eine neue Phase aufgehoben; das Bild der Trinität würde stärkere psychologische Relevanz erlangen bzw. die derzeitige Aktualität der Person Jesu würde einer archetypischen Konstellation entsprechen.

Für die religiöse Erziehung hat diese Entwicklung insofern keine unmittelbare Bedeutung, als deren Intention gegen jede Art von Fixierung auf die Offenheit der Vorstellungen gerichtet ist, solange diese als Ausdruck des biblischen Zeugnisses von der Selbsterkenntnis des Menschen vor Gott gelten können. Es entspricht aber sowohl dem gesellschaftlichen als auch dem theologischen und dem psychologischen Befund, wenn in der Erziehung das Vaterbild zunehmend im Sinn sich anbietender, sowohl bergender als fordernder Partnerschaft praktiziert und interpretiert wird.

---

[107] Vgl. Eph.4, 13; Gal.4, 1.3; 2.Kor. 3,17.

[108] 1969, 289.

Für die Soteriologie und Christologie hat das Kind noch kein Verständnis, wiewohl sie faktisch in der frühkindlichen Religiosität enthalten sind, und wiewohl daher Jesus-Geschichten (Geschichten des Angenommenseins und der geschenkten Gemeinschaft mit Gott) das Kind unmittelbar ansprechen können. Die dogmatische Selbstreflexion wird aber erst im Lauf der schrittweisen Selbst- und Weltgewinnung des Kindes möglich. H. Henz unterscheidet zu Recht die Extroversion des Kindes, die sich auf die Welt richtet und um den ersten Artikel kreist, von der Introversion des Pubertierenden mit seiner Ich-Problematik und der Orientierung am zweiten Artikel[109]. Die Gestalt Jesu wird vom Kind — je nach Haltung und Frömmigkeit der Eltern und entsprechendem Sprachgebrauch — mit Gott identifiziert, in den ersten Artikel hineingezogen und damit auf eine Weise ins Übernatürliche gesteigert, daß der spätere Zugang erschwert würde, oder als Prototyp des freundlichen, gütigen Menschen verstanden oder schließlich im magischen Sinn fehlinterpretiert. I. Schindler hält demgemäß erst bei Acht- bis Neunjährigen „den Zeitpunkt (für) gekommen, von dem an Christus mehr als bisher dem kindlichen Gottesbilde die Konturen geben sollte", im Alter also des nachmagischen Realismus, das allmählich Aufnahmefähigkeit für die Heilsgeschichte entwickelt[110]. Das heißt nicht, daß Geschichten des NTs grundsätzlich nicht erzählt werden dürften, oder daß entsprechende Fragen des Kindes (etwa im Zusammenhang des Kirchenjahres, eines Kirchenbesuches, einer Bildbetrachtung) nicht in gemäßer Weise beantwortet werden dürften; wohl aber wird Zurückhaltung motivierender wirken als frühkindliche fixierende Übersättigung. Das Erzählen biblischer Geschichten erfordert aufgrund der heutigen Weltbildproblematik, der hermeneutischen Situation, aber auch der Abfolge der Haltungskomponenten ein Maß an Reflexion, das diese Funktion vor-

---

[109] 1954, 653 f.

[110] 1961, 297. Die Bedeutung, die Jesus für das Kind gewinnt, ist in besonderem Maß vom Frömmigkeitstyp und Sprachgebrauch der Bezugspersonen abhängig (Herr Jesus im spezifisch pietistischen Sinn, Jesus im historischen Sinn, Jesus Christus oder wie immer) — für die Haltung der Erwachsenen dem Kind gegenüber gilt das, was S. 20 von der Selbstverleugnung des Erziehers gesagt wurde, auch hier.

nehmlich den dafür ausgebildeten religionspädagogischen Kräften zuordnet. Der Einwand, daß die Geschichten damit nur eine kleine Zahl von Kindern erreichen, trifft insofern nicht, als diejenigen Eltern, die zu Hause biblische Geschichten erzählen oder vorlesen, am ehesten ihre Kinder auch in den Kindergottesdienst geben — der Auswahlprozentsatz ist also der gleiche.

4.34 Kognitive Leistungen des Fragens und Folgerns[111]

Das Gottesbild provoziert weitere Vorstellungen: Wo ist Gott, was tut Gott usw. Hier setzt das religiöse Fragen ein, um so mehr, als Gott in der realen Welt nicht erfahren wird und das Kind ahnt, daß es auf ein Mysterium oder aber ein Tabu des Erwachsenen stößt, das dieser mit Scheu, Unsicherheit, Ratlosigkeit oder Unwillen behandelt. Die Fragehaltung ist unbedingt zu fördern, weil sie Ausdruck kognitiver Aktivität ist, und weil affektiv motivierte Denktätigkeit in der Lage ist, vorangegangene Fixierungen aufzubrechen und die eschatologische Offenheit christlicher Religiosität zu gewährleisten. Die weitere Vorstellungsentwicklung über Himmel, Engel, bestimmte Eigenschaften oder Tätigkeiten Gottes ergeben sich aus einer inneren Sachlogik, die allerdings aus ihrer soziokulturellen Bedingtheit nicht zu lösen ist. Daß Gott irgendwie „oben", bzw. „hoch" wohnen muß, legt sich nahe, wenn er doch den weitesten „Überblick" hat; da kann die Kirchturmspitze zunächst durchaus sachgerechtes Vorstellungselement sein. Auch die innerweltliche Vorstellung, in der das Kind Gott mit einem Mann auf der Straße identifiziert, ist ein theologisch akzeptabler Ansatzpunkt für die weitere Entwicklung, Gott im Mitmenschen zu erblicken. Es wird darauf ankommen, dem Kind das sachgemäßeste Denkmodell zu vermitteln, das aber nur dann das sachgemäßeste ist, wenn es zugleich als das kindgemäßeste gelten kann. Solange der Begriff „Himmel" für das Kind die Funktion des Transzendierens beinhaltet, mag

[111] Zu religiösen Fragen des Kindes im einzelnen vgl. Tschirsch 1968; Wiese 1969; Zink 1972 u. a.

es sich Gott im Himmel denken; und solange der philosophisch-abstrakte Begriff der Allmacht Gottes nicht anders vorstellbar ist denn als Fähigkeit, Dinge zu tun, die dem Menschen unmöglich sind, ist das gedankliche Durchspielen allerlei seltsamer, ausgefallener Möglichkeiten des göttlichen Könnens berechtigt. Gewiß muß aber das Kind auf den Weg gebracht werden, der nicht in einer Sackgasse enden darf. Der Himmel wird für ein Kind heute sehr bald (etwa mit vier Jahren) zum Arbeitsplatz von Astronauten und verliert seine Transzendenzfunktion spätestens zu diesem Zeitpunkt. Andererseits wird aber die Rede vom „Vater im Himmel" kaum in absehbarer Zeit aus dem kirchlichen und religiösen Sprachgebrauch zu eliminieren sein. Das Kind muß also sehr früh lernen, den Symbolcharakter der religiösen Sprache zu erfassen (s. o. S. 167 f.).
Die Bibel selbst bietet die beste Hilfe, das Fixieren von Vorstellungen zu vermeiden. Der leitende Gedanke der biblischen Geschichte ist das Exodus-Thema. Die Verheißung Gottes ist dem Menschen ständig voraus und hält ihn in Bewegung. Damit gewinnt das biblische Denken prophetisch-dynamischen Charakter und tritt in Gegensatz zur hellenistischen Denkweise, deren Statik die urchristlich-mittelalterliche Theologie weithin bestimmte. So wird spätestens seit Dionysius Areopagita (5./6. Jh.) der Begriff *„Engel"* zur Definition eines himmlischen Wesens von einer bestimmten übernatürlichen Substanz. Der Weg zu puttengesichtigen Engelchen, zu Weihnachts- und Rauschgoldengeln ist dann grundsätzlich offen. Im biblischen Ursinn bezeichnet „Engel" aber nicht eine Substanz, sondern eine Funktion, die Funktion des Boten Gottes. Dieser funktionale Sinn ermöglicht zwar ständig neue subjektive Bildentwürfe, die so lange sachgemäß sind, wie sie der Funktion entsprechen; zugleich wird aber die Fixierung der jeweils konkreten Bildhaftigkeit vermieden. Biblisch sachgemäß und kindgemäß wird der Begriff „Engel" in funktionalem Sinn gebraucht und nach Möglichkeit überhaupt durch den des „Boten" ersetzt werden müssen.
Ebenso, um ein zweites Beispiel zu nennen, versteht das Kind *„Himmel"* notwendigerweise als Ort; aber auch der Begriff der Allgegenwart kann für kindliches Verstehen nur einen abstrakten, unklaren Ort bedeuten. Der Begriff hat aber zunächst die

Funktion, die Gegenwart Gottes dem zuzusprechen, der nach ihr fragt. Gott ist im AT bei seinem Volk, er ist beim Kind, das allein ist, beim kranken Nachbarn, bei dem Reh im Wald usw. Auf diese Weise wird das philosophisch-statische Denken durch das prophetisch-dynamische ersetzt. Die alte Katechismusfrage nach dem Wesen Gottes ordnet Gott sofort einer bestimmten Denkmöglichkeit unter, sie vergegenständlicht ihn; die Antwort stellt ihn unter die Gattung der Geister (Gott ist ein Geist)[112]. In der biblischen Theologie steht die Gottesfrage im Zusammenhang der Soteriologie, d. h. der Lehre vom Heils*werk* Gottes: Gott ist der, der eure Väter aus Ägypten errettet hat, der euch beisteht, der euch wiederum retten will. Religiöse Begriffe sind auf ihre soteriologische Funktion hin zu befragen, dynamisch zu gebrauchen.

Ebenso muß der transparente Charakter religiöser Rede deutlich werden. Das Kind soll lernen, die direkte Übertragung der Vater-Erfahrung auf einen überdimensionalen „Macher" zu transzendieren und Gott als den zu erfassen, der hinter den Dingen steht, der in, mit und unter den innerweltlichen Zusammenhängen da ist. Gott tötet die Menschen nicht, er läßt sie sterben. Dieses „Gott läßt . . ." gilt in allen Bereichen. Gott darf dem Kind nicht als der „deus ex machina" gelten, der wunderhaft in das Geschehen eingreift, dessen Ressort aber ständig abnimmt. Gott „macht" nicht das Brot, während das Auto von Menschen „gemacht" wird — man denke an die Erntedank-Problematik. Vielmehr „läßt" er beides je auf seine Weise zustande kommen. Der radikale Unterschied zwischen Natur und Technik ist damit keineswegs geleugnet, aber er ist der kindlichen Vorstellungskapazität entsprechend relativiert. Es kommt darauf an, Gott im Innerweltlichen ins Spiel zu bringen, ihn im sozialen, technischen, alltäglichen Zusammenhang sehen zu lehren. Das Kind soll eine Haltung gewinnen, die es sich selbst in einem großen Zusammenhang sehen läßt, der von Gott getragen und umschlossen ist; es soll befähigt werden, einen alles durchziehenden und zusammenhaltenden letzten Sinn zu glauben, auch dort, wo dieser Sinn nicht unmittelbar einsichtig ist.

---

[112] Kap. 1, Anm. 16.

Die Uneinsichtigkeit des Sinns wird offenkundig in der Konfrontation mit dem Bösen. Das Böse steht in offensichtlichem Zusammenhang mit der „Schatten-Problematik", einer Stufe des Individuationsprozesses nach C. G. Jung[113]. Das Verständnis für das eigene Bösesein über die aktualen Einzelfälle hinaus wird also erst in einem Alter gegeben sein, in dem der Schatten in Sicht kommt und aufgearbeitet wird. Früher begegnet das Kind der Bosheit anderer, den zerstörenden Kräften in der Natur, der tradierten Personifizierung des Bösen in der Gestalt des Teufels. Dem Erwachsenen ist zu raten, daß er das Teufel-Problem nicht von selbst an das Kind heranträgt (daß sich Höllenvorstellungen mitsamt der Höllenangst von vornherein verbieten, braucht kaum noch betont zu werden). Das Kind wird zunächst wahrscheinlich den Kasperltheater-Teufel kennen, den es kaum in Zusammenhang mit religiösen Vorstellungen bringen wird. Daß gerade diese Auffassung des „armen", „betrogenen Teufels" aus der christlichen Tradition stammt (Origenes), wird später in der Reflexion des RUs ein sinnvoller Anknüpfungspunkt sein. Wo immer das Böse als erfahrenes Prinzip dem Kind bewußt wird, muß auch hier der funktionale Charakter herausgestellt werden: Sind die Engel Figurationen für den Vollzug des göttlichen Willens, so die Teufel für das Sinnlose, Antipersonale, Individuationshemmende[114].
Aber die individualistische Betrachtungsweise im Rahmen des Individuationsprozesses reicht nicht aus. Im Gegensatz zur Heile-Welt-Vorstellung muß dem Kind die Erfahrung ermöglicht werden, daß die Welt nicht so ist, wie sie sein sollte und sein könnte. Die für das Kind notwendige Primärerfahrung heiler Welt ist eine exklusive, d. h. es ist seine frühkindliche private Welt, über deren Horizont sein Erfahren und Begreifen zunächst nicht hinausgeht. Dieses frühkindliche Bezugssystem wird im Lauf der Ich-Entwicklung in den psychischen Innenraum hineingenommen und bietet gerade dann, wenn die Diskrepanz zu den realistisch erfahrenen Weltverhältnissen

---

[113] Vgl. Kap. 3, Anm. 39.

[114] Die Fixierung bzw. Komplexbildung als Verabsolutierung eines Teilbezugs bzw. einer Teilerfahrung und damit als Stagnation des Individuationsprozesses steht hiermit im Zusammenhang, vgl. Kap. 4, Anm. 93; Condrau 1964, 54.

bewußt wird, die Motivationsbasis für späteres gesellschaftliches Engagement und Innovationsvermögen. Auch hierfür werden die Voraussetzungen durch Vorbild und Übung geschaffen; wo immer von den Aufgaben des Strukturierens, der Kreativität, der freien Phantasietätigkeit die Rede war, war Konditionierung für spätere kritische Umweltgestaltung im Spiel. Die Hoffnung auf die eschatologische Überwindung des Bösen transzendiert in Anknüpfung an den psychischen Faktor des Urvertrauens die situativen Erfolge und Mißerfolge des Einzelnen wie der Gesellschaft.

4.35 Das erste Weltbild

Das kindliche Weltbild wird gewöhnlich als magisch bezeichnet. Magisches Denken entspricht einer vorwissenschaftlichen Bewußtseinsstufe, darf aber keineswegs grundsätzlich als primitiv abqualifiziert werden. Es folgt als „letzterkennbare Stufe im Rückwärtsgang der Bewußtseinsentwicklung"[115] dem Gesetz der Identifikation. Das heißt, daß „der Mensch mit den Dingen und die Dinge mit dem Menschen identisch werden können und tatsächlich identisch werden"[116]. Magie ist nicht nur in religiösen Riten und Vorstellungen der vorgeschichtlichen Menschheit (Ratschow), nicht nur als lebensfeindlicher Zauber in Dynamismus, Animismus und Totemismus (Söderblom) enthalten, sondern ebenso im volkstümlichen Phänomen der Opfer- und Gebetsfrömmigkeit sowie in einem Sakramentsverständnis, das das Göttliche als überirdische Substanz deutet. Schon Spranger fragt, „wieviel in diesen Reservaten (scil. des religiösen Lebens) von dem Recht der alten magischen Denkweise noch erhalten bleibt. Denn ganz in bloßen Dunst kann doch eine Bewußtseinsverfassung nicht aufgegangen sein, die Jahrtausende hindurch *das* vorherrschende Mittel menschlicher Weltauslegung gewesen war"[117]. Ein bleibendes Moment der magischen Bewußtseinsform sieht Spranger in der Personkategorie, im Ich-Du-Verhältnis, im hermeneutischen

[115] Varga 1963, 14; Spranger 1934.
[116] Varga 14 f.
[117] Spranger 1949, 126.

Zirkel (im „Sich-hinein-versetzen" in den anderen). Die Entwicklung der Person geschieht durch Identifikation, also nach dem Gesetz des Magischen. Wenn der Sohn „Vater" spielt, dann *ist* er der Vater, und auf diese Weise wird er für seine spätere wirkliche Vaterrolle prädisponiert. Auch im Surrealismus werden immer wieder Identitätsprobleme mit magischen Denkmitteln zu interpretieren versucht (Kafka, Ionescu). „Das urtümliche Sichmiteinanderidentifizieren ist der Keim jeder Art von Liebe zwischen Seele und Seele", sagt Spranger.
Während der fernöstliche Mensch heute noch auf diese Weise den Zugang zum Andern und in ihm zum All-Einen bewahrt, hat das Abendland einseitig den anderen Teilaspekt des Bewußtseins ausgebildet: Es hat mittels der Subjekt-Objekt-Spaltung das diskursive Denken verabsolutiert und dadurch Naturwissenschaft und Technik zu entwickeln vermocht. Diese Einseitigkeit (s. o. S. 109 f.) wirft ihre Schatten auf die Ethik, deren Problem es ist, gegen die Versachlichung personaler Beziehungen anzugehen (im Mißbrauch des Menschen als „Kanonenfutter", als Material für biologische Experimente, als Objekt der Technokratie oder in der unmittelbaren und mittelbaren Prostitution). Die religiöse Erziehung muß diesen doppelten Aspekt beachten. Sie muß einmal verhindern, daß die magischen Ansätze beim Kind sich zu einem Zaubermechanismus entwickeln. Eine Fehlhaltung entsteht, wenn aus der anfänglichen participation mystique (Levi-Bruhl), aus der egozentrierten Totalität des augenblicklichen Erlebens heraus ein pseudorationales Einwirkungssystem konstruiert wird, das durch magische Praktiken die Erfüllung von Wünschen herbeiführen soll. Gerade dieser negative Aspekt des Magischen schlägt eine unmittelbare Brücke zum Menschen des technischen Zeitalters, sofern der für viele undurchschaubare Gebrauch technischer Geräte (ebenso wie die Tendenz etwa, Apparate zu personifizieren, dem Auto Namen zu geben usw.) Elemente archaischen magisch-technischen Denkens enthält[118]. Durch flexi-

[118] Vgl. auch Oerter 1971, 409 f. Allerdings ist Oerters Verständnis des Magischen einseitig auf die Egozentrizität des Kindes im Sinn des magischen Systems bezogen, während das Magische in seinem Ansatz gerade auch Selbstaufgabe und Aufgehen im Andern bedeuten kann. Oerter gibt somit ein Beispiel für die einseitig abwertende Beurteilung des Magischen.

blen Umgang mit Riten und Gebräuchen, durch Abwandlung der Gebetsformulierungen wird man der Entstehung von Zaubervorstellungen vorbeugen. Man wird den Dialog-Charakter des Gebets im Gegensatz zum funktionellen Einwirken auf die göttliche Allmacht in den Vordergrund stellen, man wird besonders beim Erzählen biblischer Wundergeschichten Vorsicht walten lassen. Autoritäre Haltung des Erziehers fördert das magische System, partnerschaftliche Haltung baut es ab. Auf der anderen Seite darf aber nun dieser kindliche Denkansatz nicht von vornherein negiert werden. Im Zeitalter der Technokratie kommt es um so mehr darauf an, die Entfaltung des ganzen Menschen in allen seinen Teilansätzen zu fördern. Die „Verlegung seiner (des Menschen) Lebensenergien nach der Seite der Außenwelt hin" (Spranger) bedarf der gleichzeitigen Förderung der personspezifischen Kräfte, der Identifikation und Partizipation. „Wenn die Menschen einen einzigen Schritt vorwärts tun wollen zur Beherrschung der äußeren Natur, durch die Kunst der Organisation und der Technik, dann müssen sie vorher drei Schritte der ethischen Vertiefung nach innen getan haben" (Novalis).
J. Piaget konstatiert vier Stufen in der Entwicklung des kindlichen Realitätserlebens. Real ist zunächst, was einem Wunsch entspricht (das Problem des kindlichen Lügens oder besser Fabulierens ist von daher kein moralisches). Bis zum zweiten/dritten Lebensjahr ist das intensive Erleben Kriterium des Realitätsbewußtseins (Stern). Auf der zweiten Stufe, bis zum siebenten/achten Jahr, stehen ichbezogene Phantasiewelt und Wirklichkeit als verschiedene, aber für das Kind gleich reale Welten einander gegenüber. Die dritte Stufe, sie reicht etwa bis elf/zwölf, bringt die hierarchische Ordnung dieser Welten; auf der vierten wird die Hierarchie durch logisches Denken vollendet. Das bedeutet, daß das Kind auf den ersten Stufen Erzählung und Wirklichkeit noch nicht zu unterscheiden vermag: Das Kind flüchtet sich zur Mutter, wenn es hört, daß der Wolf in das Zimmer der Geislein springt. Die Bildinhalte werden realistisch verstanden, ihre Transparenz bleibt noch verborgen. Nicht im kognitiven, sondern im affektiven Bereich liegen die Möglichkeiten des Erwachsenen, das spätere Transzendieren der Gegenstandserfahrung vorzubereiten. An der

Haltung des Erwachsenen muß das Kind erfahren, daß biblische Geschichten oder religiöse Aussagen Realitätscharakter tragen, auch wo sie ungegenständlich sind, während Märchengestalten sich deutlich davon absetzen müssen. Die Bezugspersonen sind „Repräsentanten der Realität schlechthin; im Vertrauen auf sie kann das Kind auf eigene Realitätsprüfung verzichten“[119].

Indem das Kind in Auseinandersetzung mit der Wirklichkeit lernt, seinen ichbezogenen Standpunkt zu überwinden, wird es für die Einsicht zugänglich, daß unsere Fähigkeit Vorstellungen zu bilden nicht Maßstab für mögliche Wirklichkeit ist. Das Kind muß zunächst sein Ich transzendieren lernen auf die gegebene Außenwelt hin, um danach die Außenwelt transzendieren zu können auf das Umgreifende hin. Der erste Schritt geschieht unter dem Druck der Realität; er ist bei psychischer Gesundheit unumgänglich. Der zweite Schritt, der den Positivismus überwindet, wird durch das Beispiel des Erwachsenen angebahnt und anhand der eigenen Grenzerfahrungen, der Sinnfrage, des Reflektierens über die eigene Existenz[120] im Stadium der Pubertät vollzogen.

Im ersten Fragealter des Kindes deutet sich zum erstenmal das „Ideologiebedürfnis“ an, die Suche nach einem umfassenden Sinn. Das Kind will noch nicht im wissenschaftlich-rationalen Sinn wissen, *warum* etwas ist; es fragt in affektiv besetztem Interesse, *wozu* etwas ist, welchen Zweck es erfüllt, welchen Sinn es hat. Indem der Erwachsene diese Fragerichtung häufig im kausalen Sinn mißversteht, versperrt er die Sinnintention des Kindes; zugleich legt er dem Kind die kausale Frage nahe und verstärkt damit den Aufbau einer einseitig naturwissenschaftlich-kausalen Weltorientierung. Oder aber er weist die Fragen des Kindes grundsätzlich zurück und ignoriert sie; damit wird das Kind auf seine bruchstückhaften Erfahrungen beschränkt und muß diesen einen vermeintlichen Sinn unterlegen, der entweder der Realitätskontrolle nicht standhält oder aber dämonisch verzerrt wird; schließlich verzichtet das Kind auf umfassende Weltdeutung überhaupt. Mit der sinnvollen Beantwortung der Wozu-Fragen wird bei glaubwürdiger Re-

[119] Bittner 1970, 87.

[120] Oerter 1970, 288.

präsentanz durch den Erwachsenen eine Haltung angebahnt, die das Kind Anteil haben läßt an einer Welt, die letztlich von der Güte Gottes gehalten ist, die ihm einen guten Sinn in allem Geschehen auch dort verbürgt, wo dieser Sinn über dem menschlichen Verstehenshorizont liegt; die das Kind mit allen Menschen an der Aufgabe der Sinngebung und sinnvollen Gestaltung beteiligt sein läßt.

Die Wozu-Frage des Kindes verbindet also die emotional-ichzentrierte Haltung des Kindes mit der Sachverantwortung des Erwachsenen. Wenn auf die Frage, warum die Sonne untergeht, geantwortet wird: Damit es dunkel wird und wir alle schlafen können, geschieht beiden Interessenrichtungen Genüge. Bei tiefergreifenden Fragen allerdings hängt die Überzeugungskraft und religiöse Konstruktivität der Antwort von der Haltung des Erwachsenen ab. Einer der entscheidenden Punkte für diese Haltung ist die Frage des Todes[121]. Es kann durchaus der Tod eines Haustieres sein, an dem das Problem für das Kind zum erstenmal aufbricht. Die Todeserfahrung als die radikale Infragestellung der Sinnhaftigkeit des Lebens setzt voraus, daß die Sinnfrage in irgendeiner (kindlichen) Form schon gestellt ist; vorher vermag das Kind diese Problematik nicht zu erfassen und kann gänzlich ungerührt dem Todesfall eines nahestehenden Menschen gegenüberstehen. Grundsätzlich gilt, daß das Kind in keiner Weise verunsichert und ängstlich gemacht werden darf. Man wird es deshalb vor der Schulzeit keinesfalls ohne Not mit der Todesfrage konfrontieren

---

[121] Vgl. Jaehner 1933; Reed 1972; Wolff 1971, 100 ff.: „Bis zum vierten oder fünften Lebensjahr nehmen sie ihn (den Tod) nicht zur Kenntnis oder betrachten ihn mit verwundertem und irgendwie gefühllosem Interesse. Zwischen dem fünften und dem achten Lebensjahr ist der Tod für Kinder ein irritierendes, mit aggressiven Gefühlen und mit Angst verbundenes Phänomen, das sie als Strafe für böse Taten, jedoch nicht als irreversibel betrachten. Erst mit etwa neun Jahren sind sie in der Lage, den Tod rational zu begreifen, und von diesem Zeitpunkt an äußern sie auch Trauer über den Verlust eines geliebten Menschen. Bis dahin fehlt eine emotionale Reaktion auf solch ein Ereignis entweder gänzlich, oder das Interesse bleibt ein bloß distanziertes", 103. Wolff spricht aber selbst auch (105) von einer Dauergefährdung bereits bei Säuglingen. Entscheidend ist dabei nicht der Tod als solcher, sondern der langfristige Verlust der Dauerpflegeperson.

und nur so weit darauf eingehen, wie es selbst darauf stößt. Man wird weiter das Kind angesichts der gegebenenfalls aufbrechenden existentiellen Sorge dahingehend beruhigen, daß es selbst, daß seine Eltern oder wer immer gefragt ist, gesund seien und nicht mit dem Tod rechnen müssen; daß Gott Menschen sterben lasse, wenn sie müde und alt geworden sind. Das Kind muß wissen, daß es damit rechnen darf zu leben. Es bleiben aber die Fälle, wo dies (die Gesundheit der Eltern usw.) eben nicht gegeben ist, und wo die Frage nach dem Schicksal der Toten zur Lebensfrage wird. Die Antwort wird der theologischen Haltung der Erwachsenen entsprechen. Wer dem platonischen Erbe der Unsterblichkeitstheorie (und dem damit verbundenen weltanschaulichen Dualismus) endgültig den Abschied gibt und sich an biblischem Denken orientiert, wird sagen müssen, daß der Tote auf dem Friedhof liegt und wir ihn dort besuchen und ihm Blumen bringen können; daß Gott bei ihm ist ebenso wie bei uns; daß er dort ruht, bis Gott ihn ruft. Es kann sinnvoll sein, hier biblische Geschichten zu erzählen. Aber: Was immer der Erwachsene sagen mag, die Wirkung hängt von seiner Haltung ab. Das Kind nimmt noch vor allem Fragen in sich auf, wie seine Umgebung mit dem Tod lebt, angstvoll, ignorierend, gleichgültig, getröstet. Diese Erfahrung wirkt in jedem Fall stärker als eine noch so gut gemeinte ad-hoc-Erklärung oder -Geschichte. Erst in der Schulzeit wird das Problem systematisch angegangen werden, gerade dann, wenn kein aktueller Grund vorliegt, um die zusätzliche affektive Belastung zu vermeiden und ein offenes Gespräch zu ermöglichen. Wichtig ist das Offenhalten der eschatologischen Hoffnung auf die neue Welt Gottes, die das Kind sich ausmalen darf nach den Kriterien, die für die Imagination aufgestellt wurden. Dabei mag das Symbol der Stadt Gottes sich als zeitgemäße Form besonders nahe legen. Generell darf sich der Erwachsene keinesfalls vor dem Eingeständnis scheuen, auf bestimmte Fragen keine Antwort zu haben. Die Systemoffenheit ist eine Folge des Entwurfcharakters religiös-kognitiver Welt- und Lebensdeutung und — allerdings erst für den älteren Menschen einsichtig — kein Mangel, sondern ein spezifischer Vorzug (B. Brecht empfahl den Marxisten, um ihrer Glaubwürdigkeit willen, endlich eine Liste derjenigen Fragen zusammenzustellen, auf die sie bestimmt keine Antwort wüßten).

4.36 Die Bedeutung der Bibel für die religiöse Erziehung[122]

Die Frage nach der Relevanz biblischer Geschichten für eine zeitgemäße religiöse Erziehung bedarf einer doppelten Beantwortung. Es kann nicht bestritten werden, daß die Bibel als Begründungszusammenhang des christlichen Glaubens unter den Normen der historischen Kritik konstitutiv ist für das Selbstverständnis eben dieses Glaubens, für seine Selbst- und Weltauslegung. Daraus geht der didaktische Wert der Bibel für die Einsicht in die Vorgeschichte und den Grund unserer kirchlichen, abendländisch-kulturellen und individuell-christlichen Existenz eindeutig hervor. In diesem Sinn der historischen Rückfrage wie auch hinsichtlich des Problemlösungsmaterials, das aus den Ursprungssituationen des christlichen Glaubens zu erschließen ist, bedeutet die Bibel einen unaufgebbaren Bestandteil auch des primär problemorientierten RUs. Dabei wird die Bibel nicht so sehr als Materialsammlung für gelegentliche Rückgriffe verstanden; um ethische Probleme zu veranschaulichen, wird man in der modernen Jugendliteratur in vielen Fällen kindgemäßere und zeitgemäßere Texte finden. Vielmehr bietet die Bibel Stoff für bestimmte, fachdidaktisch zu begründende Lehrgänge, die den großen geschichtlichen Zug erschließen, innerhalb dessen die gegenwärtige christliche Religiosität sich begreifen muß. Hier geht es schwerpunktmäßig um kognitive Zusammenhänge, die als solche, nämlich eben im Zusammenhang, erst im letzten Jahr der Grundschule relevant werden. Das schließt ein Bekanntwerden mit biblischen Geschichten in früherem Alter nicht aus. Es ist aber zu beachten, daß dort, wo kognitive Wirkungen angestrebt werden,

---

[122] Zur tiefenpsychologischen Interpretation biblischer Texte vgl. Harsch 1968; Uhsadel 1969; Niederwimmer 1970; Riess 1970; Scharfenberg 1971 einschl. der Beiträge von W. Hagenau, H. Bolz, B. Strehlow, V. Metelmann; vgl. auch Niederwimmer 1968; Boyden Howes 1965; soeben erschienen Voss/Harsch 1972; Spiegel 1972; zur Bedeutung der Bibel für die Frömmigkeit heute: Cornehl 1972.

verhängnisvolle affektive Nebenwirkungen eintreten können. Es reicht beispielsweise nicht aus, anhand von Isaaks Opferung den Glaubensgehorsam Abrahams oder den alle Gefährdungen überwindenden Heilsplan Jahves nahebringen zu wollen, wenn das Kind in seiner altersspezifischen Situation sich nicht mit Abraham, sondern mit Isaak identifiziert: In der Situation Isaaks erfährt es, daß die Geborgenheit beim Vater fraglich wird, wenn der Vater bestimmten Zwängen und Forderungen ausgesetzt ist, die dem Kind undurchsichtig bleiben müssen. Wenn es diese Vatererfahrung auf das Gottesbild überträgt, wird Gott zum undurchsichtigen Schicksal.

Nun kann aber, und das ist das Zweite, von vornherein ein affektives Ziel angesetzt werden. Das oben genannte Exodus-Thema der biblischen Tradition erweist sich als archetypisch relevant. Die Vertreibung aus dem Paradies als mythischer Ausdruck des Übergangs von der Möglichkeit zur Wirklichkeit, steht in archetypischem Zusammenhang mit dem Geburtsvorgang. Den Appell der Patriarchengeschichten, auszuziehen in „das Land, das ich dir zeigen werde", könnte man in der Pubertätssituation wiederfinden, dem Ausschauen nach neuem Land, das zugleich eng mit der Zeugungsfunktion und Nachkommenschaft verbunden ist, läßt sich aber auch auf den Übergang von der Familiengruppe in sekundäre Bezugsgruppen beziehen. Der Exodus der Mosetradition mit seiner stark oralen Gebundenheit an die „Fleischtöpfe Ägyptens" und seinen Speisungswundern in der Wüste ordnet sich vollends der Situation der soziokulturellen „Geburt" ein, dem Schuleintritt, der Lösung aus dem nährenden Geborgensein bei der Mutter, vergleichbar dem Hänsel-und-Gretel-Motiv. Je älter die biblische Schicht, je mythischer die Form, desto deutlicher ist naheliegenderweise die archetypische Gebundenheit — aber die späteren geschichtlichen Vorgänge setzen die archetypischen Impulse fort. So verweisen die alttestamentlichen und neutestamentlichen Berufungsgeschichten und der Missionsbefehl als Prototyp oder Urmodell der Übernahme einer „Mission", einer Sinngebung also des eigenen Daseins, in eine lebensgeschichtlich spätere Phase.

Die Parallelität der Grundtendenz ist deutlich: das Transzendieren der jeweiligen Situation, das Ergreifen der jeweils nächsten Möglichkeit im Rahmen der vorausgesetzten gratia praeveniens (der Verheißung des In-Gottes-Treue-Geborgenseins[123]). Auch die Jesusgeschichten, und zwar die Kindheitsgeschichten ebenso wie bestimmte Wunder (Speisung, Sturmstillung) oder Gleichnisse wirken unmittelbar im Sinn psychischer Bilder.

Nun darf das Kind aber auch in diesem Bereich nicht auf Bilder und Vorstellungen fixiert werden, die seine Entwicklung hindern und ihm den späteren Zugang zur Bibel versperren. Deshalb wurde oben gesagt, daß die positive Wirkung des Erzählens nicht allein vom guten Willen der Erziehungspersonen abhängt, sondern von gewissen Einsichten in theologisch-exegetische und psychologisch-didaktische Zusammenhänge, die in der Regel eine entsprechende Vorbildung voraussetzen. Von daher sollte im Zweifelsfall das Erzählen dem Kindergottesdienst, dem Kindergarten und dem RU überlassen bleiben.

Das Erzählen ist vor allem so anzulegen, daß der Akzent nicht auf Einzelheiten und irreführende Nebenzüge, sondern auf den inneren Duktus der Geschichten gelegt wird. Das Identifikationsbedürfnis des Kindes und das Identifikationsangebot der Texte sind in dem Sinn aufeinander abzustimmen, daß die Identifikation mit den Menschen unter dem Exodusmotiv erfolgt, das Exodusmotiv aber selbst Distanz fordert, die Offenheit nach vorn propagiert und den Abbau fixierter Vorstellungen (den Auszug oder Aufbruch aus Liebgewordenem, Vertrautem, Überkommenem, Selbstverständlichem) impliziert. Das Kind übt sich darin, sich mit dem zu identifizieren, der im Exodus begriffen ist, dies aber ständig unter der Zusage umfassender Geborgenheit in Gott.

Das inhaltliche Moment: die Menschen sollen nicht bleiben, wo (wie) sie sind, wird logischerweise auch auf die religiösen Vorstellungen selbst bezogen werden müssen. Methodisch läßt sich diese Forderung im RU vom dritten/vierten Schuljahr ab

---

[123] Dem eschatologisch-dynamischen Prozeß des biblischen Glaubensverständnisses als einem Prozeß der Differenzierung und Spezifizierung in der Polarität von Kontinuität und Wandlung entspricht die Dynamik vom Es zum Ich auf der Basis des Urvertrauens bzw. der Individuationsprozeß. Einen Vergleich zwischen Jungschem Individuationsprozeß und paulinischer Rechtfertigungslehre bietet D. Cox bei Spiegel 1972, 60 ff.

in Anschlag bringen, indem von der Identifikation mit den biblischen Personen übergeleitet wird zur Identifikation mit den biblischen Schriftstellern, die auf ihre Intentionen hin befragt werden. So gerät der Schüler in einen Prozeß, in dem er dem direkten Verständnis der mythischen und legendären Texte entwächst und dieses sein Entwachsen selbst im Sinn des Exodus-Motivs zu deuten vermag.

Eine letzte Frage: Der Vergleich mit den Exodus-Märchen wie Hänsel und Gretel, Rotkäppchen usw. scheint den Schluß nahezulegen, daß in der Bedeutung für das Kind Märchen und Bibel nun doch auf einer Stufe stehen. Das heißt zunächst einmal, daß auch dem Märchen nach wie vor eine hohe Bedeutung zukommt[124]. Die biblischen Erzählungen gehen aber darüber hinaus (und deshalb ist der Unterschied dem Kind durch den unterschiedenen Erzählstil und die unterschiedliche Haltung des Erwachsenen den Stoffen gegenüber deutlich zu machen): Sie sind sowohl Urkunde als auch Gegenstand einer Geschichte, die in ihrer Einmaligkeit die Texte über ihre mythisch-archetypische Allgemeinbedeutung hinaushebt. Entscheidend ist, daß in der Bibel das Archetypische auf einen historischen Prozeß projiziert wird bzw. in ihm erscheint, und daß ihre Bilder damit aus der Gesetzmäßigkeit der Analogie in die Qualität der Offenbarungs-Kontingenz erhoben werden[125]. Während die Märchen oder die alten Religionen Phasen der Individuation widerspiegeln, Grundstrukturen also des immer Gleichen, bietet das biblisch-christliche Glaubensverständnis Anteil an dem die Geschichte umgreifenden „Advent" Gottes selbst.

---

124 Zum Märchen vgl. Dieckmann 1966; Betz 1970; Meves 1972.

125 Daß gerade die jüdisch-christliche Tradition als Projektionsträger nicht nur archetypische Teilaspekte verkörpert wie andere (antike/spätantike) Religionen (Mutterreligionen, Fruchtbarkeitskulte), nicht also einzelne Stufen des Prozesses, sondern den Prozeß selbst, das eben ist das theologische Charakteristikum der Exodus-Thematik als einer Geschichte, in der sich die Dynamik des nomadischen Jahveglaubens durchhält, und die im Christusgeschehen als der Antizipation der endgültigen Erfüllung der Verheißung gipfelt. Diese geschichtliche Dynamik transzendiert die Immanenz des Psychischen, wie das in dem Theologumenon des „extra nos" zum Ausdruck kommt.

So nimmt die Bibel im Zusammenklang ihrer affektiven und kognitiven Wirkung die Individuation des Einzelnen in die „Individuation", d. h. in das Kommen der Herrschaft Gottes hinein und konfrontiert den Menschen auf jeder Stufe seiner Selbstwerdung unmittelbar mit der letzten eschatologischen Freiheit, die die christliche Anthropologie kennzeichnet.

5. Religiöse Erziehung in der pluralistischen Gesellschaft

Im ersten Kapitel ist dargestellt worden, daß die religiöse Erziehung bisher vorherrschend auf kirchliche Sozialisation, auf Eingemeindung des Kindes hin ausgerichtet war. Gerade das Fehlen einer differenzierten Theorie ist für die stillschweigende Voraussetzung dieser Einlinigkeit und Eindeutigkeit bezeichnend. Im Rahmen einer patriarchalisch-ständisch durchstrukturierten Gesellschaft zogen alle Erziehungsträger am gleichen Strang, und zwar zumindest äußerlich auch dann, wenn die eigentlichen verborgenen Interessen erheblich divergierten. So wurde der Anspruch der Eltern auf gehorsame Kinder, der Anspruch des Staates auf gehorsame Staatsbürger auch dann noch mit den Erwartungen an eine christliche Erziehung motiviert und prinzipiell erfüllt, als Eltern und Staat selbst längst nicht mehr als Verkörperung einer substantiell christlichen Gesellschaft gelten konnten; der Sozialisationsprozeß war als solcher christlich-traditionell determiniert[1]. Umgekehrt haben RU und kirchliche Kinderarbeit dieser Erwartung lange Zeit entsprochen, indem sie den faktischen weltanschaulichen Pluralismus weithin ignorierten und den Anschein der gesellschaftlichen Selbstverständlichkeit christlicher Lebenshaltung und Weltorientierung aufrechterhielten.

Die ehemals christliche Gesellschaft als die Trägerin von Erziehung und Sozialisation ist heute weltanschaulich aufgesplittert. In die weltanschauliche Grundorientierung des Kindes teilen sich die Familie mit individueller, mehr oder weniger reflektierter Bekenntnishaltung (im weitesten Sinn von Bekenntnis als weltanschaulichem Standpunkt), die öffentlichen Einrichtungen der Gesellschaft (Schule, Kommunikationsmittel usw.), die dem weltanschaulichen Pluralismus Rechnung zu tragen haben, und die Kirchen, die sich auch in den der Bildung und

[1] Vgl. die zusammenhängende Darstellung bei Helmreich 1966.

Erziehung dienenden Veranstaltungen ihrem Bekenntnis verpflichtet wissen (wobei zwischen den öffentlichen Erziehungseinrichtungen in kirchlicher Trägerschaft und den dem Gemeindeaufbau dienenden Veranstaltungen im innerkirchlichen Raum noch einmal zu unterscheiden ist).

Neben dem Pluralismus der Gesellschaft steht die Rollendivergenz des Einzelnen: Freizeitbereich und Arbeitswelt fallen auseinander. Die Familie, obzwar sie für das Kind die Voraussetzungen der Sozietisierung (Strzelewicz) schafft, fühlt sich mehr für den privaten Raum, für die Innerlichkeit, das Moralverhalten innerhalb der Intimgruppe zuständig, die Schule um so mehr für das künftige Leben in Gesellschaft und Arbeitswelt. „Die Schule hat die große Aufgabe, das Kind aus der Geborgenheit in der Familie hinüberzuführen in die Willensform des öffentlichen Lebens und die Kräfte in ihm zu entwickeln, die alle Organisation tragen."[2]

Die Verbindung von Pluralismus und Rollendivergenz führt notwendig zu einer Differenzierung der Funktionen im Erziehungs- und Sozialisationsprozeß: Die *Familie* macht das Kind überhaupt sozialisationsfähig; sie vermittelt darüber hinaus im Rahmen der Primärsozialisation das gesellschaftliche Normen- und Wertsystem in einem schichten- und familienspezifischen Ausschnitt bzw. unter einem entsprechenden subjektiven Aspekt. Ihre Aufgabe ist es, diesen Vorgang stärker zu reflektieren, um dem Kind die unumgängliche Ausgangsbasis (die Vorgabe) umfassend zu bieten und zugleich auf eine Weiterentwicklung hin offenhalten zu können. Die *Schule* am Schnittpunkt zwischen der Vielfalt der Familie als Intimgruppen mit ihrer (jedenfalls für das Kind implizierten) Tendenz zur Verabsolutierung des eigenen Standpunktes und dem vielschichtigen Beziehungsgefüge der Gesellschaft hat die Aufgabe, die Primärsozialisation kritisch aufzuarbeiten, ohne damit Indifferenz zu propagieren. Die *Kirche* hat (abgesehen von ihren

---

[2] Sauer 1970, 42 f. Zur Lage der Familie heute (Kleinfamilie; strukturelle Isolierung; Desintegration; emotionale Überhitzung der Erziehung durch die unausgefüllte Mutter; Verinnerlichung) vgl. Schelsky 1967b, 32; Parsons 1968, 212; Callies 1970, 13 ff.; Keil 1971, 113 ff. Zum Selbstverständnis der Schule heute vgl. den Strukturplan des Deutschen Bildungsrats 1971.

diakonischen Einrichtungen und ihrer Repräsentanz im öffentlichen Bildungswesen) eine Bekenntnishaltung zu praktizieren und dem jungen Menschen als mögliche Daseinsgestaltung anzubieten, die zeitgemäßer Ausdruck des Glaubens ist, in dem sie gründet. Sie hat die Funktion eines eschatologischen Zeichens in der Welt und den Auftrag, von ihrem Grund und Herrn Jesus Christus her im Zeichen der kommenden Gottesherrschaft für die Selbstverwirklichung des Einzelnen und die Humanisierung der Gesellschaft einzustehen[3]. Sie bedarf zur Erfüllung ihres Auftrags der jeweils nachwachsenden Generation. Die Kirche verdankt sich in ihrem Fortbestehen dem Wirken des Auferstandenen und nicht ihrer Taktik oder Sozialisationspraxis; das kann und darf sie aber nicht hindern, sondern muß sie vielmehr befähigen und ermutigen, die Kontinuität ihres Wirkens im Auge zu haben. Die Erziehungsarbeit der Kirche kann sich daher nicht auf diakonische bzw. therapeutische Angebote beschränken; sie hat in ihrem Binnenraum zugleich Grund und Ziel ihres Handelns bewußt zu machen[4]. Ihre Sozialisationspraxis ist daher von religiösen Handlungsvollzügen bestimmt, die die Gruppenidentität der Gemeinde voraussetzen.

Auf diesem Hintergrund hat die Theorie der religiösen Erziehung neben der phasenspezifischen Differenzierung sich nun auch im Hinblick auf die Erziehungs*funktionen* zu differenzieren. Die Funktion, die die einzelnen Erziehungsträger in der religiösen Erziehung bzw. Sozialisation ausüben, ist abhängig von der weltanschaulichen Struktur der jeweiligen Gruppe. In der bekenntniseinheitlich gebundenen Gruppe herrscht die Tendenz der Rollenübernahme vor unter dem Primat der Handlungskomponente; die kognitive Komponente fungiert hier als zeitgemäßes Medium und als Schlüssel im Übergang zu den Sekundärgruppen. In pluralistischen Gruppen steht die Tendenz zur Rollendistanz im Vordergrund und mit ihr die kognitive Komponente, während hier die Handlungskomponente die Funktion des Mediums übernimmt. Die affektive Komponente ist in beiden Bereichen beteiligt und wird ent-

---

[3] Zum Erziehungsauftrag der Kirche theoretisch Lohff 1966; Kirchenkanzlei 1972; einen Überblick über kirchliche Bildungsarbeit gibt Scharfenorth 1972.
[4] Vgl. Dienst 1972; 32; 58 f.

weder stärker im handlungsgebundenen Ausdruck oder vorherrschend in sprachlicher Bewußtmachung entfaltet.

Einen Grenzfall bietet die konfessionsverschiedene Familie (das betrifft wieder nicht nur die beiden christlichen Konfessionen, sondern die weltanschauliche Standpunktverschiedenheit überhaupt): Entweder die Familie bildet mittels eines Kompromisses oder einer grundsätzlich indifferenten Haltung ein Gruppenbewußtsein, das der bekenntniseinheitlichen Familie entspricht, oder aber sie trägt die Spannungen bewußt aus und lebt damit als pluralistische Gruppe, in der die kognitive Komponente vorherrschend ist.

Ähnliches gilt für die Erziehungseinrichtungen in kirchlicher Trägerschaft. Auch hier wird es darauf ankommen, ob eine bekenntnishomogene Gruppe entsteht, in der dann die Handlungsvollzüge (die Praxis evangelischer Frömmigkeit, Andacht, Gebet usw.) stärkeres Gewicht erhalten, ohne daß allerdings die Aufgabe der Vermittlung zum Pluralismus hin vernachlässigt werden darf, oder ob sich die weltanschauliche Gruppenstruktur und damit der Funktionsbereich nicht von anderen bekenntnisdivergenten Gruppen unterscheidet und die kirchliche Orientierung nur im spezifischen Standpunkt des Lehrers zum Ausdruck kommt. Das Kind bedarf für sein Leben in der Gesellschaft beider hier entwickelten Aspekte: Es bedarf der Rollenübernahme und der Rollendistanz, der Standpunkthaftigkeit und der die Toleranz gegen andere einschließenden kritischen Relativierung, der Gebundenheit in einem Ordnungsgefüge und der Fähigkeit zu Kritik und Innovation[5]. Es bedarf also beider Bezugsgruppen, und es bedarf natürlich der Integration der verschiedenen Aspekte um so mehr, als es der eine und selbe Mensch ist, der in den verschiedenen Bezugsgruppen unterschiedliche Rollen zu tragen hat. Während diese integrative Funktion früher bei der Handlungskomponente lag (in einer weltanschaulich geschlossenen Gesellschaft garantierte die Teilnahme am gesellschaftlichen Leben die Rollenidentität), übt in der pluralistischen Gesellschaft die kognitive Komponente diese integrative Funktion aus: Nur durch Bewußtmachung

[5] Vgl. Kap. 1. Zum evangel. Kindergarten vgl. Hauptgeschäftsstelle d. Diakon. Werks 1970; Das diakonische Werk 1971/6

können die aus Rollendivergenzen sich ergebenden Spannungen relativiert und erträglich gemacht werden. Damit bestätigt sich die These[6], daß die zeittypische Ausdrucksform des Glaubens in der Reflexion besteht; denn der Glaube als Antizipation einer umgreifenden Sinnerfahrung kann sich nicht auf Teilbereiche des Lebens beschränken, sondern setzt vielmehr die Integration der verschiedenen Lebensfelder des Einzelnen voraus.

Wenn das Kind der verschiedenen Funktionen und der verschiedenen Bezugsgruppen bedarf, so bedeutet das, daß diese Gruppen gerade in ihrer Unterschiedlichkeit streng aufeinander bezogen werden müssen. Eine differenzierte Gesamttheorie der religiösen Erziehung hat die Funktionen der einzelnen Erziehungsträger so aufeinander abzustimmen, daß die Ganzheit des Menschen und die Einheitlichkeit der Erziehung im Zusammenspiel der Kräfte gewahrt wird. Es wäre anachronistisch, wenn die Kirche innerhalb dieser Gesellschaftsstruktur im RU oder in den (wenigen kirchlich orientierten) Familien ein Mittel zur Durchsetzung konsequent bekenntnisgebundener Erziehung im Sinn eindeutig fixierter Rollenübernahme sehen wollte. Ebenso wäre es ein Unding, wenn man das Abhängigkeitsverhältnis umkehren und das Prinzip der Rollendistanz vom RU auf Kindergottesdienst und Konfirmandenunterricht übertragen würde, d. h. nun auch in den kirchlichen Veranstaltungen von biblischen Texten, von ritualisiertem Verhalten (Liturgie, Gebet) absehen wollte. Wiewohl die heute vorhandenen Arbeitstechniken, Medien, Methoden übereinstimmend angewandt werden, sind jedoch die Funktionen entsprechend der unterschiedlichen Gruppenstruktur deutlich voneinander zu unterscheiden und können gerade darin ein sinnvolles Miteinander bilden.

Es ist daher unsachgemäß, der religiösen Erziehung unter Hinweis auf Elemente der kirchlichen Praxis manipulatorische, antiemanzipatorische Tendenzen zu unterstellen, wie es ebenso unsachgemäß ist, im Hinblick auf eine kritisch-problematisierende oder informierende Haltung des RU die religiöse Erziehung als aufklärerisch-neutralisierend abzutun (daß Einzelvor-

---

[6] S. o. S. 24.

würfe in beiden Richtungen durchaus berechtigt sein können, steht dabei außer Frage). Der Versuch, die einzelnen Aspekte der religiösen Erziehung gegeneinander auszuspielen, muß von vornherein zurückgewiesen werden. Die Gesamttheorie hat die verschiedenen Erwartungen gegenüber den einzelnen Erziehungsträgern, deren sachgerechte und praktikable, didaktische und methodische Möglichkeiten zu koordinieren und sowohl phasen- bzw. situationsspezifische als auch träger- bzw. funktionsspezifische Erziehungsaufgaben abzuleiten.

5.1 *Die Familie*

„Jeweils mit der Geburt eines Kindes in der Kernfamilie wird der Prozeß der Tradierung von kulturellen Werten neu in Gang gesetzt."[7] Die Familie ist der Raum, in dem die Primärsozialisation stattfindet; sie hat durchschlagendes Gewicht, wenngleich ihre Wirkung mit zunehmendem Alter des Kindes durch sekundäre Sozialisationsagenturen ergänzt wird. Zwar kann die Familie durch andere Gruppen ersetzt werden[8]; aber gerade um der Bedeutung der frühkindlichen Situation willen bestehen starke Bedenken dagegen, am Sozialisationsprozeß „herumzudilettieren"[9]. Die uneingeschränkte Priorität der Familie gegenüber anderen Gruppen besteht in ihrer hohen Toleranz, der langwährenden gleichmäßigen Pflegehaltung der Mutter aufgrund der unersetzbaren biologischen Mutter-Kind-Bindung und dem besonderen affektiven Klima[10]. Es ist oben dargestellt worden, daß der Aufbau der Ichstruktur aus der Elternbeziehung und dem Erziehungsstil heraus und der Aufbau der Wertorientierung aus der Teilhabe an der Familienatmosphäre, an der Eigenhaltung der Bezugspersonen in der Sinn- und Wertfrage und an der Familiensprache grundlegend sind für die spätere religiöse Haltung.

[7] Claessens 1962, 45.

[8] Seifert 1971, 164: „Das Kind kann seine Bedürfnisse nur dann regulieren, wenn es sich in der Geborgenheit eines stabilen Bezugsrahmens (Elternhaus, Kinderkollektiv) befindet."

[9] Brückner, in: Reiche 1968, 160; Kuckartz 1970, 38 ff. referiert über Versuche zur Abschaffung der Familie; zur Kibbutz-Erziehung vgl. Flitner 1972, 17 ff.

[10] Claessens 1962, 46 ff.

Wenn in Kapitel 3 und 4 Ansätze entwickelt wurden für eine religiöse Familienerziehung, so ist zugleich deutlich, daß ein solches Programm in den seltensten Fällen durchführbar ist. Einmal ist durch den mehrfach erwähnten Wandel der Familienstruktur (Kleinfamilie, Privatisierung, Erfahrungsschwund) die Funktionsfähigkeit der Familie stark geschmälert[11]. Zum andern ist festzustellen, daß Erziehungsstil und Sozialisationspraktiken in einem solchen Maß schichtspezifisch festgelegt sind, daß eine schichtenübergreifende Praxis als Ausgangsbasis und Diskussionsgegenstand nicht vorhanden und in naher Zukunft nicht zu erwarten ist; denn die Sozialisationspraktiken ändern sich am ehesten gerade nur in denjenigen Bereichen der Gesellschaft, wo der Zugang zu „Agenturen des Wandels" von vornherein besteht[12]. Deshalb kann die Aufgabe der Familienerziehung nur im übergreifenden Zusammenhang gelöst werden.

Wenn gerade die frühkindliche Sozialisation weniger von (erlernbaren) Einzelmaßnahmen, als viel stärker von der im Verhalten der Eltern sich äußernden Haltung abhängt, dann kommt es im wesentlichen auf *Elternbildung* an, genauer: auf das Ingangsetzen elterlicher Selbstreflexion. Erziehungstheoretiker verschiedener weltanschaulich-politischer Provenienz sind sich über die Notwendigkeit der Einbeziehung der Eltern in den Bildungsprozeß einig[13]. Die Möglichkeiten erstrecken sich über Anregung zu autodidaktischen Bemühungen und allgemeine Kommunikationsmittel bis hin zu Mütterschulen, Familienerholungsplanung und Eltern-Kinder-Gruppen, wie sie im Zusammenhang der Kinderläden zuerst propagiert wurden.

Die Kirche hat dabei eine doppelte Funktion: Sie hat — sowohl von ihrem ausdrücklichen Auftrag her in Anwaltschaft für den Menschen und in Mitverantwortung für die Gesellschaft, als auch in ihrer gesellschaftlichen Rolle als institutionalisierte Gestalt von Religiosität — in ideologiekritischem Sinn darauf zu drängen, daß in allen fachwissenschaftlichen, institutionellen

---

[11] Auch Claessens 1969, 212 urteilt heute skeptisch: „Die Familie zeigt sich weithin unfähig, ihrem Nachwuchs den Anschluß an eine moderne Welt, an eine dynamische Gesellschaft, an Fundamentaldemokratisierung, wie Karl Mannheim es formuliert, zu vermitteln."

[12] Fend 1970, 99.

und privaten Diskussionen über Erziehung und Sozialisation die immer schon implizierte weltanschaulich-religiöse Dimension der Sinn- und Wertorientierung bewußt wird und den Stellenwert gewinnt, der ihr zukommt. Sie hat zweitens auf diesem eben genannten Boden in exemplarischer Funktion, im Raum der ihr Zugehörigen verbindlich-legitime Elternarbeit zu praktizieren. Es ist ein Anfang, wenn die Kirchen in Ergänzung der (vielerorts bekannten) Peter-Pelikan-Briefe an alle Eltern getaufter Kinder in regelmäßigen Abständen Erziehungsanleitungen bzw. Anleitungen zur Selbstreflexion verschicken[14]; der Selbsterfahrungsprozeß wird aber damit nur sehr begrenzt eingeleitet. Vielmehr wird es wesentlich darauf ankommen, Kleingruppen nach gruppendynamischen Gesichtspunkten zu bilden, die sich mit (religiöser) Erziehung beschäftigen, die ihre Erziehungspraxis und ihren Bekenntnisstandpunkt auf dem Hintergrund ihrer eigenen Sozialisationsgeschichte reflektieren und gemeinsam nach Wegen suchen, in dem oben entwickelten Sinn religiöse Erziehung im psychodynamischen, affektiven und kognitiven Bereich zu praktizieren. Das darf sich nicht auf gelegentliche Veranstaltungen beschränken, an denen sich wieder nur diejenigen Eltern beteiligen, die von vornherein interessiert und demgemäß informiert sind, sondern muß in einem breit angelegten, zugleich freizeitgestaltenden attraktiven Angebot entwickelt werden, wobei Taufjahrgang, Kindergartengruppe, Kindergottesdienstgruppe, Konfirmandenjahrgang usw. zum Anlaß und Gliederungsprinzip werden können. Damit ist auf die enge Verbindung und auf die notwendige Wechselbeziehung zwischen Familie und Erziehungseinrichtungen im Elementarbereich verwiesen.

5.2 *Erziehung im Elementarbereich (Kindergarten und Vorschule)*[15]

Seit Mitte der sechziger Jahre ist Vorschulerziehung Gegenstand einer sich ständig verbreiternden, wiewohl nicht in glei-

[13] Vgl. die Kinderläden-Praxis, o. S. 39. Bericht zur Lage evangel. Kindergärten 1970, 7; prinzipiell Schmitt-Wenkebach 1972, bes. 116 ff.

[14] Der Ursprung der auch in der BRD weit verbreiteten Peter-Peli-

chem Maß vertiefenden Diskussion[16]. Diese verstärkte Reflexion der frühkindlichen Situation gründet in der Veränderung der Sozialisationsbedingungen, und zwar in dem oben geschilderten Sozialisationsdefizit der Familie, in der Abwandlung der „Primärerfahrung mit den Dingen der Umwelt" zur Sekundärerfahrung durch die Kommunikationsmittel, die quantitativ eine Steigerung (Reizüberflutung), qualitativ eine Minderung des Erfahrungshorizonts bedeutet, und in den steigenden Anforderungen der Gesellschaft, die mit den Begriffen dynamische Gesellschaft, Industriegesellschaft, Lerngesellschaft usw. annähernd umschrieben sind.

Aus dieser Situation ging zum einen das Programm der *basalen* Förderung, zum andern das der *kompensatorischen* Erziehung hervor. Das basale Förderungsprogramm, in der BRD zuerst im Zusammenhang mit der Frühlesemethode Lückerts propagiert, ist — zu welchen Urteilen über die Einzelmodelle und Methoden man immer kommen mag[17] — vor allem daraufhin ständig zu überprüfen, ob und inwieweit damit nicht einseitige intellektuelle Förderung betrieben, einer Verkopfung (Meves) des Menschen Vorschub geleistet, also eine Einzelfunktion auf einen gesellschaftlich-funktionalen Zusammenhang hin entwickelt wird, während demgegenüber die Individuation des Kindes zurücksteht[18]. So sieht F. Kruse eine Gefahr für Vor-

---

kan-Briefe liegt bei der Mental-Health-Arbeitsgemeinschaft in Lousiana; zur religiösen Erziehung vgl. z. B. die Elternbriefe der Vereinigten Evangel. Kinderpflegeverbände, Stuttgart; die Elternbriefe „du und wir" des Kathol. Zentralinstituts für Ehe und Familie, Köln.

[15] Ulshoefer 1970, 91 gibt eine differenzierte Definition von Vorschulerziehung und verweist auf die allgemeine Tendenz, den Begriff durch die Bezeichnung Erziehung im Elementarbereich bzw. Primarbereich zu ersetzen, um nicht von vornherein eine schulbezogene Konzeption zu präjudizieren.

[16] Callies 1970, 9.

[17] Ebd. 44 ff.; Schmalohr 1971, 29 ff.

[18] In diesem kritischen Sinn Callies 48; vgl. auch die Stellungnahmen der Bundesarbeitsgemeinschaft der freien Wohlfahrtspflege, des Deutschen Caritasverbandes sowie das Modell der deutschen UNESCO-Kommission von 1969, bei Callies 70 ff. Ausführlich setzt sich Bittner 1971, 424 ff. mit der „szientifischen Voreingenommenheit im Umgang mit Kindern" auseinander, die er auch in den auf die Ganzheit der Person abgestimmten Plänen beispielsweise der UNESCO-Kommission findet. Er sieht die Gefahr eines Perfektionismus in den Versuchen, die Phantasie-

schulkinder, deren „geistige Entwicklung zu früh und zu erfolgreich hochgespielt wurde, später aber nicht im gleichen Tempo durchgehalten werden konnte, weil die emotionalen und vitalen Kräfte dazu nicht mehr ausreichten"[19].
Wenn die Religionspädagogik von ihren anthropologischen Prämissen her von einer Gefahr der Intellektualisierung sprechen muß, dann ist damit nicht die *frühe* kognitive Bildung gemeint, sondern die *einseitige* kognitive Bildung. Das Engagement der Religionspädagogik liegt dort, wo die Ganzheit der Person wahrgenommen und allseitig gefördert wird, d. h. wo kognitive Bildung (Reflexion, Intelligenzsteigerung, Spracherziehung) im Zusammenhang mit Sozialerziehung (Kooperation, Toleranz, Kommunikationsfähigkeit) *und* affektiver Förderung (Gefühlsdifferenzierung, Gemütsbildung, archetypische Imagination, sprachliche Erfassung der nichtgegenständlichen Dimension) intendiert wird. Auch hier entsteht eine Doppelaufgabe für die Kirche, nämlich einmal darauf hinzuweisen, daß im vorliegenden Material zur Elementarerziehung die religiöse Dimension, die in der unumgänglichen weltanschaulichen Orientierung der Verfasser immer schon impliziert ist, kaum Erwähnung findet[20], und auf eine Analyse und Kritik der ideologischen Voraussetzungen solchen Aussparens hinzuwirken. Zum anderen hat die Kirche konkrete Alternativvorschläge zu erarbeiten und im Bereich ihrer Bildungseinrichtungen exemplarisch zu verwirklichen; sie hat einen korrektiven Beitrag zu leisten, der nur von ihr geleistet werden kann; denn nur von außen her, das heißt im Glauben, kann der Mensch in einer die Empirie transzendierenden Ganzheit begriffen

---

tätigkeit des Kindes zu einem „psychischen Funktionsbereich" umzugestalten, die Fähigkeiten des Kindes durch „gezielte" Maßnahmen zu „trainieren" usw., vgl. auch Meves 1971b, 129 ff., die den theologischen Aspekt besonders berücksichtigt. [19] Callies 48.

[20] In den an sich erfreulich weitreichenden Curriculum-Materialien bei Belser 1972 ist beispielsweise die affektive Komponente nur indirekt enthalten, aber nirgends thematisiert; vgl. den vorläufigen Rahmenplan für die Erziehungs- und Bildungsarbeit im Kindergarten, Nordrhein-Westfalen. Allgemein gilt auch für die zahlreiche Elternliteratur zur Vorschulerziehung entsprechend deren intellektualisierendem Selbstverständnis, daß der religiöse Aspekt ausgespart ist, es sei denn, es handele sich um unmittelbare religiöse Literatur, vgl. Kap. 2, Anm. 49.

werden. In diesem Sinn muß sich die Kirche fragen, „wie das Evangelium von Angst, Zwang und Leistungsdruck befreit, Kreativität fördert, zur Gemeinschaft befähigt, Vergebung und Frieden gibt und Geborgenheit gewährt"[21]. In der Begründung dieser ganzheitlichen Würdigung des Menschen, im Durchschaubarmachen der eigenen Haltung kommt Leben und Vorstellungswelt der Gemeinde Christi dann immer auch kognitiv zur Sprache.

Neben dem Postulat basaler Förderung steht das Programm der *kompensatorischen Erziehung*, der Förderung der Deprivilegierten, das gleiche Bildungschancen für alle herbeiführen will.

Es ist längst erkannt, daß in dem Bemühen, die untersozialisierten Kinder auf den normierten Stand zu bringen, eine bestimmte, nämlich die bürgerlich-mittelschichtige Kultur verabsolutiert wird[22]. Auch hier wird „leicht übersehen, daß gerade die schichtenspezifische Intelligenzprägung entscheidend von emotionalen, motivationalen und sozialen Faktoren bestimmt ist"[23]; deshalb setzen sich entweder die Lerninhalte nicht in neue Umwelt- und Rollenerfahrungen um, oder solche Umsetzung führt zu Rollenunsicherheit, Entfremdung von der Familie, Identitätskonflikten (Normenkonflikten) und Motivationsbarrieren beim Lernen. Callies fordert deshalb statt gleicher (kognitiver) Bildungschancen gleiche Individuationschancen, die allerdings gesellschaftliche Veränderungen voraussetzen, aber keineswegs auf Kosten der Kinder gewonnen werden dürfen[24].

Die kompensatorische Förderung Minderbegabter ist ein „christlicher Dienst" (Callies) im Sinn des diakonischen Selbstverständnisses der Kirche; die zahlreichen Sonderschulen in kirchlicher Trägerschaft sind dafür beispielhaft. Es geht aber darum, nicht nur die extreme Lage Einzelner, sondern die Benachteiligung ganzer Gruppen in das Bewußtsein kirchlicher Verantwortung zu bringen. Das betrifft das Angebot religiöser Erziehung in einem doppelten Sinn, nämlich einmal im Blick auf bestimmte, von der kirchlichen Verkündigung vernachläs-

---

[21] Kirchenkanzlei 101.

[22] Bernstein 1959, 70 ff.; 1970, 19.

[23] Callies 89.

[24] Ebd.

sigte Schichten — hierin deckt sich das schichtspezifische Kompensationsbedürfnis allgemeiner Art mit der spezifisch religiösen Problematik. Bernstein hat darauf hingewiesen, daß die Sprache der Unterschicht beispielsweise nicht grundsätzlich minderwertig, wohl aber total anders strukturiert ist als die der Mittelschicht[25]. Man kann daraus kein Recht ableiten, eine Gruppensprache den Angehörigen anderer Gruppen aufzuoktroyieren, zumal Sprachschatz und Ausdrucksweise wieder nur Ausdruck des jeweiligen Erfahrungshorizonts sind. Es ist aber offensichtlich, daß religiöse Unterweisung und kirchliche Verkündigung im wesentlichen an der Sprache der Mittelschicht ausgerichtet sind (s. o. S. 166 ff.). Wenn religiöse Erziehung zu einem guten Teil im Erschließen neuer Erfahrungshorizonte, im Verbalisieren personaler Beziehungen, im Benennen und Differenzieren von Gefühlen und im Erzählen und gemeinsamem Gespräch besteht, so wird es zu einem zentralen Problem im Elementarbereich, entsprechende Sprach- bzw. Verstehensfähigkeiten nicht vorauszusetzen, sondern einerseits nach nichtsprachlichen (bildnerischen, rhythmisch-motorischen, darstellenden, akustischen) Ausdrucksmitteln zu suchen, die zum Ausgangspunkt für eine weiterführende Sprachbefähigung werden können[26], andererseits dem Kind Freiheit in der Sprachform einzuräumen, es zu eigenständiger Formulierung etwa von Gebeten zu ermutigen und in diesen vielleicht befremdenden Sprachformen die Intention und die affektive Farbe seiner Empfindungen und Erfahrungen zu eruieren und die so gewonnenen Erkenntnisse im weiteren Verlauf gemeinsamen Lebens produktiv einsetzen zu können. Der Gebrauch vorgegebener Sprachformen (der üblichen Kindergebete), das Nacherzählen biblischer Geschichten und das Memorieren von Texten sind dann völlig irrelevant und wirken sich auf das Kind frustrierend aus. Der Sog der bekannten christlichen Formeln bleibt bedeutungslos, weil nur diejenigen Sprachmodi vom Kind angeeignet werden, die „in relevanten sozialen Bezugssystemen funktional" sind. Die Kirche ist zwar ein soziales Bezugssystem, aber nicht im hier vorausgesetzten Sinn rele-

[25] Bernstein 1959, 66 ff.

[26] Zur Gesprächsförderung bietet Belser 1972, 68 ff. umfassende Anleitung.

vant. Religiöse Erziehung und allgemeine Sprachförderung stehen also in engster Wechselbeziehung; für die religiöse Dimension bedeutet dies weithin das Erschließen von Neuland. Daneben besteht eine kompensatorische Aufgabe im Hinblick auf diejenigen Kinder, die infolge der Indifferenz der Eltern speziell in dieser von der religiösen Erziehung gemeinten ganzheitlichen Förderung, in ihrer Befähigung zu religiös-weltanschaulicher Orientierung behindert sind. Die innerkirchliche Kinderarbeit und die Erziehungseinrichtungen im Elementarbereich in kirchlicher Trägerschaft (letztere allerdings in begrenzterem Ausmaß, s. o.) haben aufgrund ihrer bekenntnisgleichen Gruppenstruktur die Möglichkeit, am Primat der Handlungskomponente orientierte Erziehungsaufgaben in dem in Kap. 4 entwickelten Sinn zu übernehmen. Dabei gilt es zu beachten, daß das Kind ohne religiöse Familienerziehung nicht als weltanschaulich unbeschriebenes Blatt in die entsprechende Gruppe eintritt, daß vielmehr der Sozialisationsprozeß an diesem Kind hinsichtlich der religiösen Dimension lückenhaft, indirekt oder unter negativem Vorzeichen verlaufen, aber in keinem Fall ausgeblieben ist. Jede überfamiliale Form religiöser Erziehung hat die Pluralität der vorausgegangenen Primärsozialisation zur Ausgangsbasis.
Sowohl im basalen Förderungsprogramm als auch in kompensatorischen Maßnahmen ist also, bewußt oder unbewußt, ein weltanschaulicher Standpunkt impliziert und muß es sein, da Erziehung vom Sinnhorizont menschlicher Selbstverwirklichung grundsätzlich nicht absehen kann. In beiden Bereichen ist die Kirche als Erziehungsfaktor partiell wirksam; in beiden Bereichen hat sie außerhalb ihrer unmittelbaren Wirksamkeit die Öffentlichkeit auf die Unvermeidlichkeit der religiösen Dimension und auf die Notwendigkeit ganzheitlicher Förderung des Kindes hinzuweisen. Die Frage ist nun, welche Gestalt die religiöse Erziehung im Elementarbereich haben kann. „In fast allen unseren Arbeits- und Dienstverträgen ist von christlicher Erziehung, von der Hinführung zum Glauben und vom christlichen Lebenswandel die Rede. Niemand weiß, was solche Formeln für die praktische Arbeit bedeuten sollen oder können. Deshalb beginnen hier die Schwierigkeiten. Die größten Schwierigkeiten bei der religiösen Erziehung liegen darin, daß

in den meisten Familien, aus denen unsere Kinder kommen, ein lebendiges Interesse an der christlichen Überlieferung fehlt", klagt Chr. Schwerdtfeger[27]. Die alte Diskrepanz zwischen idealem Zielbild (vgl. o. S. 13) und Realität des familialen Defizits ist nirgends deutlicher als in dieser Feststellung. Neuere Zielbestimmungen bewegen sich vorsichtig in den Grenzen negativer Formulierungen: „Religiöse Erziehung in vorschulischen Einrichtungen kann auch nach evangelischem Verständnis nicht Einübung in kultisch-rituelle Frömmigkeits- und Konfessionstypen bedeuten. Der Erzieher prüft ständig, ob er nicht religiöse (christliche, konfessionsspezifische) Glaubens- und Verhaltensmuster unkritisch überträgt."[28] Ähnlich urteilt H. Ruhrberg: Würde religiöse Erziehung „nur als Einübung in bestimmte Frömmigkeits- und Konfessionstypen verstanden, so bestünde die Gefahr, das Kind konfessionell zu determinieren ... Es wird sich dennoch nicht vermeiden lassen, daß Kinder in der elementaren Bildung Verhaltensmuster vom Erzieher unkontrolliert und unkritisch übernehmen"[29].
Hier ist differenzierter zu urteilen. Gewiß liegt in der unkritischen Übernahme von Verhaltensmustern eine Gefahr; deshalb muß das *Ziel* des Erziehers die Kritikfähigkeit und selbständige Standpunktfähigkeit des Kindes sein. Aber um dieses zu erreichen, bedarf es eben *auch*, und zwar als Grundkomponente, der Einübung, des Vollzugs bzw. Mitvollzugs. Dieser aber kann jeweils nur immer Vollzug eines *bestimmten* Frömmigkeitstyps, eines bestimmten konfessionellen Standpunktes sein — konfessionell im Sinn des persönlichen, individuellen Standpunktes der Bezugsperson, die ihrerseits in einer bestimmten Gruppe (Gemeinde oder innerhalb der Gemeinde) beheimatet sein mag. Von der Bekenntnisstruktur der Gruppe hängt es ab, ob die religiöse Haltung des Erziehers unmittelbar oder mittelbar die Grundlage gemeinsamen Handelns sein kann. Aber das ist nicht eine Frage repressiver oder emanzipierender Erziehung, sondern eine Frage der gemeinsamen Basis für das Gruppenbewußtsein; denn für das Kind hat die Gruppenhaltung, sei sie nun mehr oder weniger bekenntnis-

[27] 1970, 77–84.
[28] Stellungnahme des Ausschusses für Vorschulerziehung der Gemeinschaft evang. Erzieher, Januar 1971. [29] Ruhrberg 1971, 140 f.

gebunden, in *jedem* Fall Normcharakter und muß in jedem Fall erst auf andere Möglichkeiten hin aufgeschlossen werden. Wenn beispielsweise in einer Gruppe gebetet wird, muß dem Kind in zunehmendem Maß deutlich werden, daß „wir hier" das tun, daß andere es nicht tun — ebenso muß aber, wenn in einer Gruppe nicht gebetet wird, das Gebet als Faktor der Lebensgestaltung *anderer* erlebbar gemacht werden, wenn man wirklich den Heranwachsenden zur mündigen Selbstverwirklichung befähigen will. Es geht nicht darum, daß „die kleinen Christen aufwachsen . . . wie die Pflanzen im Mistbeet, um sie dann langsam an die rauhe Luft der gottfernen Welt zu gewöhnen" (Ruhrberg). Es geht nicht um Schonraum-Erziehung, sondern um Standpunktbefähigung in der weithin indifferenten Gesellschaft. Kritik und Selbstkritik sind aber erst möglich, wo Erfahrung durch Teilhabe gewonnen ist. Diese Standpunktgewinnung geschieht nun ein gutes Stück weit durch Identifikationslernen, das als altersgemäße Lernweise keinem Werturteil unterworfen ist. In diesem Sinn ist eine klare, überzeugende Haltung des Erwachsenen auf dem Hintergrund seiner weltanschaulichen bzw. religiösen Gruppenzugehörigkeit als Orientierungshilfe für das Kind unumgänglich. Die Kindergärtnerin als die zweite Bezugsperson nach der Mutter (in der biographischen Folge und damit auch an Intensität) hat eine Identifikationsfunktion besonderen Ausmaßes[30]. Sie vermittelt nicht nur Bindung; auch Kritikfähigkeit ist eine Haltung, die das Kind auf dem Weg der Identifikation mit bestimmten Verhaltensformen der Bezugsperson gewinnt. Die Hauptanforderungen betreffs der Kritikfähigkeit sind also an die Selbstreflexion des Erziehers zu stellen, nicht aber auf das Kind vor seiner vollen Identitätsfindung im Vollsinn anwendbar. Der Vorwurf der Indoktrination bzw. Manipulation in seiner pauschalen Gestalt ist unangebracht, sofern alle frühkindliche Sozialisation auf der Basis des Identifikationslernens unter diesem Verdikt steht. Nicht die Einübung in ein gebundenes Gruppenverhalten als solches unterliegt dem Vorwurf der Manipulation, sondern nur ihre unausgesprochene und unkontrollierte Form, die sich der öffentlichen Diskussion nicht

---

[30] Callies 32.

stellen will oder aufgrund ihrer Unreflektiertheit nicht stellen kann[31].

Die institutionalisierten Maßnahmen der Elementarerziehung stehen — entsprechend der oben dargestellten Polarität — in größerer Nähe entweder zur Familie oder zur außerfamilialen Gesellschaft. Diese Frage ist mit dem Selbstverständnis des Kindergartens verbunden. Allgemein wird ihm sowohl eine familienergänzende Funktion als auch die Aufgabe der Vorbereitung auf den späteren Schuleintritt zugesprochen[32]. Bei einer begrifflichen Differenzierung zwischen Kindergarten, Vorschulkindergarten und Grundschule (UNESCO-Modell) müssen auch die Schwerpunkte hinsichtlich der Funktion verschieden gesetzt werden. Der Akzent liegt in dem Maß stärker auf der Handlungskomponente, in dem die Nähe zur Familie propagiert wird, während mit der Annäherung an die pluralistische Schulsituation die kognitiv-distanzierende Komponente in den Vordergrund rückt. Daß das nicht zu früh geschehen darf, daß die Elementarerziehung nicht zu einer verfrühten Verschulung entarten darf, sondern vielmehr im Zusammenschluß mit dem Primarbereich einen eigenständigen Block darstellen muß, geht gerade aus der Notwendigkeit des familial-geschlossenen Gruppenerlebnisses für die ganzheitliche Entwicklung des Kindes hervor.

Die Aufgabenskala der familiennahen Elementarerziehung entspricht den in Kap. 4 dargestellten Komponenten der Vermittlung von Haltungen. Das gilt formal für den nichtkirchlichen Kindergarten wie für den kirchlichen als Postulat. Die Vorgabeleistung primärer Handlungsmodelle, die affektive Förderung, die kognitive Weiterführung, die aufkommende Frage nach dem Ganzen, nach dem Sinn und nach der Hintergründigkeit des Lebens und der eigenen Existenz werden in jedem Fall zu beachten sein. Der kirchliche Kindergarten hat die Aufgabe exemplarischer Verwirklichung dieser Bezüge auf dem Boden seines bekenntnismäßigen Selbstverständnisses.

Die Erarbeitung genereller Lernprogramme für Religion im Elementarbereich ist schwierig, da die Voraussetzungen sehr

---

[31] Vgl. auch Kap. 1.

[32] Callies 71; einen allmählichen Übergang von der Familiengruppe zur Schulgruppe propagiert C. L. Furck, Callies 77.

unterschiedlich sind. Der mit Elementarerziehung Befaßte wird je nach Ausgangssituation der Kinder eigene Lernsequenzen zu entwickeln haben. Er muß dabei beachten, daß 1. das Zusammenspiel der drei Komponenten beim Aufbau von Haltungen berücksichtigt wird, daß 2. von Fall zu Fall eine der Gruppensituation gemäße Akzentuierung erfolgt, und daß 3. das angestrebte Endverhalten in konkreten, im Elementarbereich realisierbaren Einzelschritten angegangen wird. Zwei Themen sollen als Modelle im Ansatz vorgestellt werden:

Mitmenschlichkeit: Das die verschiedenen Phasen und Gruppensituationen der religiösen Erziehung integrierende Gesamtziel könnte lauten: Eine im Rechtfertigungsglauben motivierte und seinem Selbstverständnis entsprechende mitmenschliche Lebenshaltung praktizieren. Für die Phase der Enkulturation wären folgende Teilziele denkbar (an Vollständigkeit ist nicht gedacht): Fähigkeit, Hilfsbedürftigkeit zu erkennen — Fähigkeit, Mitgefühl zu empfinden — Fähigkeit, zwischenmenschliche Konflikte gewaltlos zu bewältigen — Fähigkeit, sich helfen zu lassen — Bereitschaft, Hilfe zu leisten — Freude an selbstgeleisteter Hilfe haben — Erfahrung, daß einer auf den anderen (wechselseitig) angewiesen ist. Die Teilschritte könnten dann etwa so aufgebaut werden: In der Gruppe herrscht ein sozialintegrativer Erziehungsstil (pragm./aff.); der Stil des gegenseitigen Umgangs wird thematisiert (kogn.); das Kind gebraucht die üblichen Höflichkeitsformen im Umgang mit Erwachsenen und mit seinesgleichen (pragm.); es wird zum Vergleich mit anderen Umgangsformen angeleitet (kogn.); es wird sich seiner Affekte bewußt in den Fällen, in denen es die Regel verläßt (aff./kogn.); es übt sich, derartige Konflikte zu verbalisieren (pragm./aff./kogn.); es wird auf Kinder aufmerksam, die traurig sind (aff.); es überlegt anhand von Gesichtseindrücken, warum jemand traurig sein mag (aff./kogn.); die Kinder fassen einander an den Händen und schauen sich an (pragm./aff.); jeder überlegt, wie er einem anderen ohne Geschenk eine Freude machen kann (aff./kogn.); die Kinder überlegen, warum man beschenkt wird (Weihnachten, Geburtstag), und warum andere nicht beschenkt werden (kogn.); sie erfahren durch Anschauung, wo Hilfe praktiziert wird (aff./kogn.); sie werden an einer helfenden Aktion beteiligt, bei der sie die Freude dessen erleben, dem geholfen wird (pragm./aff.); sie versuchen ihr Gefühl zu bestimmen, das sie empfinden, wenn sie jemandem geholfen haben (aff./kogn.); sie hören vom barmherzigen Samariter (kogn.); sie spielen Samariter in variierten Situationen (pragm./aff.); sie entwickeln das Bedürfnis, „ein Samariter" zu sein . . .

Gottesdienstliches Verhalten: Gesamtziel: Aktiv/kritisch am gottesdienstlichen Leben der Gemeinde teilnehmen. Teilziele (in Auswahl): Im Kirchenraum heimisch sein — die Symbolik kirchlicher Raumgestaltung verstehen — das Kirchenjahr als Gestaltungshilfe des Lebensstroms auf die eigene Zeiteinteilung anwenden können — in liturgischem Verhalten heimisch sein — zur Mitgestaltung gottesdienstlicher Praxis fähig sein — in der gottesdienstlichen Symbolik die gegenständlich-partikulare Alltagserfahrung transzendieren können — in der Gemeinde/Gruppe Geborgenheit und Sendung erfahren. Teilschritte (in Auswahl): Die Kinder empfinden im gemeinsamen Handeln der Gruppe Geborgenheit (pragm./aff.); sie besuchen in der Gruppe verschiedene Kirchen und lassen sie auf sich wirken (pragm./aff.); sie äußern sich auf Impulse der Bezugsperson über ihre unterschiedlichen Empfindungen (aff./kogn.); sie gehen in der Kirche umher (pragm.); sie dürfen bestimmte liturgische Gegenstände von Hand zu Hand gehen lassen (pragm./aff.); sie erfahren vom Sinn und Gebrauch dieser Gegenstände (kogn.); sie werden auf Bilder und Symbole aufmerksam (aff./kogn.); sie sprechen darüber (kogn.); sie werden aufmerksam auf andächtige/betende Menschen (aff./kogn.); sie lauschen auf die Stille (aff.); sie lauschen auf die Orgel (aff.); sie nehmen Bekannte in der Kirche wahr (aff./kogn.); sie versuchen ganz still zu sein und im stillen ein Gebet zu sprechen/an einen Menschen, eine Geschichte, ein Bild (Symbol) zu denken/ein Symbol anzuschauen (pragm./aff.); sie probieren verschiedene Haltungen (Knien, Stehen, Sitzen) (pragm./aff.); sie hören/sprechen über den Sinn der verschiedenen Haltungen (kogn.); sie sprechen darüber, warum einige Menschen in die Kirche gehen, andere nicht (kogn.); sie machen sich gegenseitig auf das aufmerksam, was ihnen besonders gefällt (pragm./aff./kogn.); sie beobachten im Lauf des Kirchenjahres den unterschiedlichen Kirchenschmuck (kogn.); sie hören und singen stilistisch unterschiedliche Kirchenlieder (pragm./aff.); sie hören von anderen Menschen (Gesang der Neger, Russen usw.) (aff./kogn.); sie nehmen allgemein bevorzugte liturgische Elemente (zeitweilig) in ihr Gruppenleben auf[33] ...

Mit dem Übergangsstadium von der familiennahen Gruppe zur Sekundärgruppe tritt die distanzierende Aufarbeitung der Primärsozialisation bzw. die kritisch-therapeutische Sozialisationsbegleitung im Sinn D. Stoodts in den Vordergrund. Ansätze zur Rollendistanz sind dadurch gegeben, daß das Kind nun die Lebensweise anderer Kinder, anderer Familien, anderer Gruppen bewußt erfahren und vergleichen lernt. Die Erfahrung, daß andere anders sind, ist ebenso wichtig wie die Erfahrung des Glaubens anderer, gleichaltriger, die sich verstärkend auf die eigene Glaubenshaltung auszuwirken vermag. Wenn allerdings in der Familie ein Ausschließlichkeitsanspruch der eigenen Haltung praktiziert wird, bedeutet diese Erfahrung der Pluralität möglicher Haltungen entweder die Grundlegung einer intoleranten Eigenhaltung oder eine starke Verunsicherung der eigenen Identität (s. u. S. 237). Das Kind muß möglichst schon in der Primärgruppe, im Verwandten- und Bekanntenkreis der Eltern diese Möglichkeit andersartiger Lebenshaltung erfahren, ohne daß die Eltern einerseits die Gemeinschaft mit den Betreffenden aufkündigen, andererseits sich von ihrer bisherigen Haltung abwenden oder irritieren lassen; so lernt das Kind einer Toleranz fähig zu werden, die nicht auf Kosten der eigenen Überzeugung geht[34]. In der Kindergruppe übt das Kind selbst, solche Gemeinschaft bewußt zu praktizieren; die neue pluralistische Gruppe führt auf simple Weise in die Vielfalt menschlicher Daseinsauslegung ein. Es kann gezeigt, erzählt, gespielt werden, wie Kinder verschiedener Rassen, Völker usw. leben, feiern, spielen. Das Gleiche kann dann innerhalb der Gruppe geschehen: Kinder erzählen, zeichnen, stellen dar, was sie im Urlaub oder bei anderen erlebt haben, was sie im Kindergottesdienst oder in Kindergruppen tun, und sie erproben im Rollenspiel die verschiedenen Möglichkeiten der Daseinsauslegung in konkreten Einzelelementen (so kön-

---

[33] Ein weiteres Beispiel zur Sakramentserziehung, vgl. bei Schmitt 1971, 121. Ansätze zur Kindergarten-Praxis vgl. auch bei Quadflieg 1972.

[34] Ein gutes Beispiel bietet Kaufmann in Stachel/Esser 1971, 107 f.

nen Tischsitten bis hin zum Tischgebet als einer Möglichkeit, Festgestaltungen, emotional besetzte Situationen usw. spielend erprobt werden). Es kommt in diesem Stadium weniger darauf an, daß sie die Haltung der Kindergärtnerin übernehmen, sondern daß sie ihre eigenen bereits internalisierten Haltungen gestalten, kultivieren, vergleichen. Damit wird auch dem Konflikt in der Familie vorgebeugt, sofern nicht primär die neue Haltung in die Familie hineingetragen, sondern die bereits vorhandene Haltung im neuen erweiterten Rahmen bewußt gemacht werden soll. In symbolischer Interaktion, in der Erfahrung der Bedürfnisse anderer, im Austragen von Konflikten und im Austausch von Erfahrungen einschließlich selbstverständlich der Anregungen, Korrekturen und eigenen Beiträge der Kindergärtnerin wird der Prozeß des Transzendierens der eigenen Fixierungen in Gang gesetzt[35]. Dabei soll noch einmal betont werden, daß die Konfessionalität im engeren Sinn in diesem Alter tatsächlich keine Rolle spielt, daß man aber jeweils nur einer konkreten Gestalt von Religiosität folgen kann, und daß diese Leitlinie von vornherein durch das Bekenntnis der Bezugsperson bestimmt ist. Es ist selbstverständlich, daß Kinder einer Gruppe, die der anderen Konfession angehören, nun ihrerseits eine Fülle von Gestaltungsmöglichkeiten in das Gruppenleben einzubringen haben.

In diesem Zusammenhang sei nun noch einmal kurz auf das *Erzählen biblischer Geschichten* eingegangen. Den Eltern war nahegelegt worden, abgesehen von der Beantwortung direkter Kinderfragen (im Zusammenhang des Kirchenjahres oder anderer Anregungen) im Erzählen biblischer Stoffe eher zurückhaltend zu sein. Das gilt in einem gewissen Maß auch für die Kindergärtnerin. Johanna Klink spricht vom „Sendungsdrang der Lehrkräfte"[36]. Unter Berücksichtigung der psychologischen Vorbehalte ist aber das Erzählen biblischer Stoffe hier durchaus am Platz. Ihre Bedeutung liegt darin, daß sie in ihrem archetypischen Gehalt bestimmte Probleme des Kindes, Identitätsproblem, Ängste usw. unmittelbar aufzufangen vermögen, daß sie auf dem Weg der Identifikation eine unmittelbare Eingliederung in die Exodus-Dynamik des bibli-

[35] Zum Erziehungsstil der Kindergärtnerin vgl. Brandt 1971, 371 f.
[36] 1971, 252 f.

schen Glaubens mit seiner Verheißung der Geborgenheit in Gott und seinem Anspruch der daraus abgeleiteten Verantwortung vor Gott bewirken können und daß sie Motivationen zur Lebensgestaltung und zu sozialem Handeln bieten. Zu vermeiden sind die quantitative Übersättigung des Kindes, die Fixierung auf *bestimmte* supranaturale Vorstellungen bzw. auf historisierende Tendenzen, repressive (angstauslösende) Tendenzen im affektiven Bereich, imperativen Handlungsdruck bzw. Angst- oder Berechnungsmotivation[37]. Die Auswahl der Stoffe wird sich anhand dieser Kriterien auf Geschichten erstrecken, die Geborgenheitsgefühle vermitteln, indem sie Gottes Fürsorge an Gestalten des Alten Testaments (Jona, Erzväter, vor allem Josef) und Jesu Hinwendung zu den Armen, Ausgestoßenen und Einsamen aufzeigen, aber auch die Stillung des Seesturms, die Speisungen, oder Geschichten, die Nachfolge in einfacher Form explizieren, wie der barmherzige Samariter.

5.3 *Die innerkirchliche Erziehungsarbeit*

Neben die kirchliche Mitverantwortung für die Bildungsprobleme der Gesellschaft und ihr exemplarisches bzw. stellvertretendes Engagement in den öffentlichen Erziehungseinrichtungen kirchlicher Trägerschaft tritt die innergemeindlich-religiöse Erziehung im Dienst der Selbstauslegung des Glaubens, soweit sie sich auf die nachwachsende Generation erstreckt.
Auch hier gilt die Wechselbeziehung, nunmehr nach der anderen Seite: Hat alle Erziehung eine religiöse Dimension, so dient auch die recht verstandene religiöse Erziehung im engeren Sinn immer zugleich den allgemeinen Erziehungsaufgaben (Sozialerziehung, Spracherziehung, Kreativitätssteigerung, kognitive Förderung usw.). Kindergottesdienst und kirchliche Kinderarbeit richten sich an das gleiche und eine Kind; ihre didaktisch-methodische Gestaltung (die Frage der Arbeitsmittel, der Medien, der Methoden, der gruppenbedingten Arbeitsweisen

[37] Zum Erzählen vgl. Otto 1964, 218 ff.; als Erzählhilfe und Anregung Steinwede/Ruprecht 1971; zur Biblischen Geschichte vgl. Steinwede 1967; Vonhoff 1972; Wullschleger 1972; vgl. auch Kap. 4, Anm. 82.

usw.) ist daher in ständiger Diskussion mit den Erziehungswissenschaften zu gewinnen; Grunddiskrepanzen im Menschenbild, in ethischen Fragen usw. sind im Dialog zwischen Kirche und Gesellschaft bzw. zwischen Theologie (Religionspädagogik) und Erziehungswissenschaften auszutragen, nicht aber auf dem Rücken des Kindes (s. u. S. 235). Das heißt aber gerade nicht, daß die Gemeindeveranstaltungen für Kinder und Heranwachsende schulischen Charakter annehmen dürfen. Seit eh und je stehen sich im Kindergottesdienst eine mehr katechetisch-unterrichtliche Richtung, die ihre Wurzel in der englischen Sonntagsschule des späten 18. Jahrhunderts hat, und eine homiletisch-liturgische Richtung gegenüber[38]. In jüngster Zeit hat sich eine modifizierte Polarisierung ergeben: Auf der einen Seite wird Kindergottesdienst als Gottesdienst verstanden, d. h. als kindgemäße Verkündigung, deren Akzent im emotionalen Bereich liegt. Seine Hauptaufgabe ist das gemeinschaftsbildende, gemeinschaftlich vollzogene Tun, womit er zugleich am einzelnen Kind eine seelsorgerlich-therapeutische Funktion erfüllt. Eine (kindgemäße) Liturgie ist um so mehr von Bedeutung, als gerade Kinder „ritualisierter Lebensbezüge" bedürfen. Auf der anderen Seite gilt Kindergottesdienst als vorherrschend sozialtherapeutisch orientierte Kinderarbeit, deren Funktion im Aufarbeiten von kindlichen Problemen, im Bereitstellen von Sprachhilfen, in der Prägung von Verhaltensmustern und in der Klärung emotionalen und kognitiven Verhaltens besteht. Die biblischen Geschichten werden hierfür als weithin ungeeignet erklärt; das Evangelium gilt als Medium des Umgangs, nicht aber als Lehrinhalt, liturgische Formen werden als ungeeignet abgelehnt[39]. Es ist deutlich, daß beide Formen sich partiell decken; ebenso ist deutlich, daß die alte Polarität sich durchhält: auf der einen Seite das gottesdienstliche Verständnis in einer methodisch allerdings modernisierten Form, auf der anderen das schulische Modell in der noch radikaler modernisierten Form eines kompensatorisch-therapeutischen Unterrichts[40].

---

[38] Zur Geschichte des KGD vgl. Otto 1970, 260 ff. einschl. der dort angegebenen Literatur.

[39] Vgl. die verschiedenen Konzeptionen bei Bargheer/Kaufmann 1972.

[40] Zum therapeutischen KGD vgl. ebd. die Konzeption I. Adams, im

Im Rahmen der oben vorgenommenen Differenzierung fällt der Gemeinde als bekenntnisgleicher Gruppe (familia Dei) in erster Linie die handlungsorientierte Funktion bei der Vermittlung von Haltungen zu, die Einübung in die Gemeindepraxis. Damit muß der Akzent auf dem gottesdienstlichen Verständnis liegen. Die Kinder kommen heute in immer früherem Alter (vom vierten Lebensjahr an) zum Kindergottesdienst, der ihnen das zu bieten vermag, was in der Familie weithin ziellos, unreflektiert oder gar nicht geschieht: gemeinsames religiöses Handeln. Liturgie und Verkündigung bieten daher die Zentren des Geschehens und sind auf ihre didaktische Bedeutung hin zu befragen.

Didaktisches Ziel der Liturgie[41] ist die Einübung in die Gestalthaftigkeit des Glaubens, und zwar hier genauer des Bezogenseins auf den Glaubensgrund. Der Kirchenraum wird stimmungsmäßig erschlossen und als eigenes Bewegungsfeld erworben (die Symbolik des Raumes — Schiff usw. —, der liturgischen Geräte und so fort soll erlebbar werden, Hemmungen, Hilflosigkeit und Fremdheit sollen abgebaut werden). Mit der äußeren Form der Andacht wird die Möglichkeit der inneren Stille, des Sichloslassenkönnens angebahnt. Gemeinsames Singen, Sprechen, Spielen, Klatschen, Tanzen (Reigen)[42] haben Bedeutung nicht nur für das Sozialverhalten, sondern zugleich für die Gewinnung eines Potentials von Verhaltenselementen für bestimmte existentielle Situationen, von Modellen für geregelte Affektbewältigung. Die Verbindung des eigenen Handelns mit der kirchlichen Symbolik und die Erfahrung der Glaubenshaltung anderer erschließt das spezifisch religiöse Er-

---

Anschluß an G. Otto u. D. Stoodt; Otto aaO 266. Auch hiermit wird vom KGD eine Konzeption übernommen, die zunächst für den RU entwickelt wurde.

[41] Die KGD-Agende der Luth. Liturg. Konferenz von 1964 wird allerdings den hier aufgestellten Anforderungen nicht gerecht. Bei den zu fordernden Neuentwürfen ist das Kriterium der Kindgemäßheit bindend, das Kriterium der Verständlichkeit aber nicht überzustrapazieren, sofern sinnlose (weil lediglich an antiquierte Sprachform gebundene) Mystifikation unangebracht, das Erlebnis des sachbedingten Mysteriums aber konstitutiv ist.

[42] Zum Tanz als Ausdrucksmittel religiöser Haltung vgl. Cox 1970, 68 ff.

lebnisfeld des Hineingenommenseins in einen umgreifenden Zusammenhang im Sinn eines „Singens und Spielens *vor dem Herrn*". Das gottesdienstliche Beten eröffnet oder verstärkt die Fähigkeit, sich formulierter Gebete zu bedienen bzw. selbständig Gebete zu formulieren. Dabei wirkt auch hier die Erfahrung verstärkend, daß andere ebenso beten. Mit dem Gebet wird die Möglichkeit dialogischer Haltung erfahren und die Fähigkeit eingeübt, konkrete Situationen, Erfahrungen, Probleme im Gebet zu transzendieren. Das Kirchenjahr wird als umfassendes archetypisches Strukturmodell für die Gestaltung und Gliederung des eigenen Erlebnisstroms internalisiert und bietet Hilfe, die innere Haltung des Feierns zu gewinnen und konkrete Anregungen zu deren äußerer Gestaltung zu erhalten. Didaktisches Ziel der Verkündigung ist die Einübung in die Verarbeitung von Information, die den Menschen unmittelbar und unbedingt betrifft. Hier geht es zunächst um die Haltung des Hörenkönnens, um das Verstehen, um das Heraushören eines Gemeintseins. Es muß geübt werden, eigene Erlebnisse und Situationen im Zusammenhang des gehörten An- und Zuspruchs zu sehen. Die Textauswahl braucht sich keineswegs auf biblische Texte zu beschränken, dennoch ist die Sonderstellung der Bibeltexte zu beachten (s. o. S. 199 ff.). In der Identifikation mit biblischen Gestalten (gerade sofern sie unter dem Zeichen des An- oder Zuspruchs bzw. des Exodus stehen) wird ein Problemlösungspotential für jetzige und spätere Situationen erworben und zugleich die Fähigkeit zur Selbst- und Weltkritik angebahnt. Der Verkündigungsmodus muß die Handlungselemente in den Vordergrund stellen, Spiel, kreatives Gestalten in Material, motorisch-darstellende Elemente, Verkörperung von Haltungen. Im Laufe des Heranwachsens des Kindes und im Zusammenhang des RU entsteht die Fähigkeit der Unterscheidung zwischen der Autorität des Verkündigers und der Autorität des Verkündigten, die Fähigkeit, den Symbol- bzw. Interpretamentcharakter biblischer Bilder, Begriffe und traditioneller Vorstellungen zu erkennen — daß die Sprache der Verkündigung selbst sich am Sprachhorizont des Kindes ganz neu orientieren, zugleich aber zur Erweiterung dieses Sprachhorizontes führen soll, wurde oben bereits deutlich (s. o. S. 215). Die Fähigkeit, aus der Verkündigung die eigene Verantwortung für andere abzuleiten, wird mit bestimmten gemeinsam geplanten und ausgeführten Vorhaben außerhalb des Gottesdienstes erworben. Wiewohl Kindergottesdienst in den älteren Jahrgängen zunehmend zum RU in Wechselbeziehung tritt, unterscheidet er sich grundsätzlich darin, daß dort über kirchliche Praxis reflektiert und gesprochen, hier praktiziert wird, dort christliche Praxis als Möglichkeit von Selbstauslegung erörtert, hier partiell vollzogen wird. Der Unterschied zum therapeutischen Kindergottesdienst, der ebenfalls den Vollzugscharakter propagiert, besteht darin, daß im vorliegenden Verständnis dem Gottesdienst gegenüber der Diakonie, dem Symbolgehalt des christlichen Glaubens gegenüber seiner Ethik, dem Grund christlicher Mitmenschlichkeit gegenüber ihrer ausschließlichen Ausübung eine Eigenbedeutung zuerkannt wird, die in der Geschichtlichkeit des Glaubens begründet ist und die kognitive, ideologiebedürftige Struktur des Menschen in seiner Ganzheitlichkeit berücksichtigt.

Wenn das Kind in den Kindergottesdienst eintritt, kommt es unmittelbar aus der Familiengruppe, befindet sich aber nun in einem Alter, in dem es weitere soziale Kontakte entwickelt. Deshalb ist die Gliederung des Kindergottesdienstes in Gruppen wichtig. Die Gruppen der Kleineren sollten möglichst organisch aufgebaut (Geschwister, Nachbarschaft, altersgemischt) und einer älteren (mütterlichen) Bezugsperson anvertraut sein. Somit erlebt das Kind eine familienähnliche Gruppe, in der es im Schnittpunkt verschiedener Rollenbezüge das gemeinsame Handeln als Ausdruck einer bekenntnishomogenen Haltung erfährt, und gewinnt daraus Identitätsbewußtsein und Verhaltenssicherheit, die noch in engem Zusammenhang mit der Primärsozialisation stehen[43]. Für ältere Kinder bietet sich die Altersgruppe mit einer nicht so viel älteren Bezugsperson als das näherliegende an:

In dem Maß, in dem die Ablösung von der Mutter bzw. der Familie fortschreitet, orientiert sich das Kind an der peer group und sucht hier eine neue, die Primärsozialisation transzendierende Identität. Mit Abwendung von der Familie gewinnt der

---

[43] Kietz 1970, 16 f. begründet die altersgemischte Gruppe für den Kindergarten mit lernpsychologischen Argumenten.

altersmäßig wenig Überlegene vor dem mütterlichen Typ höhere Identifikationsrelevanz. Für Elf- bis Dreizehnjährige dagegen ist wieder der ältere Erwachsene erstrebter Bezugspol.

In der Gruppe wird das Gehörte (Getane) differenziert verarbeitet und je nach der Situation aktualisiert. Nicht so sehr das Nacherzählen und Katechesieren ist damit gemeint, als vielmehr das freie Assoziieren zum Gehörten, das gegenseitige Aufgreifen und Umsetzen in den eigenen Lebensbereich. Sowohl die Altersgruppe als auch die gemischte Gruppe hat hier die Möglichkeit, unter Anleitung des Helfers auf dem altersspezifischen Niveau eine eigene Tendenz informationsverarbeitender Interaktion zu entwickeln. Darin ist allerdings ein seelsorgerlich-therapeutischer Einschlag gegeben, der aber vom rein gruppentherapeutischen Verfahren sich darin unterscheidet, daß er an gegebene Inhalte gebunden ist[44].

Sowohl der gruppendynamische Aspekt als auch die Identifikationsvorgänge setzen ein Gruppenbewußtsein voraus, das durch die Fluktuation des Kindergottesdienst-Besuchs und durch die relativ geringe Zeit des Beisammenseins allerdings stark geschmälert ist. Es wird deshalb um so wichtiger, die Kindergottesdienst-Gruppen, abgesehen von den oben genannten Möglichkeiten der Elternarbeit, auch außerhalb des Gottesdienstes zu Spielnachmittagen, Ausflügen, Krankenbesuchen oder diakonischen Vorhaben zu versammeln, zu gemeinsamen Essen bzw. Kaffeetrinken (vielfach bietet sich die Möglichkeit an, die Eltern einzubeziehen) und zur Bereitschaft des Helfers oder auch der Kinder untereinander, gegebenenfalls füreinander da zu sein. Jungschar und Jugendkreis bilden ein sozialpädagogisch ergänzendes Angebot; die religiöse Praxis (Gebet, Andacht) sollte dort aber zurückhaltend eingebracht werden[45].

Wenn in der Familienerziehung die Elternarbeit vorrangig ist, so ist es im Kindergottesdienst die Zurüstung der Helfer-

---

[44] Von der Informationsverarbeitung im RU unterscheidet sich der KGD darin, daß Verkündigung eine in besonderem Maß existentiell betreffende, die Distanz aufhebende, emotional hochbesetzte Information ist. In gewissem Sinn ist jede Information existentiell betreffend, vgl. Dovifant bei Lorey 1970, 65.

[45] Anregungen zur gemeindeintegrativen Jugendarbeit auch für den evang. Bereich bietet das Wiener Priesterteam 1971.

schaft[46]. Wiewohl gerade der jugendliche Helfer stark überfordert erscheint, wenn er seine eigene Haltung in vollem Umfang reflektiert haben, seine eigene religiöse Praxis und seine emotionale Basis entfaltet und kontrolliert haben und seine religiösen Vorstellungen geklärt haben soll, so besteht andererseits eine Chance darin, daß Erzählfähigkeit und theologische Reflexion hier nicht in dem Maß gefordert werden, wie das üblicherweise der Fall ist. Allerdings sind Umgang mit Kindern auf der entsprechenden Altersstufe und Bereitschaft zur gemeinsamen Informationsverarbeitung im eigenen Verstehens- und Betroffenheitshorizont Voraussetzung; aber gerade die Unabgeschlossenheit, die Suchhaltung auf seiten der Bezugsperson auf der Basis ihrer Gemeindezugehörigkeit und der gemeinsamen Praxis vermag deutlicher in die Dialektik von Vorgabe und Aufgabe einzuführen und sich der Natürlichkeit der familialen Lebensprozesse anzunähern als ein pseudopädagogischer Perfektionismus.

Der Konfirmandenunterricht weist über das hier zur Debatte stehende Alter hinaus und kann nur am Rand erwähnt werden. Soviel sei gesagt, daß in der Konsequenz der oben entwickelten Voraussetzungen auch hier die Handlungskomponente vorherrscht. In den neueren Entwürfen und Modellen zum Konfirmandenunterricht steht die Einübung in das Gemeindeleben (Freizeiten, Praktika, Gottesdienstbeteiligung, Gruppenerleben) allgemein im Vordergrund[47]. Die kognitive Komponente, die sich im Kindergottesdienst in der Aussprachephase andeutet, ist im vorangegangenen RU weithin entwickelt worden; der Jugendliche im Konfirmandenalter erlebt die gemeinsamen Vollzüge bereits in der typischen Distanz des Bewußtseins, das ihm den Zusammenhang von Affekten, Vorstellungen und Handlungen ebenso durchschaubar macht wie seine Rollensituation in der Gesellschaft. Es geht vorrangig um reflektierte Praxis, nicht um Lehre. Die dialektische Spannung der Konfirmandengruppe, die sowohl, von der kirchlichen Vorstellung her, bekenntnisgleiche Gemeindegruppe als auch, von

[46] Vgl. hierzu die Handbücherei für Kindergottesdiensthelfer, hg. v. W.-J. Stark, neben der bei Bargheer/Kaufmann angegebenen Literatur.

[47] RPI, Loccum 1968; Otto 1970, 333 ff.; Frick 1972, 245 ff.; Dienst 1972.

der Realität her, pluralistische Jahrgangsgruppe ist, führt zur besonderen Form der Identifikation des Konfirmanden mit der Gemeinde auf Zeit: Seine Teilnahme am Gemeindeleben soll ihm als Erprobung des entsprechenden Modells evangelischen Selbst- und Weltverständnisses deutlich sein. Er lernt das Leben der Gemeinde kennen, indem er es eine Zeitlang in weitgehender Breite mitvollzieht[48]. Die Konfirmation bedeutet damit weder die selbstverständliche Übernahme der Konfirmierten in die Kerngemeinde noch die faktische Entlassung aus der Kirche, sondern den Übergang in eine neue Form von Selbstbestimmung, die als bewußte und qualifizierte auch weiterhin ein ständiges und differenziertes Bildungsangebot für den Jugendlichen und (jungen) Erwachsenen voraussetzt[49].

5.4 *Der Religionsunterricht*

Der RU in der pluralistischen Schule ist ein konstitutiver Bestandteil der religiösen Erziehung; wenn es ihn nicht gäbe, müßten die Kirchen einen entsprechenden Ersatz *neben* ihren primären Erziehungsveranstaltungen schaffen, da sonst das Gleichgewicht der Funktionen gestört wäre. Gerade unter dem Gesichtspunkt der Entlastung des RU von kirchenspezifischen Aufgaben durch die Funktionsteilung besteht aber um so weniger Anlaß, den RU als ordentliches Lehrfach abzuschaffen.
So wenig die kirchlichen Unternehmungen (KGD, KU) verschult werden dürfen, so wenig kann umgekehrt der RU „Kirche in der Schule" sein. Zwar wird noch immer mit der Arbeitshypothese (Halbfas) gearbeitet, „die in diesem Unterricht versammelten Schüler seien generell und vom Unterrichtsansatz her als Christen anzusprechen, die — weil getauft — ihre Zustimmung zu Glauben und Kirche längst gegeben hätten"[50], faktisch aber ist jede Klasse eine bekenntnisverschiedene Gruppe. Damit liegt der Akzent des RU auf der kognitiv-

---

[48] Vgl. die Beiträge in: Loccumer rel.-päd. Studien und Entwürfe II u. III, Loccum 1968.

[49] Zur kirchlichen Erwachsenenbildung vgl. Exeler/Emeis 1970.

[50] Halbfas 1968, 22. Vgl. neuerlich Schmidt-Bücken 1972, 291 f., im von Halbfas kritisierten Sinn.

distanzierenden Komponente — Akzentuierung bedeutet hier ebensowenig Ausschließlichkeit, wie in den anderen Gruppen der kognitive Aspekt ausgeschlossen werden soll und aufgrund der personalen Ganzheit von Kind und Bezugsperson grundsätzlich auch gar nicht ausgeschlossen werden kann. Selbstverständlich ist auch das Schulgeschehen emotional bestimmt; Erziehungsstil, Gruppengeschehen, Klassenatmosphäre, Raumgestaltung bedingen die Lernbereitschaft und bestimmen die Richtung kreativen Verhaltens. Das Anliegen der therapeutischen Konzeption ist in diesem Bereich zu integrieren; falsche Alternativen (therapeutischer, problemorientierter, informierender RU) sind fehl am Platz. Ebenso ist das Lernen durch Tun auch für den RU methodischer Grundsatz. Ein besonderes Problem bilden Übertragung und Gegenübertragung zwischen den Schülern bzw. zwischen Lehrperson und Schüler[51]. Das Kind — und in besonderem Maß das Grundschulkind — überträgt sein Mutter- bzw. Vaterbild, damit zugleich aber auch sein Gottesbild, auf die Lehrkraft. Das Angenommensein durch die Lehrerin setzt das Angenommensein durch die Mutter fort, einschließlich des diesem innewohnenden religiösen Aspektes. Zumal die durch den Schuleintritt bedingte Identitätskrise mit ihren Angstphänomenen weist einerseits auf die frühkindliche Sozialisation zurück, weist aber zugleich psychische Offenheit für die religiöse Frage auf[52]. Das Beziehungsverhältnis ist ein wechselseitiges: Die Gegenübertragung verlangt von der Bezugsperson ein hohes Maß an Selbstreflexion, an Bewußtmachung des eigenen Erziehungsverhaltens einschließlich der dahinterstehenden religiösen Haltung.
Aufgabe des RU ist es aber nun, die Affekte, die Gruppenprobleme, das Erziehungsverhalten in möglichst hohem Maß bewußt zu machen, zu thematisieren, aufzuarbeiten. Dabei wird die Lösung existentieller und sozialer Konflikte eine besondere Rolle spielen. Indem aber die Konfliktlösung thematisiert wird und einen gemeinsamen Suchprozeß auslöst, wird die Motivation bestimmter Lösungsvorstellungen zur Sprache gebracht. Damit kommt der Grund christlichen Selbstverständnisses ins Spiel. Wenn S. Vierzig als zweites Lernziel in der

[51] Bittner 1971, 429.

[52] Brocher 1967, 34.

Grundschule angibt, Grundwissen von christlichem Glauben, Religion, Religionen, Kirche und Konfessionen zu haben[53], so ist das sachlich richtig, greift aber in der umfassenden Form weit voraus: Das Grundwissen vom christlichen Glauben wird vor allem in den mittleren Schülerjahrgängen lehrgangsweise zu vermitteln sein[54], die weitergreifenden Informationen setzen dieses Bezugsgitter bereits voraus. Im Primarbereich, der von seiner Übergangsstruktur her in den ersten beiden Jahren stärker dem Elementarbereich als dem Lernschulsystem zuzuordnen ist, ist der Schüler selbst Unterrichtsinhalt, sofern er ohne seine Sozialisationsfaktoren nicht denkbar ist und mit seiner Person immer auch seine (mögliche) Wertwelt zur Debatte steht[55].

Wurde vom KU gesagt, daß er als reflektierte Praxis zu verstehen sei, so läßt sich vom RU sagen, er bestehe in praktischer Reflexion. Das heißt, daß der Vollzug religiöser Handlungselemente (Gebet, Andacht) in der Schule keinen Platz hat (die mögliche Übereinkunft einer Klasse in bekenntnisgleichem Sinn würde natürlich eine Ausnahme bilden). Das Lied bildet zum Teil eine Ausnahme und zeigt eine gewisse Durchlässigkeit, sofern es sowohl als Choral als auch als Volkslied gesungen werden kann. Wohl aber wird über religiöse Praxis gesprochen, wird religiöse Praxis im Modell dargestellt und mit anderen Modellen verglichen. Damit ergibt sich eine unmittelbare Wechselbeziehung: Selbstverständnis, Praxis und Ziele der Kirche und damit des KGD (bzw. später des KU) werden hier zum Gegenstand des Fragens und Reflektierens. In der Selbstdarstellung der verschiedenen Praxis wird der RU bikonfessionell, ohne damit seine (im hier vorausgesetzten Sinn unumgängliche) Bekenntnisbezogenheit aufzugeben, er dient der

---

[53] Esser III, 1972, 181.

[54] Mit den Lehrgängen ist selbstverständlich nicht die Übernahme der alten Stoff-Lehrpläne gemeint; eine zusammenhängende Erarbeitung der Evangelien, der Entwicklung des Schöpfungsglaubens, der Exodusverheißungen auf dem Boden der Erzväter- und Mosetradition usw. unter streng didaktisch-curricularen Gesichtspunkten ist aber unaufgebbar.

[55] Vgl. die Lernziele von Vierzig und Linnemann in: Esser 179 ff.; 365 ff.; dazu 279. Zum RU in der Grundschule vgl. neben Esser im Ganzen Grosch 1972.

Toleranz zwischen Kindern mit verschiedener religiöser Praxis. Handlungsmodelle verschiedener Art werden informierend vorgestellt, erprobt, abgewandelt. Mit dem Einbringen kindlicher Erfahrung wird die Kirche zum Gegenstand des Unterrichts nicht nur im deskriptiv-informierenden Sinn, sondern so, daß die systemsprengende Kraft des Evangeliums als der die Kirche tragenden Kraft die bloße Gegenständlichkeit von selbst sprengt und in ihrem unbedingten An- und Zuspruch erkannt und als typisch christliches Ferment der Gesellschaft und der individuellen Lebensgestaltung verstanden werden kann. Themen wie „Vergebung", „Der andere Mensch", „Arm und Reich" kommen dann so zur Sprache, daß der Erziehungsstil des Lehrers, die Beziehungen in der Klasse, beobachtbare kirchliche Praktiken auf ihre Ist- und ihre Sollgestalt hin befragt werden.

Mit dem Bewußtmachen der Verschiedenheit möglicher religiöser Haltungen und dem Aufreißen der Diskrepanz zwischen Ist- und Sollgestalt wird zugleich die eigene vorgängige Primärsozialisation aufgearbeitet. Indem beispielsweise die Muttererfahrungen bzw. -erwartungen auf die Lehrerin projiziert werden, und indem diese Vorgänge im Rollenspiel abgewandelt und ins Bewußtsein gehoben werden, wird der Prozeß des Transzendierens freigesetzt. Im Rahmen der Primärsozialisation wurde auf die Gefahr der Fixierung und die Notwendigkeit des Transzendierens hingewiesen. Während das Transzendieren im kirchlichen Raum vornehmlich in der Teilhabe an den transzendierenden Symbolen (Exodus, Advent, Kreuz, Ostern) und Begehungen sich unbewußt vollzieht, damit aber die Reflexion stimulieren und motivieren soll, hat der RU die Aufgabe, mitgebrachte religiöse Vorstellungen zur Sprache zu bringen, zu hinterfragen, zu ordnen, ihre historische und anthropologische Bedingtheit einsichtig zu machen, Klischeevorstellungen abzubauen, einen sachgemäßen Umgang mit der religiösen Tradition und Sprache zu entwickeln und Einsicht in die Allgemeinheit menschlicher Sinn- und Wertproblematik und die Notwendigkeit einer fundierten Orientierung des eigenen Lebens am christlichen Modell zu vermitteln. Der Hinweis auf das Angebot der Lebensgestaltung im Rahmen der Gemeinde ist das letzte Wort des RU in dieser Richtung. Damit wird noch einmal die Wechselbeziehung zwischen den differenzierten Funktionen der religiösen Erziehung deutlich.

5.5 *Weltbild- und Normenkonflikte*[56]

Auf die Konfliktmöglichkeiten im Sozialisationsprozeß ist mehrfach hingewiesen worden. Die Tatsache, daß die verschiedenen Sozialisationsfaktoren (Familie, Kindergarten, Gruppe, Kirche, Schule, Medien, Verwandte, Bekannte) verschiedene Wertsysteme verkörpern und praktizieren, kann zu starken Verunsicherungen des Kindes führen. Das Kind einer bekenntnisgebundenen Familie etwa, das den KGD regelmäßig besucht, das betet usw., ist dieser Verunsicherung in der Kommunikation mit nichtkirchlichen Bezugspersonen ebenso ausgesetzt wie das Kind einer kirchenfernen Familie, das zu Hause verlacht wird aufgrund der religiösen Einflüsse, die es begeistert von der Kindergärtnerin oder Primarstufenlehrerin übernimmt.

Das unbewußte Leben in verschiedenen Rollen bzw. in verschiedenen Normsystemen belastet das Kind zunächst noch nicht. Der Konflikt bricht dort auf, wo die Normendivergenz zur Diskrepanz wird, wo die Identifikationsbereitschaft des Kindes zur Übernahme entgegengesetzter Wertvorstellungen führt, so daß ein offener Widerspruch besteht, daß das Kind nicht mehr weiß, zu wem es gehört (wer „recht hat"), wonach es sein eigenes Leben ausrichten soll. Das geschieht dann, wenn das Kind missionarisch in Dienst genommen wird, wenn das Elternhaus über das Kind beeinflußt werden soll, wenn Normen zur Verpflichtung gemacht werden. Es geschieht auch in einem späteren Alter), wenn Gruppennormen mit internalisierten Überich-Forderungen des Kindes in Konflikt geraten (die Kameraden erwarten ein Verhalten, das dem Gewissen des Kindes als Unrecht oder Sünde gilt). Das Problem der „Pflichtenkollision" wird hier auf einer derart starken zen-

---

[56] Zum Thema Normenkonflikte ist in der Reihe Kindergottesdienst heute (hg. vom Comenius-Institut Münster) ein Heft in Vorbereitung. Zum kindlichen Normenkonflikt allgemein vgl. Hundertmarck 1971, 109 ff.

tral-affektiven Ebene erlebt, daß die Entscheidung zugunsten der Person ausfällt, die die stärkere Übertragung auslöst. Diese Person kann situativ wechseln, es kann also kurzfristig die Alpha-Figur (Führer-Figur) einer Gruppe sein, während in einer anderen Konstellation die alte Ordnung sich wieder herstellt.

Die Tiefe des Konflikts ist mitbestimmt durch die Rigidität des Überich, durch den frühesten elterlichen Umgang also, die Anfälligkeit ist mitbedingt ebenfalls durch die Flexibilität und Vielschichtigkeit des elterlichen Stils: Ein Kind, das von frühester Zeit an eine gewisse Variationsbreite von Verhaltensangeboten erlebt hat, bedarf weniger der ergänzenden partikularen Identifikation, es ist gewissermaßen abgesättigt und von daher immun gegen Außenseiter-Rollen.Um es in einem Beispiel zu sagen: Wenn das Kind weiß, daß es einmal über den Strang schlagen darf, wenn ein Vergehen tolerant geahndet wird, wenn durch gemeinsame Spiele des „Tobens" oder durch „ungezogene Tage", an denen das Verhalten bewußt unkontrolliert bleibt und ein „Kontrastprogramm" durchgespielt wird, sinkt die Identifikationsanfälligkeit im Außenseiterbereich.

Damit ist bereits der Akzent auf das elterliche Verhalten gelegt. Zunächst aber soll zurückgelenkt werden auf die frühere Phase, in der vor allem Mutter-Figuren miteinander konkurrieren. Eine Gefahr entsteht überall dort, wo der Absolutheitsanspruch der Glaubenshaltung des Erwachsenen exklusive Formen annimmt. Dieser Absolutheitsanspruch dürfte relativ häufig bei kirchlichen Mitarbeitern (Kindergärtnerinnen, Kindergottesdiensthelferinnen, Katechetinnen) zu finden sein, deren Motivation für ein Engagement im Bereich religiöser Erziehung eben mit diesem Anspruch steht und fällt.

Auch hier geht es in erster Linie um Selbstreflexion: Es muß dem Betreffenden deutlich werden, daß Toleranz oder inklusive Haltung nicht Indifferenz des eigenen Wertstandpunkts bedeuten, daß umgekehrt die Glaubensgewißheit nicht zwangsläufig den eigenen Frömmigkeitsstil bedingt und nicht zu gesetzlicher Erziehungspraxis führen darf. Derjenige, der sich seiner Verantwortung für das Kind bewußt ist, muß ihm die Zerreißprobe auf jeden Fall zu ersparen suchen: Das salomonische

Urteil spricht *der* Mutter die wahre Mütterlichkeit zu, die zum Wohl des Kindes auf ihre Ansprüche zu verzichten vermag. Es bleibt die Frage, welches Maß an Konflikten dem Kind zumutbar ist und wie Konflikte von vornherein abgefangen bzw. vermieden werden können.

Die Zumutbarkeit von Konflikten muß — gerade aufgrund der weltanschaulichen Pluralität unserer Gesellschaft — vorausgesetzt werden können; Konfliktfähigkeit muß erworben werden. Ihr Maß hängt demnach von der voraufgegangenen Sozialisationsgeschichte des einzelnen Kindes ab. Es ist zu fragen, inwieweit das Kind von der Familie her innerhalb eines inklusiven oder exklusiven Standpunktes lebt. Erziehungsstil, Sprache, Flexibilität der Eltern sind dafür maßgebend, ebenso das Erleben einer tolerant-inklusiven Haltung gegenüber anders Lebenden bzw. die frühkindliche Erfahrung, daß andere anders sind[57]. Die kirchlichen Erziehungsträger sind gerade auch an dieser Stelle darauf angewiesen, einen Lernprozeß unter der Elternschaft in Gang zu setzen, ebenso wie die Verbände (Kindergarten, Kindergottesdienst) untereinander in Stil und Zielen zur Kooperation gelangen müssen. Ihre Aufgabe hinsichtlich des Kindes ist es, die Rollendistanz von vornherein im Auge zu haben, d. h. ihr Identifikationsangebot eben als Angebot im inklusiven Sinn zu verstehen und damit zur kognitiv distanzierenden Funktion der Schule (der Gesellschaft) hinzuleiten. Ein ausgewogenes Verhältnis zu schaffen zwischen der bis zur Grundschule hin notwendigen Rollenidentität und eindeutigen Verhaltenssicherheit und der von Anbeginn geforderten potentiellen Offenheit einer späteren tolerant-inklusiven Haltung gegen Andersdenkende ist das eigentliche Problem der vorschulischen Erziehung. Bei allem Willen, die Exklusivität familialer bzw. gruppenbedingter Haltungen zu öffnen, muß bedacht werden, daß es ein Bestandteil der eigenen Toleranz und Inklusivität ist, die Exklusivität anderer soweit ertragen und vor Spott oder Kritik schützen zu können, soweit das für die Selbstidentität der betreffenden lebensnotwendig ist. Um nur ein Beispiel aus der Breite der Konfliktmöglichkeiten zu nennen: Ein Kind aus einem fundamentalistischen Eltern-

[57] Vgl. als Beispiel unter Anm. 32.

haus mit historisch-kritischer Bibelinterpretation in angewandter Form unmittelbar zu konfrontieren, wird wahrscheinlich insofern verantwortungslos sein, als es dieses Kind wesentlicher Stützen seines elterlich bedingten Weltverständnisses und damit zugleich seines Verhältnisses zu den Eltern beraubt; die eigene Freiheit darf den anderen nicht zum Gesetz werden. Erst auf der Basis neuer Identifikation im Rahmen einer neuen Gruppenzugehörigkeit vermag sich eine Haltung zu bilden, die die Exklusivität der Herkunftshaltung als Möglichkeit innerhalb eines größeren Ganzen zu erfassen und damit zu neutralisieren sucht — aber nur, wenn die neuerworbene Haltung nicht selbst im missionarischen Eifer Exklusivität annimmt[58].

[58] Vgl. Kap. 2, Anm. 53.

Schluß

„Verhilft christliche Erziehung zu kritischer Rationalität, zu aufgeklärter Haltung, Offenheit für alles Neue, für Humanität, Autonomie und Differenziertheit im Denken und Handeln — Eigenschaften, die zur humanen Bewältigung der Probleme von heute und morgen Voraussetzungen sind?" — fragt D. Damm, um die Frage im folgenden negativ zu beantworten. Ob christliche Erziehung diese Forderungen tatsächlich erfüllt, wird allerdings von Fall zu Fall verschieden zu beantworten sein. Daß sie es *kann*, und daß sie es nach dem Selbstverständnis des christlichen Glaubens in der heutigen Situation tun *muß*, sollte nicht bestritten werden. Sie tut das Ihre aber erst dann wirklich, wenn sie die intendierte „Offenheit für alles Neue" nicht auf das jeweils Aktuelle oder gar Modische innerhalb der geschichtlichen Entwicklung beschränkt, sondern wenn sie offen ist und offenhält für das „Neue" im eschatologischen Horizont des Handelns Gottes, das die geschichtlichen Bewegungen transzendiert auf die *eine* umfassende Wirklichkeit hin, die der Glaube ergreift.

Literaturverzeichnis

Affemann, R.: Das Über-Ich bei Freud, in: Psyche, Heidelberg, 1955/56

Albrecht, K., u. le Scanff, J.: Kinder reden mit Jesus, Konstanz 1967

Ammen, A.: Die außerhäusliche Berufstätigkeit des Vaters als soziol. Problem, Diss. Hannover 1968

Andre, K.: Gewissen in psychologischer Sicht, in: EvErz, Frankfurt 1964

Arbeitshilfen zur religiösen Erziehung und Glaubensunterweisung in Kindergärten und Vorschulklassen, München 1970

Arbeitskreis Grundschule e. V. (Hg.): Religionsunterricht heute in Vor- und Grundschule, Frankfurt 1972

Arbeitskreis Volksschule (Hg.): Vorschulkongreß 1970, Eine Dokumentation, Hannover 1970

Asheim, J.: Glaube und Erziehung bei Luther, Heidelberg 1961

Bahr, H.-E.: Verkündigung als Information, Hamburg 1968

Bally, G.: Einführung in die Psychoanalyse Sigmund Freuds, Hamburg 1961

Balthasar, H.: Die Gottesfrage des heutigen Menschen, Wien 1954

Bargheer, F. W.: Religiöse Familienerziehung, in: Pastoraltheologie. Wiss. und Praxis, Göttingen 1969

Bargheer, F. W., u. Kaufmann H. B.: Kindergottesdienst heute 1: Aufgaben und Ziele des KGDs, Münster 1972

Bastian, H.-D.: Theologie der Frage, München 1969

Bastian, H.-D., u. Röbbelen, I.: Kind und Glaube, Heidelberg 1964

Battegay, R.: Der Mensch in der Gruppe, Bern/Stuttgart 1967

Becker, G. U.: Die Gretchenfrage, in: Neue Sammlung, Göttingen 1969

Becker, M.: Bild–Symbol–Glaube, Essen 1965

Beer, U.: Jugend zwischen Sexualität und Sozialität, Stuttgart 1968

Beer, U., u. Erl, W.: Entfaltung der Kreativität, Tübingen 1972

Beitl, M. D.: Die Bedeutung des Bilderbuchs in der vorschulischen Erziehung, in: Welt des Kindes, München/Kempten 1971

Belser, H.: Curriculum-Materialien für die Vorschule, Weinheim/Basel 1972

Benedetti, G.: Psychotherapie eines Schizophrenen, in: Psyche, Heidelberg 1955/56

Berliner Kinderläden, Köln/Berlin 1970

Bernet, W.: Inhalt und Grenze der religiösen Erfahrung, Bern/Stuttgart 1955

Bernfeld, S.: Antiautoritäre Erziehung und Psychoanalyse, Frankfurt 1970[3]

Bernstein, B.: Sozio-kulturelle Determinanten des Lernens, in: Soziologie der Schule, 4. Sonderheft d. Kölner Zeitschr. f. Soziol. u. Sozialpsychologie, hg. v. R. König, Köln/Opladen 1959

Ders.: Der Unfug mit der kompensatorischen Erziehung, in: „betrifft: erziehung", Weinheim 1970
Bertlein, H.: Das Selbstverständnis der Jugend heute, Berlin/Hannover/Darmstadt 1960
Betz, F.: Schau her, lieber Gott, Nürnberg 1967
Dies.: Wir in unserer Welt, Lahr 1972
Betz, O.: Die Zumutung des Glaubens, München 1968
Ders.: Die Bedeutung des Märchens für die Religiosität des Kindes, in: Praxis ecclesiae, hg. v. D. Stollberg, München 1970
Bindl, M. F.: Das religiöse Erleben im Spiegel der Bildgestaltung, Freiburg/Basel/Wien 1965
Bitter, W.: Vorträge über das Vaterproblem, in: Psychotherapie, Religion und Gesellschaft, Stuttgart 1954
Bitter, W. (Hg.): Psychotherapie und religiöse Erfahrung, Stuttgart 1965
Bittner, G.: Psychoanalyse und soziale Erziehung, München 1970
Ders.: Vorschulerziehung und kindliche Identität, in: ZfPäd, Weinheim 1971
Bittner, G., u. Schmid-Cords, E. (Hg.): Erziehung in früher Kindheit, München 1968
Blankertz, H.: Theorien und Modelle der Didaktik, München 1970[3]
Bleistein, R.: Die Jugend von heute und der Glaube von morgen, Würzburg 1970
Bloch, E.: Das Prinzip Hoffnung, Frankfurt 1959
Böckenförde, G.: Wie erhält das Kind die ersten Begriffe von Gott? in: KatBl München 1949
Bohl, E.: Weihnachtszeit kommt nun heran, München 1972
Bollnow, O. F.: Das Wesen der Stimmungen, Frankfurt 1956
Ders.: Die Ehrfurcht, Frankfurt 1958[2]
Boos-Nünning, U.: Dimensionen der Religiosität, München 1972
Boyden Howes, E.: Die Evangelien im Aspekt der Tiefenpsychologie, Zürich 1965
Brandt, G. A.: Pädagogik und soziale Arbeit, Neuwied 1971
Brede, K.: Die psycho-soziale Organisation der Familie und der frühkindl. Sozialisationsprozeß, in: Einführung in die Soziologie der Erziehung, hg. v. K. Kippert, Freiburg/Basel/Wien 1970
Brezinka, W.: Erziehung als Lebenshilfe, Wien/München 1961[2]
Brocher, T.: Gruppendynamik und Erwachsenenbildung, Braunschweig 1967
Bruun, U.-B.: Das Vorschulkind, Weinheim 1971
Bucher, Th.: Dialogische Erziehung, Einsiedeln/Zürich/Köln 1968
Burgardsmeier, A.: Gott und Himmel in der psychischen Welt der Jugend, Düsseldorf 1951
Ders.: Das relig. Gefühl, seine psychol. Tatsache und seine päd. Tragweite, in: Vierteljahresschrift f. wiss. Päd., Münster 1952
Ders.: Religiöse Erziehung in psychologischer Sicht, Düsseldorf 1955
Ders.: Religion und Seele des Kindes, Düsseldorf 1956
Callies, E.: Sozialisation und Erziehung, Münster 1968

Dies.: Vorschulerziehung, Münster 1970
Caruso, I.: Religion und Psychotherapie, in: Stimmen der Zeit, München 1950
Claessens, D.: Familie und Wertsystem, Berlin 1962
Ders.: Die Anpassungskrise der Familie, in: Nachrichtendienst des Deutschen Vereins für öffentliche u. private Fürsorge, Frankfurt 1969
Ders.: Instinkt–Psyche–Geltung, Köln/Opladen 1970²
Condrau, G.: Angst und Schuld als Grundprobleme der Psychotherapie, Bern/Stuttgart 1962
Ders.: Einführung in die Psychotherapie, Solothurn 1964
Cornehl, P.: Die Funktion der Bibel für die Frömmigkeit als praktisch-theolog. Problem, in: ThPr, Hamburg 1972
Correll, W.: Lernpsychologie, Donauwörth 1961
Cox, H.: Das Fest der Narren, Stuttgart/Berlin 1970
Dahm, K.-W.: Humanität und Lernprozeß, Ökumen. Rundschau, Stuttgart 1970
Dt. Bildungsrat (Hg): Strukturplan für das Bildungswesen, Stuttgart 1971²
Diekmann, H.: Märchen und Träume als Helfer des Menschen, Stuttgart 1966
Diem, H. u. Langeveld, M.: Untersuchungen zur Anthropologie des Kindes, Heidelberg 1960
Dienst, K.: RU – Interaktion – Gesellschaft, in: EvErz, Frankfurt 1971
Ders.: Neue Versuche im Konfirmandenunterricht in der Evangel. Kirche in Hessen und Nassau, in: ThPr, Hamburg 1972
Dietz, H.: Jugend von heute – Gesellschaft von morgen, Berlin/Neuwied 1963
Dignath, W.: Weihnachtstexte im Unterricht, Gütersloh 1965
Dross, R.: RU und Verkündigung, Hamburg 1964
Dührssen, A.: Psychotherapie bei Kindern und Jugendlichen, Göttingen 1960
Eckstein, R.: Stufen der Gewissensbildung, Stuttgart 1961
Eibl-Eibesfeld, I.: Liebe und Haß, München 1970
Eicke, D.: Die Fragen nach dem, was wir Gott nennen, in: WzM, Göttingen 1969
Eliade, M.: Das Heilige und das Profane, Hamburg 1957
Ders.: Ewige Bilder und Sinnbilder, Olten/Freiburg 1958
Ders.: Mythen, Träume und Mysterien, Salzburg 1961
Elternbriefe, hg. v. kathol. Zentralinstitut für Ehe- und Familienfragen, Köln 1967
Engelmann, S. u. Th.: Kinder-Schule von 0 bis 5 Jahren, Freiburg 1969
Engels, H. J.: Formen des religiösen Erlebnisses bei Fürsorgepfleglingen und sozial unbelasteten Kindern, Berlin/Göttingen/Heidelberg 1952
Erikson, E. H.: Wachstum und Krisen der gesunden Persönlichkeit, Stuttgart 1953
Ders.: Das Problem der Identität, in: Psyche, Heidelberg 1956/57
Ders.: Kindheit und Gesellschaft, Stuttgart 1965, 1968³

Ders.: Identität und Lebenszyklus, Drei Aufsätze, Frankfurt 1966
Ders.: Jugend und Krise, Stuttgart 1970
Esser, W. (Hg.): Zum Religionsunterricht morgen I–III, München 1970
Exeler, A. u. Emeis, D.: Reflektierter Glaube, Freiburg/Basel/Wien 1970
Fährmann, W.: Mit Kindern beten, Würzburg 1972[4]
Fend, H.: Sozialisierung und Erziehung, Weinheim/Berlin/Basel 1970[2 3]
Ders.: Konformität und Selbstbestimmung, Weinheim 1971
Fichter, J. H.: Grundbegriffe der Soziologie, hg. v. E. Bodzenta, Wien/New York 1968
Fischer, E.: Der religiöse Komplex im Kindertraum, Stuttgart 1929
Flitner, A.: Glaubensfragen im Jugendalter Heidelberg 1961
Ders.: Das Kind in der Gesellschaft, in: Kleinkinderziehung I, hg. v. G. Hundertmarck u. H. Ulshoefer, München 1972
Ders.: Spielen-Lernen, München 1972
Flitner, W.: Erziehungswissenschaft und kirchliche Pädagogik, in: Sammlung 1951
Foppa, K.: Lernen, Gedächtnis, Verhalten, Wien 1966[2]
Fordham, M.: Vom Seelenleben des Kindes, Zürich 1948
Fraas, H.-J.: Wir und die Romantik, in: Besinnung, Nürnberg 1961
Ders.: Katechismustradition, Göttingen 1971
Franz v., M. L., Mann, U. u. Heidland W.: C. G. Jung und die Theologen, Stuttgart 1971
Freud, S.: Ges. Werke, hg. v. A. Freud u. a., Frankfurt 1952 ff.
Freyer, H.: Theorie des gegenwärtigen Zeitalters, Stuttgart 1955
Frick, U. u. a.: Konfirmandenunterricht als Jugendarbeit, in: WPKG, Göttingen 1972
Friedmann, H.: Das Gemüt. Gedanken zu einer Thymologie, München 1956
Frisch, F. u. Hetzer, H.: Die religiöse Entwicklung des Jugendlichen, Leipzig 1928
Frischknecht, M.: Die Religion in der Psychologie C. G. Jungs, Bern 1945
Frör, K.: Die Integration von Unterweisung und Erziehung im kirchl. Katechumenat, in: Missionierende Gemeinde H. 6: Kirche und Jugend, hg. v. E. Baden u. a., Hamburg 1967
Frör, H.: Spielend bei der Sache, München 1972
Fromm, E.: Psychoanalyse und Ethik, Stuttgart 1954
Ders.: Das Christusdogma und andere Essays, München 1965
Fürst, H.: Eltern erziehen Kinder – Kinder erziehen Eltern, Ravensburg 1971
Fürstenau, P.: Soziologie der Kindheit, Heidelberg 1967
Gadamer, H.-G.: Wahrheit und Methode, Tübingen 1965[2]
Giehrl, E.: Volksmärchen und Tiefenpsychologie, München 1970
Gilen, L.: Das Gewissen bei Jugendlichen, Göttingen 1956
Glinz, H.: Sprachwissensch. Voraussetzungen für die Arbeit des Didaktikers und Pädagogen, in: ZfPäd. 7. Beiheft, Weinheim 1968
Girgensohn, K.: Der seelische Aufbau des religiösen Erlebens, Gütersloh 1930[2]

Gloy, H.: Die religiöse Ansprechbarkeit Jugendlicher als didaktisches Problem, Hamburg 1969
Goldbrunner, J.: Individuation – Die Tiefenpsychologie von C. G. Jung, München 1949
Goldman, R.: Vorfelder des Glaubens, Neukirchen 1972
Grosch, H.: Religion in der Grundschule, Frankfurt/Düsseldorf 1971
Gruehn, W.: Die Frömmigkeit der Gegenwart, Münster 1960[2]
Guardini, R.: Vom Geist der Liturgie, Freiburg 1918
Habermas, J.: Technik und Wissenschaft als „Ideologie", Frankfurt 1968
Häring, B.: „Das Heilige" Rudolf Ottos in der neueren Kritik, in: Geist und Leben, Würzburg 1951
Hafa, H. u. a.: Wenn eure Kinder fragen, Berlin 1964
Halbfas, H.: RU als ordentliches Lehrfach, in: Lehre und Glaube. Beilage zur Neuen Deutschen Schule, Essen 1968
Hamann, B.: Religiöse Erziehung als Unterrichtsprinzip, Limburg 1970
Hammelsbeck, O.: Evang. Lehre von der Erziehung, München 1950
Hansen, W.: Die Entwicklung des kindlichen Weltbildes, München 1965[6]
Harenberg, W. (Hg.): Was glauben die Deutschen? München/Mainz 1969
Harsch, H.: Das Schuldproblem in Theologie und Tiefenpsychologie, Heidelberg 1965
Ders.: Psychologische Interpretation biblischer Texte? in: WzM, Göttingen 1968
Hartmann, W.: Erziehung – Religion – Politik, in: WPKG, Göttingen 1970
Haseloff, O. W.: Über Funktion und Theorie der Begabung, in: ZfPäd. 6. Beiheft, Weinheim 1966
Ders. u. Stachowiak, H. (Hg.): Schule und Erziehung, Berlin 1960
Hauke, H. (Hg.): Lernen mit Kleinkindern? Heidenheim 1969
Hauptgeschäftsstelle d. Diakon. Werks der EKiD u. d. Arbeitsgemeinschaft f. Evangel. Kinderpflege (Hg.): Bericht zur Lage evangelischer Kindergärten, Berlin 1970
Haven, H.: Das darstellende Spiel, Düsseldorf 1970
Heinen, W.: Bild–Wort–Symbol in der Theologie, Würzburg 1969
Helmreich, E. Ch.: Religionsunterricht in Deutschland, Hamburg/Düsseldorf 1966
Hellpach, W.: Grundriß der Religionspsychologie, Stuttgart 1951
Henkys, J.: Katechumenat und Gesellschaft, in: Bericht von der Theologie, hg. v. G. Kulicke, K. Matthiae u. P.-P. Sänger, Berlin 1971
Hentig, H. v.: Die Schule im Regelkreis, Stuttgart, 1965
Ders.: Systemzwang und Selbstbestimmung, Stuttgart 1969
Henz, H.: Die Entwicklung des Gottesbildes im Kindes- und Jugendalter, in: Päd. Welt, Donauwörth 1954
Herrmann, B.: Sexualerziehung im RU, Gütersloh 1971
Heßler, H.-W. (Hg.): Bildung als Aufgabe der Kirche, Witten 1972
Hetzer, H.: Kind und Jugendlicher in der Entwicklung, Hannover 1956
Heussi, K.: Kompendium der Kirchengeschichte, Berlin 1956[11]

Höltershinken, D. (Hg.): Vorschulerziehung. Eine Dokumentation, Freiburg/Basel/Wien 1971
Hofstätter, P. R.: Einführung in die Sozialpsychologie, Stuttgart 1966[4]
Hollenbach, J. M.: Gemüt und Gewissen, in: Personale Erziehung, hg. v. B. Gerner, Darmstadt 1965
Hommel, G.: Religionslose Erziehung in der christlichen Familie? München 1970
Hostie, R.: C. G. Jung und die Religion, Freiburg/München 1957
Huijts, J. H.: Gewissensbildung, Köln 1969
Hundertmarck, G.: Soziale Erziehung im Kindergarten, Stuttgart 1971[2]
Ders. u. Ulshoefer, H. (Hg.): Kleinkinderziehung I–III, München 1972
Hunger, H.: Evangelische Jugend und evangelische Kirche, Gütersloh 1960
Hurlock, E. B.: Die Entwicklung des Kindes, Weinheim/Berlin/Basel 1970
Jacobi, J.: Die Psychologie von C. G. Jung, Zürich 1945[2]
Dies.: Versuch einer Abgrenzung der wichtigsten Konzeptionen C. G. Jungs von denen S. Freuds, in: Psyche, Heidelberg 1955/56
Dies.: Komplex-Archetypus-Symbol in der Psychologie C. G. Jungs, Zürich/Stuttgart 1957
Dies.: Vom Bilderreich der Seele. Wege und Umwege zu sich selbst, Olten/Freiburg 1969
Jaehner, D.: Über Einstellung des Kleinkindes zum Tode, in: Z. f. angewandte Psychol., Leipzig 1933
Jaide, W.: Eine neue Generation? München 1961
James, W.: Die religiöse Erfahrung in ihrer Mannigfaltigkeit, Leipzig 1914[2]
Jentsch, W.: Der Einfluß Tillichs auf die Religionspädagogik der Gegenwart, in: EvErz, Frankfurt 1970
Jung, C. G.: Wandlungen und Symbole der Libido, Leipzig/Wien 1911/12
Ders.: Seelenprobleme der Gegenwart, Zürich 1931
Ders.: Über die Archetypen des kollektiven Unbewußten, Zürich 1935
Ders.: Die Beziehungen zwischen dem Ich und dem Unbewußten. Zürich 1935[2]
Ders.: Traumsymbole des Individuationsprozesses, Zürich 1936
Ders.: Psychologie und Religion, Zürich 1947
Ders.: Symbolik des Geistes, Zürich 1948
Ders.: Von den Wurzeln des Bewußtseins, Zürich 1954
Ders.: Gegenwart und Zukunft, Zürich 1957
Ders.: Die Bedeutung des Vaters für das Schicksal des Einzelnen, Zürich/Stuttgart 1962[4]
Ders.: Der Mensch und seine Symbole, Olten/Freiburg 1968
Ders. u. Kerényi, K.: Einführung in das Wesen der Mythologie, Zürich 1951
Kampmann, Th.: Jugendkunde und Jugendführung Bd. I: Die Kindheit, München 1966

Kaspar, F.: Gruppenpädagogisches Unterrichtsverfahren für den RU, Stuttgart/München 1971
Keil, S.: Sozialisationsdefizite der Familie, in: WzM Göttingen 1971
Keilhacker, M.: Entwicklung und Aufbau der menschlichen Gefühle, Regensburg 1950
Kietz, G.: Intensivierung der Erziehungs- und Bildungsarbeit im Kindergarten, in: Welt des Kindes, München 1970
Kippert, K.: Einführung in die Soziologie der Erziehung, Freiburg/Basel/Wien 1970
Kirchenkanzlei der EKiD (Hg.): Die evangel. Kirche und die Bildungsplanung, Gütersloh/Heidelberg 1972
Klafki, W.: Das pädagogische Problem des Elementaren und die Theorie der kategorialen Bildung, Weinheim 1964[3 4]
Ders.: Didaktische Analyse als Kern der Unterrichtsvorbereitung, in: Auswahl Reihe A, H. 1, Hannover 1969[10]
Klein, M.: Das Seelenleben des Kleinkindes, Stuttgart 1962
Klink, J.: Kind und Glaube, Düsseldorf 1971
Knoll, J.: Sexualität und Gesellschaftsreform, München 1972
Koch, H.-G. (Hg.): Neue Erde ohne Himmel, Stuttgart 1963
Köck, I.: Damit sie glauben können, München 1971
Krappmann, L.: Neuere Rollenkonzepte als Erklärungsmöglichkeit für Sozialisationsprozesse, in: Familienerziehung, Sozialschicht und Schulerfolg, hg. v. d. b : e Redaktion, Weinheim 1971
Kreckl, F.: Pädagogische Psychologie für Gruppenleiter, München 1967
Kroh, O.: Die Psychologie des Grundschulkindes, Langensalza 1931[9 10]
Kuckartz, W.: Zum Problem der antiautoritären Erziehung, in: Die Deutsche Schule, Hannover 1970
Künkel, F.: Die Schöpfung geht weiter. Konstanz 1957
Kümmel, F.: Zum Problem des Gewissens, in: Ev. Erz., Frankfurt 1964
Langeveld, M.: Das Kind und der Glaube, Braunschweig 1967[2]
Le Du, J.: Katechese und Gruppendynamik, Luzern/München 1971
Leeuw, G. v. d.: Phänomenologie der Religion, Tübingen 1956[2]
Lefebvre, X. u. Périn, L.: Das Kind vor Gott. München 1967
Leist, M.: Das Gottesbild des Kleinkindes, in: KatBl München 1966
Dies.: Neue Wege der relig. Erziehung, München 1967
Dies.: Erste Erfahrungen mit Gott, Freiburg 1971
Dies.: Kein Glaube ohne Erfahrung, Kevelaer 1972
Lenski, G.: Religion und Realität, Köln 1967
Lent, D.: Gott ist anders – aber wie? in: WzM, Göttingen 1969
Lersch, Ph.: Aufbau der Person, München 1966[10]
Lewin, K.: Die Lösung sozialer Konflikte, Weinheim 1953
Linnemann, E.: Lehrziele des RUs, in: ZRP, Dortmund 1971
Loch, We.: Die Verleugnung des Kindes in der evangelischen Pädagogik, Essen 1964
Loch, Wo.: Biolog. und gesellsch. Faktoren der Gewissensbildung, in: WzM, Göttingen 1962

Lohff, W.: Der Erziehungsauftrag der Kirche, in: Zum Problem des Elternrechts, hg. v. I. Röbbelen, Heidelberg 1966
Looff, H.: Der Symbolbegriff in der neueren Religionsphilosophie und Theologie, Köln 1955
Lorenzer, A.: Kritik des psychoanalyt. Symbolbegriffs, Frankfurt 1970
Lorey, E. M.: Mechanismen religiöser Information, München 1970
Loukes, H.: Glaube zwischen 14 und 18, Konstanz 1968
Lückert, H. R.: Konfliktpsychologie, München 1957
Ders.: Begabungsforschung und basale Bildungsförderung, in: Schule und Psych., München/Basel 1967
Lüthi, M.: Märchen, Stuttgart 1962
Luthe, H. O.: Interpersonale Kommunikation und Beeinflussung, Stuttgart 1968
Marneck, F. H.: Glaubenslose Religion, München 1931
Matthes, J.: Religion und Gesellschaft, Hamburg 1967
Ders.: Kirche und Gesellschaft. Hamburg 1969
Maurer, B.: Theologische Aspekte des Spiels, in: WzM, Göttingen 1968
Meiler, W.: Grundformen und Fehlformen der Religiosität und Gläubigkeit des Kindes, Würzburg 1967
Meinecke, U.: Religionsunterricht im Spiegel seiner Lehrbücher, Hannover 1969
Meves, Ch.: Erziehen lernen aus tiefenpsychologischer Sicht, München 1971a
Dies.: Manipulierte Maßlosigkeit, Freiburg 1971b
Dies.: Verhaltensstörungen bei Kindern, München 1971c
Dies.: Erziehen und erzählen, Stuttgart/Berlin 1972[2]
Miehle, A.: Die kindliche Religiosität, Erfurt 1928
Ders. u. Pagel, F.: Religiöse Kindheitserlebnisse, Breslau 1930
Mitscherlich, A.: Auf dem Weg zur vaterlosen Gesellschaft, München 1963
Moltmann, J.: Theologie der Hoffnung, München 1965[3]
Ders.: Die ersten Freigelassenen der Schöpfung, München 1972[2]
Neidhart, W.: Disziplinschwierigkeiten im kirchlichen Unterricht, Zürich 1964
Ders.: Psychologie des Religionsunterrichts, Zürich 1967[2]
Neill, A. S.: das prinzip summerhill: fragen und antworten, Hamburg 1971
Nestlé: Elternschule in fünf Lernprogrammen, Stuttgart 1971
Neumann, E.: Ursprungsgeschichte des Bewußtseins, Zürich 1949
Ders.: Die Große Mutter. Der Archetyp des Großen Weiblichen, Zürich 1956
Ders.: Das Kind. Zürich 1963
Newcomb, Th. M.: Sozialpsychologie, Meisenheim 1959
Nickel, H.: Entwicklungspsychologie des Kindes- und Jugendalters Bd. I, Bern/Stuttgart/Wien 1972
Niederwimmer, K.: Kerygmatisches Symbol u. Analyse, in: Archiv für Rel.-Psych., Bd. VII, Göttingen 1962

Ders.: Jesus, Göttingen 1968
Ders.: Tiefenpsychologie und Exegese, in: WzM, Göttingen 1970
Nipkow, K. E.: Gewissenserziehung als theologisches Problem, in: Ev. Erz., Frankfurt 1964
Ders.: Curriculumforschung und Religionsunterricht, in: Die Dt. Schule, Hannover 1969
Ders.: Die Kirche vor den Antagonismen der Bildungsplanung, in: Die evangelische Kirche und die Bildungsplanung, Tübingen/Heidelberg 1972
Nobiling, E.: Der Gottesgedanke bei Kindern und Jugendlichen – ein Beitrag zur religiösen Psychologie des 10. bis 20. Lebensjahres, in: Archiv für Rel. psych. u. Seelenführung, Göttingen 1929
Nunner-Winkler, G. u. Rolff, G.: Theorie der Sozialisation, in: Erz.-wiss. Handbuch, hg. v. Th. Ellwein u. a., Bd. III, 2, Berlin 1971
Oerter, R.: Moderne Entwicklungspsychologie, Donauwörth 1970[8]
Ders.: Psychologie des Denkens, Donauwörth 1971
Otto, G.: Handbuch des Religionsunterrichts, Hamburg 1964
Ders.: Die Kinder und die Bibel, in: Kontexte 1, Hg. v. W. G. Schultz, Berlin 1965
Ders.: Praktisch-theologisches Handbuch, Hamburg 1970
Otto, R.: Das Heilige, München 1947[28]
Pannenberg, W.: Was ist der Mensch? Göttingen 1962
Ders.: Grundfragen systematischer Theologie, Göttingen 1967
Ders.: Wie wahr ist das Reden von Gott? Ev. Komm. Stuttgart 1971
Ders.: Christentum und Mythos, Gütersloh 1972
Ders.: Gottesgedanke und menschliche Freiheit, Göttingen 1972
Parsons, T.: Sozialstruktur und Persönlichkeit, Frankfurt 1968
Pfürtner, S. H.: Kirche und Sexualität, Hamburg 1972
Piaget, J.: Das moralische Urteil beim Kinde, Zürich 1954
Picht, G.: Verantwortung des Geistes, Freiburg 1965
Pioch, W.: Gott du hast mich lieb, Hamburg 1968[2]
Pohl, R.: Die religiöse Gedankenwelt bei Volks- und Hilfsschulkindern, München/Basel 1968
Portmann, A.: Zoologie und das neue Bild vom Menschen, Hamburg 1959
Potempa, R.: Persönlichkeit und Religiosität, Göttingen 1958
Priesterteam Wien-Machstraße: Wie die Kinder in das Leben der Gemeinde einbeziehen? Graz 1971
Psycholog. Club Zürich (Hg.): Die kulturelle Bedeutung der komplexen Psychologie, Zürich 1935
Quadflieg, J., Knörzer, W. u. Miller, G.: Arbeitshilfen zur religiösen Erziehung und Glaubensunterweisung in Kindergarten und Vorschule, München 1970
Ders.: Theologie in Kinderköpfen, Donauwörth 1972
Ranwez, P.: Unterweisen und Verkündigen, Zürich/Einsiedeln/Köln 1970
Ratschow, C.-H.: Magie und Religion, Gütersloh 1955

Ders.: Der angefochtene Glaube, Gütersloh 1957
Rausch, J.: Macht und Ohnmacht des Kindes, Trier 1970
Reed, E. L.: Kinder fragen nach dem Tod, Stuttgart 1972
Rehm, W.: Die psychoanalytische Erziehungslehre, München 1968
Reiche, R.: Sexualität und Klassenkampf, Frankfurt 1968
Reiser, H.: Identität und religiöse Einstellung, Hamburg 1972
Religionspädagogisches Institut Loccum (Hg.): Zur Neugestaltung des Konfirmandenunterrichts in der Volkskirche, und: Erwägungen und Modelle zur Umgestaltung der Konfirmandenzeit. Loccumer Rel.-päd. Studien und Entwürfe II u. III, Loccum 1968
Remplein, H.: Die seelische Entwicklung des Menschen im Kindes- und Jugendalter, Basel 1965[6]
Rich, A.: Christliche Existenz in der industriellen Welt, Zürich/Stuttgart 1964[2]
Richter, H.: Eltern, Kind, Neurose, Hamburg 1971[2]
Riemann, F.: Grundformen der Angst, München/Basel 1967[5]
Riess, R.: Psychologische Erwägungen zur Perikope von der Versuchung Jesu, in: WzM, Göttingen 1970
Ritter, P. u. J.: Freie Kindererziehung in der Familie, Hamburg 1972
Robinsohn, S. B.: Bildungsreform als Revision des Curriculum, Neuwied/Berlin 1967
Robinson, J. A. T.: Eine neue Reformation? München 1966
Röbbelen, I., in: Bollnow/Lichtenstern/Weber, Der Mensch in Theologie und Pädagogik, Heidelberg 1962[2]
Dies. (Hg.): Zum Problem des Elternrechts, Heidelberg 1966
Roeder, P.-M.: Sprache, Sozialstatus und Schulerfolg, in: ZfPäd. 7. Beiheft, Weinheim 1968
Rosenfeld, G.: Theorie und Praxis der Lernmotivation, Berlin 1964
Rousseau, J. J.: Emil oder über die Erziehung. Schöninghs Sammlung pädagogischer Schriften, Quellen zur Geschichte der Pädagogik, Paderborn 1958
Rudin, J.: Psychotherapie und Religion, Olten/Freiburg 1960
Ruhrberg, H.: Thesen zur religiösen Erziehung, in: Evang. Kinderpflege, Witten 1971
Ruthe, R.: Pro und contra zur nichtautoritären Erziehung, München 1972
Sauer, W.: Der Stand der Zwillingsforschung in pädagogischer Sicht, in: ZfPäd, Weinheim 1970
Savramis, D.: Entchristlichung und Sexualisierung – zwei Vorurteile, Nymphenburg 1969
Schaal, H.: Erziehung bei Kierkegaard, Heidelberg 1958
Schär, H.: Religion und Seele in der Psychologie C. G. Jungs, Zürich 1946
Scharfenberg, J.: Sigmund Freud und seine Religionskritik als Herausforderung für den Christlichen Glauben, Göttingen 1968
Ders.: Religionspädagogik und Gruppendynamik, in: WPKG, Göttingen 1970
Ders.: Existentiale und tiefenpsychologische Interpretation, in: WzM, Göttingen 1971

Scharffenorth, G. (Hg.): Bildung als Aufgabe der Kirche, Witten/Frankfurt/Berlin 1972
Scheler, M.: Ges. Werke 1955[4]
Schelsky, H.: Ist die Dauerreflexion institutionalisierbar? in: Ev. Ethik, Gütersloh 1957
Ders.: Schule und Erziehung in der industriellen Gesellschaft, Würzburg 1967
Ders.: Wandlungen der deutschen Familie in der Gegenwart, Stuttgart 1967[5] b
Schilling, H.: Kindheit und religiöse Erziehung, München 1961
Schindler, I. (Hg.): Religiöse Erziehung und Unterweisung in der Volksschule, München 1961
Schleicher, K. (Hg.): Elternhaus und Schule, Düsseldorf 1972
Schlißke, O.: Evang. Elternbuch, Stuttgart/Berlin 1964
Schmalohr, E.: Der vorläufige Rahmenplan für die Erziehungs- und Bildungsarbeit im Kindergarten und die Möglichkeiten seiner Verwirklichung, in: Welt des Kindes, München/Kempten 1971 a
Ders.: Den Kindern eine Chance, München 1971 b
Schmaus, M. u. Schörl, M.: Erneuerung der Glaubenserziehung im Kindergarten, München 1968
Schmid, J. R.: Antiautoritäre, autoritäre oder autoritative Erziehung, Bern/Stuttgart 1971
Schmid, Lore: Religiöses Erleben unserer Jugend, Zollikon 1960
Schmid, Lothar: Kirchensprache der Gegenwart, in: ZThK, Tübingen 1966
Schmidt-Brücken, A.: Ist das problemorientierter RU? in: ZRP, Dortmund 1972
Schmitt, R.: Religiöse Erziehung – ohne Erfolg? Weinheim 1971
Schmitt-Wenkebach, B.: Eltern als Erzieher, in: Kleinkinderziehung I, hg. v. G. Hundertmarck u. H. Ulshoefer, München 1972
Scholl, R.: Das Gewissen beim Kinde, Stuttgart 1956
Scholz, F.: Schuld – Sünde – Fehlhaltung, Augsburg 1971
Schramm, W. (Hg.): Grundfragen der Kommunikationsforschung, München 1968[2]
Schütz, R.: Psychoanalyse und christlicher Glaube, Stuttgart 1971
Schultze, H.: Religion im Unterricht, Weinheim 1970
Schwarzenau, P.: Zu den Anzeichen neuer Religiosität, in: WPKG, Göttingen 1972
Schwerdtfeger, Ch.: Erfahrungen und Anregungen. Hinweise zur organisatorischen und didaktischen Planung der Arbeit im Kindergarten, in: Evang. Kinderpflege 1970
Seeberger, H.-J.: Psychoanalytische Vorbemerkungen zum RU, in: Ev. U., Dortmund 1967
Seifert, M.: Kinderschule Frankfurt, in: Vorschulerziehung, hg. v. D. Höltershinken, Freiburg/Basel/Wien 1971
Siewerth, G.: Das Gewissen und seine Bildung, in: Personale Erziehung, hg. v. B. Gerner, Darmstadt 1965

Skawran, P. R.: Entwicklungstendenzen in der Geschichte der modernen Gefühlstheorien, in: Psych. Rundschau, Göttingen 1962
Ders.: Psychologie der Anpassungsprozesse, Freiburg/München 1965
Skowronek: Psychologische Grundlagen einer Didaktik der Denkerziehung, Hannover 1968
Slater, Ph. E.: Mikrokosmos: Eine Studie über Gruppendynamik 1970
Sozialisation und kompensatorische Erziehung. Ein soziol. Seminar an der FU Bln. als hochschuldidaktisches Experiment, Berlin 1969
Spangenberg, K.: Chancen der Gruppenpädagogik, Weinheim/Berlin/Basel 1969
Spiegel, Y. (Hg.): Psychoanalytische Interpretationen biblischer Texte, München 1972
Spitz, R. A.: Übertragung und Gegenübertragung, in: Psyche, Heidelberg, 1956/57
Ders.: Nein und Ja, Stuttgart 1957 a
Ders.: Die Entstehung der ersten Objektbeziehungen, Stuttgart 1957 b
Ders.: Vom Säugling zum Kleinkind, Stuttgart 1967
Spranger, E.: Lebensformen, Halle 1927
Ders.: Die Urschichten des Wirklichkeitsbewußtseins, Berlin 1934
Ders.: Die Magie der Seele, Tübingen 1949[2]
Stachel G.: Was ist Religionspädagogik? Zürich/Einsiedeln/Köln 1971
Stadter, E.: Psychoanalyse und Gewissen, Stuttgart 1970
Starbuck, E. D.: Religionspsychologie, Leipzig 1909
Stark, W.-J. (Hg.): Handbücherei für Kindergottesdiensthelfer, Gütersloh 1966 ff.
Steinle, W.: Die Bibel im RU, in: Ev. Erz., Frankfurt 1970
Steinwede, D.: Zu erzählen deine Herrlichkeit, München 1967
Ders. u. Ruprecht, S. (Hg.): Vorlesebuch Religion für Kinder von 5 bis 12, Göttingen/Köln/Zürich 1971
Stern, E.: Tiefenpsychologie und Erziehung, München/Basel 1964
Stoevesandt, K. u. Schäfer, L.: Feste und Festzeiten im Kindergarten, Lahr 1969
Stollberg, D. (Hg.): Praxis ecclesiae, München 1970
Ders.: Seelsorge durch die Gruppe, Göttingen 1971
Stoodt, D.: Die gesellschaftliche Funktion des Religionsunterrichts, in: Arbeitshilfe f. d. evang. RU, Frankfurt 1969
Ders.: Religion stabilisiert und emanzipiert, in: Ev. Komm.. Stuttgart 1970
Ders.: Die Praxis der Interaktion im RU, in: Ev. Erz., Frankfurt 1971
Strasser, S.: Das Gemüt, Freiburg/Utrecht/Antwerpen 1956
Strehlow, B.: Ansatzpunkte tiefenpsychologischer Interpretation biblischer Texte bei S. Freud, in: WzM, Göttingen 1971
Strzelewicz, W.: Erziehung und Sozialisation, in: Einführung in die Soziologie der Erziehung, hg. v. K. Kippert, Freiburg 1970
Stückelberger, A.: Die religiöse Entwicklung des Schulkindes, Zürich 1958
summerhill: pro und contra, 15 Ansichten zu A. S. Neills Theorie und Praxis, Hamburg 1971

Sundén, H.: Die Religion und die Rollen, Berlin 1966
Szondi, L.: Kain – Gestalten des Bösen, Bern 1969
Tausch, R. u. A.: Erziehungspsychologie, Göttingen 1965
Thomae, H.: Der Mensch in der Entscheidung, München 1960
Thun, Th.: Die Religion des Kindes, Stuttgart 1964²
Tiling, M. v.: Wir und unsere Kinder, Stuttgart 1956²
Tillich, P.: Ges. Werke, Stuttgart 1959 ff.
Trillhaas, W.: Die innere Welt, München 1953²
Tschirsch, R.: Wie reden wir mit unseren Kindern von Gott, Gladbeck 1968
Ders.: Tiefenpsychologische Erwägungen zum Charakter christlichen Lebensgefühls und kirchlicher Predigt, in: WzM, Göttingen 1969
Uhsadel, W.: Tiefenpsychologie als Hilfswissenschaft der Praktischen Theologie, in: WzM, Göttingen 1969
Ulshoefer, H.: Praxisprobleme der Kindergärtnerin, München 1970
Varga, A. v.: Einführung in die Erkenntnislehre, München/Basel 1963
Vergote, A.: Religionspsychologie, Olten 1970
Vonhoff, H.: Kindergebetbüchlein, Konstanz 1962
Ders.: Modelle zum Erzählen biblischer Geschichten in Kindergarten und Vorschule, Calw 1972
Vorschulerziehung und Kirche. WPKG 1972, H. 4, mit Beiträgen von Stoodt, Pszolla, Herkenrath, Stoevesandt, Ulshoefer u. a., Göttingen 1972
Voss, G. u. Harsch, H. (Hg.): Versuche mehrdimensionaler Schriftauslegung, München 1972
Watkinson, G.: 111 Kinderlieder zur Bibel, Lahr 1969²
Weber, G.: Lernen in Gruppen, München 1967
Weinstock, H.: Die Tragödie des Humanismus, Heidelberg 1953
Weisgerber, B.: Die Sprache im Kinderbuch, in: Welt des Kindes, München/Kempten 1971
Weiß, C.: Pädagogische Soziologie I u. IV, Bad Heilbrunn 1965³
Wendeler, J.: Forschung im Bereich der Kindergartenerziehung, in: Handbuch der Unterrichtsforschung Bd. III, Hg. v. K. Ingenkamp, Weinheim/Berlin/Basel 1971
Weniger, E.: Die Pädagogik in ihrem Selbstverständnis heute, in: Sammlung, Göttingen 1951
Ders.: Didaktik als Bildungslehre, Weinheim 1963³
White, V.: Gott und das Unbewußte, Zürich/Stuttgart 1957
Wiese, W.: Wo ist Gott, Mutter? Lahr 1969
Wilhelm, Th.: Pädagogik der Gegenwart, Stuttgart 1960²
Ders.: Theorie der Schule, Stuttgart 1967
Winn, M. u. Porcher, M.: Vorschule zu Hause, Stuttgart 1972
Wittmann, E. u. Herrmann, R.: Kommt und seht, Gütersloh 1964⁴
Wölber, H.-O.: Religion ohne Entscheidung, Göttingen 1965
Wolff, S.: Kinder in Bedrängnis, Stuttgart 1971
Wolff, T.: Einführung in die Grundlagen der komplexen Psychologie, in:

Die Kulturelle Bedeutung der Komplexen Psychologie, hg. v. psycholog. Club Zürich, Berlin 1935
Würth, E.: Die religiöse Erziehung des Kleinkindes, Freiburg 1961
Wullschleger, R. u. O., Die Josephsgeschichte, Lahr 1972
Wurzbacher, G. (Hg.): Der Mensch als soziales und personales Wesen, Stuttgart 1963
Ders.: Die Familie als Sozialisationsfaktor, Stuttgart 1969
Zahrnt, H.: Die Sache mit Gott, München 1970
Zeininger, K.: Magische Geisteshaltung im Kindesalter und ihre Bedeutung für die religiöse Entwicklung, Leipzig 1929
Ziebeil-Luttmer, F. C.: Frühkindliche Sexualerziehung, München 1972
Zink, H. u. J.: Dies Kind soll unverletzet sein, Stuttgart 1969[6]
Ders.: Kriegt ein Hund im Himmel Flügel? Stein/Nürnberg 1972
Zöchbauer, F.: Verkündigung im Zeitalter der Massenmedien, München 1969
Zulliger, H.: Umgang mit dem kindlichen Gewissen, Stuttgart 1968[5]

Sachverzeichnis

Gerhard Krause (Hrsg.)
Die Kinder im Evangelium

Mit Beiträgen von Birgit und Bernd Diebner, Günter Klein, Gerhard Krause und Ingetraut Ludolphy. (Praktische Schriftenauslegung für Predigt – Bibelarbeit – Unterricht, Band 10)
1973. 112 Seiten, mit 8 Kunstdrucktafeln, gebunden
(Ehrenfried Klotz Verlag, Stuttgart und Göttingen)

Die veränderte Rolle des Kindes in unserer Gesellschaft hat zu neuen Fragen von Eltern und Erziehern nach richtigem Verhalten zu Kindern geführt. Die Theologie kann diesen tiefgreifenden und fast alle Zeitgenossen betreffenden Prozeß nicht ignorieren. Alle Beiträge zielen darauf hin, dem vielfach verunsicherten Verhältnis zu den Kindern jene Grundorientierung zu vermitteln, die im Hören auf Jesu Wort von den Kindern deren Wirklichkeit unverstellt erfaßt und vor allen neuen und guten Methoden kindgemäßen Verhaltens bereit ist, von den Kindern im Sinne Jesu zu lernen.

Hans-Jürgen Fraas
Katechismustradition

Luthers Kleiner Katechismus in Kirche und Schule. (Arbeiten zur Pastoraltheologie, Band 7.) Herausgegeben von Martin Fischer und Robert Frick. 1973. 370 Seiten, kartoniert

Die Frage nach einem neuen Katechismus, einem „Erwachsenenkatechismus" ist heute hochaktuell. Zu welcher Lösung man immer gelangen wird, Luthers Kleiner Katechismus und dessen Geschichte wird man nicht unbeachtet lassen können. Das Buch „Katechismustradition" gibt einen Überblick über die Interpretationsgeschichte und die Geschichte der Praxis des Kleinen Katechismus. Dabei zeigt sich, in welch hohem Maße Sachfragen und Methodenfragen ineinander verschränkt sind: Katechismusauslegung und die jeweilige geistig-schulische Situation stehen in engstem Zusammenhang. Darin wird Geschichte aktuell: Sie weist Sackgassen auf, aber auch fruchtbare Ansätze, die nicht zur Entfaltung kamen. Insofern will „Katechismustradition" nicht nur aus historischem Interesse gelesen werden, sondern auch unter dem Gesichtspunkt heutiger theologisch-didaktischer Problematik.